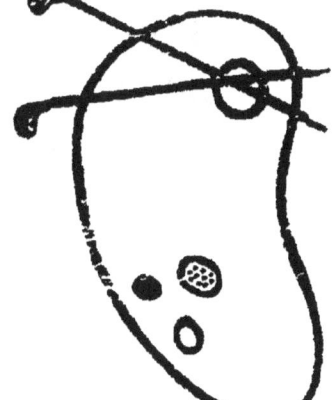

Début d'une série de documents en couleur

COUVERTURE SUPERIEURE D'IMPRIMEUR

Couverture inférieure manquante

COUVERTURE INFERIEURE D'IMPRIMEUR

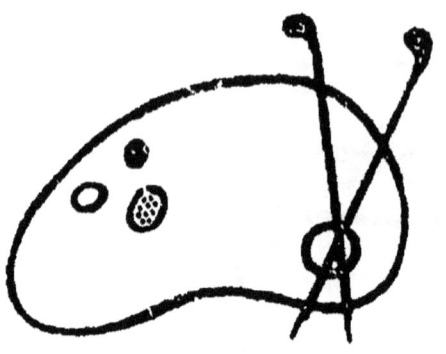

Fin d'une série de documents en couleur

RAVENSNEST

PROPRIÉTÉ DES EDITEURS.

AVIS IMPORTANT.

Tous les Ouvrages traduits de l'anglais que nous publions sont choisis parmi les meilleurs de Walter Scott, Charles Dickens, Fenimore Cooper, Miss Cumming, etc., etc. Les textes sont soigneusement revus, et quelquefois annotés, sous le contrôle du comité d'une Œuvre centrale des Bons Livres.

FENIMORE COOPER

RAVENSNEST

TRADUCTION DE LA BÉDOLLIÈRE

NOUVELLE ÉDITION REVUE.

LIMOGES
EUGÈNE ARDANT ET Cⁱᵉ, ÉDITEURS.

RAVENSNEST

CHAPITRE PREMIER.

Mon oncle Ro et moi, nous avions voyagé ensemble en Orient, et déjà nous avions quitté la maison depuis cinq grandes années, lorsque nous atteignîmes Paris. Pendant dix-huit mois nous n'avions lu, ni l'un ni l'autre, une ligne qui nous vînt d'Amérique, lorsque nous traversâmes les barrières en revenant d'Égypte par Alger, Marseille et Lyon. Nous n'étions pas une seule fois, pendant tout ce temps, revenus sur nos pas, de manière à recueillir les lettres qui nous attendaient, et toutes les précautions que nous avions prises pour en trouver chez différents banquiers d'Italie, de Turquie et de Malte, furent absolument inutiles.

Mon oncle avait longtemps voyagé — je puis même dire longtemps résidé — en Europe; car, âgé de cinquante-neuf ans, il n'en avait pas passé moins de vingt hors du continent américain. Célibataire, n'ayant rien autre chose à faire qu'à prendre soin d'une importante fortune territoriale, dont la valeur s'était rapidement accrue grâce aux étonnants développements de la ville de New-York; depuis longtemps déjà habitué aux voyages, il était bien naturel qu'il recherchât le séjour de ces pays où la vie lui paraissait agréable.

Hugh-Roger Littlepage était né en 1786; c'était le second fils de mon grand-père, Mordaunt Littlepage, et d'Ursule Malbone, sa femme. Mon propre père, Malbone Littlepage, était l'aîné de la famille, et il eût, du droit de la naissance, hérité du domaine de Ravensnest s'il eût survécu à ses parents; mais il mourut jeune, et j'avais dix-huit ans lorsque j'entrai en possession du bien qui aurait dû lui revenir. Mon oncle Ro avait eu pour sa part Satanstoë et Lilacsbush, deux maisons de campagne entourées de fermes, et qui, bien qu'elles ne pussent prétendre au nom de domaines, étaient cependant destinées à acquérir à la longue une valeur bien supérieure à celle des champs stériles qui avaient été attribués à titre de patrimoine au frère aîné. Mon grand-père était opulent, car il réunissait à la fortune des Littlepages, concentrée dans ses mains, celle des Mordaunts, la famille la plus riche des deux, et quelques legs considérables provenant d'un certain colonel Dirck Follock ou van Valkenburgh, qui choisit, quoique parent fort éloigné, les descendants d'Annekee Mordaunt, mon arrière-grand'mère, pour en faire ses héritiers. Nous étions d'ailleurs tous à notre aise. Mes tantes avaient reçu des legs importants garantis par des obligations et des hypothèques sur un domaine nommé Mooseridge, auxquels il faut ajouter encore quelques lots de terre dans la ville. Enfin ma sœur Martha possédait cinquante mille dollars bien comptés en argent. J'avais aussi dans la ville quelques lots de terrain qui devenaient productifs, et une minorité spéciale de sept années avait permis d'amasser à mon profit un capital qui avait été heureusement converti en obligations sur l'État de New-York, et qui promettait de s'accroître. Je dis une minorité « spéciale, » car mon père et mon grand-père, en plaçant l'un ma propre personne et une partie de mes biens, l'autre le reste de mon domaine sous la tutelle et la garde de mon oncle, avaient stipulé que je n'entrerais en possession de ma fortune qu'après avoir complété ma vingt-cinquième année.

Je sortis du collège à vingt ans : et mon oncle Ro — car nous l'appelions toujours ainsi, Martha ma sœur, moi et une vingtaine de cousins, postérité de nos trois tantes — me proposa, quand je quittai les bancs, de compléter mon éducation par des voyages. Comme une semblable proposition ne pouvait être qu'agréable à un jeune homme, nous partîmes précisément au moment où les alarmes produites par la crise de 1836-37 venaient de se dissiper. Nos lots de terrain ne couraient plus aucun danger, et nos obligations sur l'État étaient en sûreté. En Amérique il faut prendre autant de peine pour conserver sa fortune que déployer d'activité pour l'acquérir.

M. Hugh-Roger Littlepage, — et, soit dit en passant, je portais le même nom, quoiqu'on m'appelât toujours Hugh, tandis que mon oncle recevait parmi ses amis les noms divers de Roger, Ro, et Rodge, selon que l'intimité qui les liait à lui avait le caractère de la tendresse, d'une douce familiarité ou d'une plus franche camaraderie. — M. Hugh Littlepage senior donc avait un système à lui pour faire tomber les écailles des yeux américains, afin de leur rendre la vue plus claire qu'on ne l'a d'ordinaire quand on ne sort pas de son pays, et de faire disparaître les taches de provincialisme qui ternissent le diamant républicain. Il avait, dis-je, assez vu pour affirmer que si « notre pays » — comme ne manquent pas de l'appeler à tort et à travers tous ceux qui appartiennent à notre bienheureuse nation, et quelquefois aussi ceux qui ne lui appartiennent pas — peut dans beaucoup de cas servir d'exemple au vieux monde, il est également possible — remarquez que je dis *possible* et pas davantage — que le vieux monde ait quelque chose à lui apprendre. Il était donc d'avis que, pour acquérir des connaissances dans l'ordre naturel, comme il convient, on doit commencer par l'alphabet, et s'élever progressivement jusqu'aux belles-lettres et aux mathématiques. La manière dont il voulait qu'on procédât mérite une explication.

Beaucoup de voyageurs américains abordent en Angleterre, le pays le plus avancé en civilisation matérielle; de là ils visitent l'Italie et quelquefois la Grèce, laissant de côté l'Allemagne et les contrées moins séduisantes du Nord, qu'ils réservent pour le terme de leurs pérégrinations. Le système de mon oncle était de suivre l'ordre des temps et de commencer par les anciens pour finir par les modernes. Il avouait cependant qu'en suivant cette règle, il enlevait au voyageur novice une grande partie de son plaisir; car un Américain, qui, nouvellement débarqué des campagnes plus nouvelles encore du continent occidental, pourrait trouver en Angleterre un grand charme dans les souvenirs du passé, les trouverait fades et insignifiants après avoir fait connaissance avec le temple de Neptune, le Parthénon ou ce qui en reste, et le Colisée. Je ne doute pas que je n'aie perdu en effet bien des jouissances dans ce voyage en commençant par le commencement, c'est à dire par l'Italie, et en m'acheminant de là vers le Nord.

Telle fut cependant la direction de notre voyage. Nous abordâmes à Livourne; puis, ayant visité la péninsule pendant toute une année nous traversâmes l'Espagne pour nous rendre à Paris; nous continuâmes notre route par Moscou et la mer Baltique, et enfin nous atteignîmes l'Angleterre en passant par Hambourg. Lorsque nous eûmes jeté un coup d'œil sur les îles Britanniques, dont les antiquités nous parurent monotones et dépourvues d'intérêt après celles que nous venions d'admirer, nous retournâmes à Paris, où j'espérais prendre, si c'était possible, les façons du beau monde, et frotter les taches dont les habitudes provinciales avaient souillé le diamant américain au temps de son obscurité.

A notre arrivée d'Angleterre, nous passâmes une saison entière à Paris, nous occupant pendant ce temps à frotter les taches du diamant, lorsque mon oncle se mit tout à coup dans la tête que nous devions voir l'Orient. Il n'était jamais allé lui-même plus loin que la Grèce, et il lui prit fantaisie de me servir de guide dans cette excursion. Nous employâmes deux ans à visiter la Grèce, Constantinople, l'Asie-Mineure, la Terre-Sainte, l'Arabie, la mer Rouge, l'Égypte jusqu'à la seconde cataracte, et presque toute la Barbarie. Nous pénétrâmes dans ce dernier pays afin de voir quelque chose qui fût en dehors de la route battue; mais tant de chapeaux et de bonnets de voyage, au temps où nous vivons, se sont mêlés aux turbans, qu'un chrétien bien élevé peut maintenant aller partout sans craindre qu'on crache sur lui. C'est là certainement un grand attrait pour les voyageurs et surtout pour un voyageur américain, qui est plus exposé chez lui au danger de cette humiliation qu'il ne le serait à Alger. Mais l'opinion fait tout en morale.

Nous étions donc depuis deux ans et demi absents de Paris, et nous n'avions durant dix-huit mois ni vu un journal ni reçu une lettre d'Amérique, lorsque nous traversâmes les barrières. Les journaux et les lettres que nous reçûmes, ou dont nous prîmes connaissance avant ce temps, ne contenaient rien qui fût d'un intérêt général. Nous savions que les « vingt millions » avaient repris faveur après la dépréciation que la crise financière leur avait fait un instant subir. Les banquiers avaient payé nos lettres de change avec confiance pendant notre absence, et sans leur faire supporter de charges extraordinaires. L'oncle Ro, il est vrai, comme un voyageur expérimenté, ne s'aventurait que bien muni dans la route du crédit, — et c'était là une précaution qui n'était pas value pour les Américains après les clameurs qui avaient été poussées contre nous dans tout l'ancien monde.

Notre tournée était achevée malgré tous les obstacles, et nous rentrâmes enfin dans les murs du magnifique Paris. Nous donnâmes aux postillons l'ordre de nous conduire dans la rue Saint-Dominique, et nous étions depuis une heure sous notre toit, quand nous nous assîmes à table. Le locataire de mon oncle avait quitté l'appartement un mois auparavant, conformément aux conventions arrêtées entre eux, et le portier, aidé de sa femme, avait engagé un cuisinier, mis les appartements en ordre, et tout préparé pour notre arrivée.

— Il faut avouer, Hugh, dit mon oncle après avoir mangé la soupe, qu'on peut vivre très-confortablement à Paris quand on possède le *savoir-vivre*; et pourtant j'ai un extrême désir de goûter l'air natal. On peut dire et penser ce qu'on veut des plaisirs de Paris, de la *cuisine* de Paris, et de toutes les choses de cette espèce; mais la maison est la maison, si grossière qu'elle soit. Une *dinde aux truffes* est un manger de premier ordre, mais un dindon à la sauce aux mûres sauvages est bien bon aussi.

— Je vous ai toujours dit, Monsieur, que l'Amérique est un pays précieux pour manger et boire, bien qu'elle soit aussi peu avancée que possible en civilisation à d'autres égards.

— Précieux pour manger et boire, Hugh, si vous pouvez vous débarrasser de la graisse, d'abord... et trouver un vrai cuisinier ensuite. Il y a autant de différence, par exemple, entre la cuisine de la Nouvelle-Angleterre et celle des États du centre, excepté les États hollandais, qu'entre celle d'Angleterre et celle d'Allemagne. La cuisine des États du centre est anglaise dans le meilleur sens du mot; on y trouve les mets substantiels et savoureux que les Anglais préfèrent dans la vie domestique: leurs *roastbeefs* incuits, leurs *beefsteacks* faits en un tour de main, leurs tranches de viande succulentes, leur bouillon de mouton, leurs gigots de mouton, et *id omne genus*. Nous avons aussi quelques plats excellents: la tête de mouton, les rouges-gorges, l'alose et quelques autres poissons. Hugh! une bonne soupe aux pommes de terre serait bien agréable dans ce moment-ci, heim?

— La soupe aux clams (c'est le nom populaire d'un coquillage bivalve) bien faite, Monsieur, est une des plus délicieuses soupes du monde. Si les cuisiniers de Paris pouvaient apprendre à l'accommoder, cela les mettrait en vogue pour toute une saison: pourvu qu'ils y missent des clams doux.

— Peste des clams doux!

— Voilà les beaux clams, aussi blancs que la neige; c'est à Rockaway qu'on trouve ces bons clams.

— Les cris de New-Yok passent de mode comme tout ce qui chez nous a plus de vingt ans. Vous parlerai-je un peu de cet éternel poulet à la marengo? Je voudrais que ce fût une honnête poule bouillie à l'américaine avec une bonne tranche de marcassin tout autour; puis, simplement, le *pot-au-feu* ce soir, mon cher Hugh.

— C'est bien naturel, mon cher oncle Ro, et je mérite moi-même cet honnête reproche; n'avons-nous pas été tous deux absents de notre pays pendant cinq années, et n'avons-nous pas passé presque la moitié du temps sans en entendre parler? Nous savons que Jacob — c'était un nègre libre qui servait mon oncle, vénérable relique de l'ancienne organisation domestique des colonies, et qui trente ans plus tôt se serait nommé Jaaf ou Jop, — nous savons que Jacob est allé chez nos banquiers pour prendre nos journaux et nos lettres, et il est bien naturel que nous nous transportions par la pensée de l'autre côté de l'Atlantique; mais j'ose dire que nous serons tous deux bien soulagés demain matin à déjeuner lorsque nous aurons lu chacun nos dépêches.

— Voyons, Hugh, buvons ensemble un verre de vin à la bonne vieille mode de New-York. Votre père et moi, quand nous étions jeunes, nous n'aurions jamais mouillé nos lèvres au demi-verre de madère qui formait notre portion, sans nous dire : « A votre santé, Mall! à votre santé, Rodge! »

— De tout mon cœur, mon oncle Ro : cette coutume commençait à être un peu oubliée avant que je quittasse la maison; mais c'est encore à peu près une coutume américaine, car nous en avons conservé la tradition plus longtemps que les autres peuples.

— Henri!

Henri était le maître d'hôtel de mon oncle, qui avait continué de lui payer ses gages, pendant notre absence, afin de pouvoir compter sur ses habiles et honnêtes services.

— Monsieur.

— J'ose dire, — mon oncle parlait remarquablement bien le français pour un étranger, mais il est plus à propos de traduire ses paroles; — j'ose dire que ce verre de vin de Bourgogne est excellent; il a une mine charmante, et il nous vient d'un marchand de vin auquel on peut se fier. Mais, monsieur Hugh et moi, nous allons boire à l'américaine, et j'espère que vous nous donnerez un verre de madère, quoique notre dîner soit bien avancé.

— Très-volontiers, Messieurs; je serai toujours heureux de vous obliger.

L'oncle Ro et moi nous prîmes le madère ensemble; mais je ne puis pas faire un grand éloge de ses qualités.

— Que c'est une bonne chose qu'une pomme de reinette de Newtown! s'écria mon oncle après avoir mangé quelque temps en silence; ils font grand bruit ici, à Paris, de leurs *poires de beurré;* à mon goût, elles ne sont pas comparables aux poires de Newtown que nous récoltons à Satanstoë, où pour le dire en passant le fruit est, je crois, bien meilleur que de l'autre côté de la rivière, à Newtown même.

— Ce sont des pommes excellentes, Monsieur, et votre verger de Satanstoë est un des meilleurs que je connaisse. Je dis votre verger, c'est plutôt ce qui en reste; car j'imagine qu'un faubourg de Dibbletonborough occupe maintenant l'emplacement d'une partie de vos arbres.

— Fi de l'endroit!... Je voudrais n'avoir pas un pouce de terrain... quoique j'aie gagné plus d'argent à le vendre; mais l'argent ne remplace pas les affections.

— Plus d'argent, mon cher Monsieur? puis-je vous demander à combien on estimait Satanstoë lorsque vous en avez hérité de mon grand-père?

— A un joli prix, Hugh; car c'était, et certes c'est encore une ferme de premier ordre : en y comprenant les joncs et les prés salés, vous vous rappelez que cela formait bien cinq cents acres.

— Dont vous avez hérité en 1829?

— En effet, c'est l'année de la mort de mon père. Ce domaine fut alors évalué à environ trente mille dollars; mais la terre ne valait pas à Westchester, en 1829, ce qu'elle vaut aujourd'hui.

— Et vous avez vendu deux cents acres, comprenant la pointe, le port et une grande partie des joncs, au prix très-modéré de cent dix mille dollars argent comptant, marché passable, Monsieur.

— Non, non ; pas argent comptant. Je n'en ai reçu que quatre-vingt mille comptant, et les trente mille autres ont été garantis par une hypothèque.

— Hypothèque que vous conservez encore, j'imagine, si l'on dit la vérité, et qui embrasse toute la ville de Dibbletonborough. Une ville forme un gage très-suffisant pour une somme de trente mille dollars!

— Ce n'est point ici le cas, cependant. Les spéculateurs qui ont acheté de moi, en 1835, disposèrent les alignements de leur ville, bâtirent un hôtel, un port, un marché, puis mirent les terrains aux enchères. Ils vendirent quatre cents lots, de vingt-cinq pieds sur cent, à un prix moyen de deux cent cinquante dollars, à la condition de recevoir la moitié du prix comptant, et de prendre hypothèque pour le reste. Bientôt après, la crise éclata, et le meilleur lot à Dibbletonborough ne vaudrait pas vingt dollars. L'hôtel et le marché se tiennent solitairement dans leur gloire, et ils s'y tiendront ainsi jusqu'à ce qu'ils tombent en ruines; ce qui, j'imagine, n'arrivera pas de mille ans d'ici.

— Et dans quel état est la ville projetée?

— Dans un assez mauvais état. Les limites des lots disparaissent, et on dépenserait la valeur de sa propriété à payer un architecte pour retrouver ses vingt-cinq pieds sur cent.

— Mais votre hypothèque est excellente.

— Hélas! bonne en un sens; mais un avocat de Philadelphie serait embarrassé d'en tirer parti. Les créances dont cette ville en projet est le gage suffiraient pour l'absorber tout entière. J'ai ordonné à mon agent de commencer par acheter tous ces droits. C'est le plus court moyen d'en finir. Et il me dit dans sa dernière lettre qu'il a réussi à acquérir les titres de trois cent dix-sept lots au prix moyen de dix dollars. Le reste, je suppose, finira par être absorbé.

— Absorbé! C'est là un procédé dont je n'ai jamais entendu parler en matière de terrains.

— Le cas se présente souvent pourtant en Amérique. Il consiste tout simplement à réunir à son propre bien les terres adjacentes sur lesquelles il ne s'élève pas de réclamations. Que puis-je faire? On ne trouvera pas de propriétaires, et alors mon hypothèque est toujours un titre. Une possession hypothécaire de vingt années équivaut à une pleine propriété parfaitement garantie contre les mineurs et les femmes mariées.

— Et avez-vous tiré meilleur parti de Lilacsbush?

— Ah! c'était là une affaire très-simple, et qui n'a souffert aucune dépréciation. Lilacsbush étant dans l'île de Manhattan, on peut tenir pour certain qu'il y aura là une ville un jour ou l'autre. Il est bien vrai que la propriété est à huit milles de l'hôtel de ville. Pourtant elle a sa valeur, et pourra toujours être vendue avantageusement. Maintenant le plan de New-York est fait et arrêté, et l'on n'a pas de peine à retrouver ses lots. Personne ne peut affirmer que la ville ne s'étendra pas jusqu'à Kingsbridge.

— Vous en avez obtenu, à ce qu'on dit, une somme assez ronde?

— J'en ai trouvé trois cent vingt-cinq mille dollars argent comptant. Je n'ai pas voulu faire crédit; et j'ai converti cette somme en bonnes obligations des États de New-York et de l'Ohio, qui rapportent six pour cent.

— C'est un placement que quelques personnes de ce côté-ci de l'Océan trouveraient peu assuré.

— Ce sont des fous. L'Amérique est un glorieux pays, après tout, Hugh, et l'on est fier et heureux de lui appartenir. Considérez-la : si je me rappelle bien, c'est une nation dédaignée par toute la chrétienté.

— Vous devez au moins avouer, mon cher Monsieur, ajoutai-je peut-être avec un peu de vanité, que l'exemple peut tenter un autre peuple; car s'il y a eu jamais une nation qui prit plaisir à se diffamer elle-même, c'est certainement celle qui habite notre bien-aimé pays.

— C'est vrai! Elle a à l'excès cette mauvaise habitude, qui s'accroît tous les jours au lieu de diminuer, parce que l'influence des hommes bien élevés et plus instruits s'affaiblit. Mais c'est là une tache sur le soleil, une simple tache dans le diamant, et il suffira de le frotter un peu pour l'enlever. Mais, en réalité, quel pays! quel glorieux pays! Vous avez parcouru à peu près toutes les parties civilisées de l'ancien monde, mon cher garçon, et vous avez pu vous convaincre par vous-même de la supériorité de notre patrie.

— Je me rappelle que vous avez toujours parlé ainsi, oncle Ro; et cependant vous avez passé la moitié de votre vie hors de ce glorieux pays depuis que vous avez atteint l'âge d'homme. Mais voici Jacob qui vient avec ses lettres et ses journaux. J'espère que le gaillard en a un plein panier.

Jacob, un respectable nègre, arrière-petit-fils d'un noir nommé Jaaf ou Yaap, qui habitait mon domaine de Ravensnest, venait, en effet, d'entrer dans ce moment. Il traînait, aidé du portier, le panier en question, qui contenait quelques centaines de journaux, et puis de cent lettres. A cette vue, il nous sembla que le foyer domestique et l'Amérique tout entière surgissait tout à coup devant nous. Et comme nous avions à peu près achevé notre dessert, nous nous mîmes à examiner ces paquets. Ce n'était pas une petite affaire de choisir chacun notre courrier entre tant de lettres et de papiers.

— Voici des journaux que je n'ai pas encore vus, dit mon oncle en se tournant vers le panier. *Le Gardien du territoire*, cela doit avoir quelque rapport avec l'Oregon.

— Vous avez probablement raison, Monsieur. Voici au moins une douzaine de lettres de ma sœur.

— Ah! *votre* sœur n'est point mariée, et peut encore penser à son frère. Mais les miennes sont en ménage, et une lettre par an serait pour elles une grande affaire. Je reconnais pourtant l'écriture de ma chère vieille mère; c'est quelque chose. Ursule Malbone n'oublierait pas son enfant. Allons, bonsoir, Hugh, chacun de nous a de quoi passer toute sa soirée.

— Au revoir, Monsieur. A demain matin à dix heures. Nous pourrons comparer nos nouvelles et bavarder tout à notre aise.

CHAPITRE II.

Je ne me couchai pas cette nuit-là avant deux heures, et quand je me levai il en était bien neuf et demie. Il était près de onze heures quand Jacob vint me dire que son maître, prêt à déjeuner, m'attendait dans la salle à manger. Je me hâtai de monter, car je couchais à l'entre-sol, et en trois minutes je fus à table vis-à-vis de mon oncle. J'observai en entrant qu'il avait l'air grave, et je m'aperçus en même temps qu'une couple de lettres et quelques journaux américains étaient placés près de lui. Son « bonjour, Hugh » fut comme de coutume obligeant et affectueux, mais je le trouvai triste.

— Il n'y a pas de mauvaises nouvelles, j'espère, Monsieur, m'écriai-je sous l'impression de cette première inquiétude. La dernière lettre de Martha est d'une date fort récente, et cette lettre est très-gaie. Je sais que la santé de ma grand'mère était très-bonne il y a six semaines.

— Je le sais aussi, Hugh, car j'ai une lettre d'elle, écrite de sa main bien-aimée. Ma mère est en parfaite santé pour une femme de quatre-vingts ans, mais naturellement elle désire de nous voir, et vous surtout. Les petits-enfants sont toujours préférés des grand'mères.

— Je me réjouis de vous entendre parler ainsi, Monsieur; car je craignais véritablement en entrant que vous n'eussiez reçu quelque nouvelle désagréable.

— Toutes vos nouvelles sont-elles donc agréables après un si long silence?

— Il n'y a rien de fâcheux, je vous assure. Martha m'écrit une lettre charmante. Vous vous rappelez que lorsque nous l'avons quittée, elle avait alors quinze ans, elle promettait d'être remarquable.

— Votre sœur veut vous préparer une agréable surprise. J'ai entendu dire à des personnes âgées qu'elle fait souvenir de ma mère à quinze ans, et Ursule Malbone était autrefois une beauté célèbre.

— Je suis sûr qu'il en est exactement comme vous vous l'imaginez; d'autant plus que ses lettres contiennent certaines allusions à un M. Harry Beekman, dont je me sentirais très-flatté si j'étais à la place de M. Harry. Avez-vous, par hasard, quelques renseignements sur une famille Beekman, Monsieur?

Mon oncle me regarda comme un homme surpris de ma question. Citoyen de New-York par la naissance, par ses relations, par ses alliances et par ses affections, il tenait en profond respect tous les vieux noms de la colonie et de l'Etat, et je l'avais souvent vu sourire de la manière dont les nouveaux-venus de mon temps, qui avaient paru pour s'épanouir parmi nous comme des roses, répandaient leur parfum à travers le pays. Il était bien naturel qu'une société qui dans un demi-siècle avait vu croître sa population d'un million d'habitants à deux millions et demi, et cela autant par les immigrations qui lui venaient des Etats voisins que par son développement naturel, eût subi quelque changement dans sa manière de penser à cet égard; mais, d'un autre côté, il était également juste et naturel qu'un véritable citoyen de New-York n'en eût subi aucun.

— Vous n'ignorez probablement pas, Hugh, que ce nom est ancien et respecté parmi nous, répondit mon oncle après avoir fixé sur moi ce regard surpris dont j'ai parlé. Il y a une branche des Beekman, ou Bakemen, comme nous avons l'habitude de les appeler, établis près de Satanstoë; et j'imagine que votre sœur, dans ses fréquentes visites à ma mère, a dû se trouver avec eux. Une semblable relation serait fort naturelle. Mais j'ai reçu des nouvelles du pays qui m'ont presque brisé le cœur!

Je m'assis en regardant mon oncle avec surprise et anxiété, tandis qu'il plaça ses deux mains devant ses yeux, comme pour se soustraire à la vue de ce monde pervers. Je ne parlai pas, car je vis que le vieillard était réellement affligé, et qu'il ne lui convenait pas pour le moment d'en dire davantage; mon impatience cependant fut bientôt satisfaite. Mon oncle abaissa ses mains, et je pus de nouveau contempler son bon mais mélancolique visage.

— Puis-je m'informer de la nature de ces nouvelles? me hasardai-je alors à demander.

— Vous le pouvez, et je vais vous les dire. Vous devez les connaître et en comprendre la gravité, car vous avez un intérêt direct en cette affaire, et une grande partie de votre fortune dépend de la conclusion qu'elle recevra. Ne parlait-on pas déjà de l'agitation des manoirs, comme on l'appelait, quand nous avons quitté le pays?

— Certainement; quoique cette affaire ne parût pas avoir grande importance, nous en avons vu quelque chose, si je ne me trompe, un peu avant de partir pour la Russie; et je me rappelle que vous en parlâtes comme d'une affaire peu honorable pour l'Etat, quoiqu'elle ne dût pas alors vous produire un résultat bien considérable.

— Alors je pensais ainsi; mais mon espérance a été déçue. Il y avait quelques raisons pour qu'une population comme la nôtre ne vît pas sans inquiétude l'état des domaines du dernier propriétaire.

— Je ne comprends pas parfaitement à quoi vous faites allusion, Monsieur.

— C'est bien facile à expliquer. La propriété de Van Rensslaer est d'une grande étendue. Le manoir, car c'est ainsi qu'on l'appelait autrefois et qu'on l'appelle encore aujourd'hui, s'étend de l'est à l'ouest sur une longueur de quarante-huit milles, et n'en a pas moins de vingt-quatre du nord au sud, si l'on en excepte des lacunes sans importance, comme les emplacements de trois ou quatre villes, dont trois renferme six, vingt et quarante mille âmes. Cette immense surface de terrain était la propriété d'une seule personne. Depuis sa mort elle a été partagée entre les deux héritiers soumis à l'exécution des baux antérieurement contractés, et dont la plus grande partie était de ceux qu'on appelle emphytéotiques.

— J'ai entendu parler de tout cela, Monsieur, et j'en sais de plus quelque chose par moi-même. Mais qu'est-ce qu'un bail emphytéotique? car je pense que nous n'en avons aucun de cette nature à Ravenanest.

— Non; ces baux sont tous de trois générations, et la plupart peuvent être renouvelés après ce terme. Il y a deux espèces de baux nommés « baux emphytéotiques » parmi les propriétaires fonciers de New-York. Tous deux donnent au fermier un intérêt permanent, car ils sont contractés pour toujours, à charge d'une rente annuelle avec droit de saisie, et conventions particulières pour la reprise de possession. Mais ceux de la première espèce donnent au fermier le droit de réclamer, quand il le juge convenable, la toute propriété, moyennant le payement d'une somme stipulée, tandis que les autres lui refusent ce privilége. Ainsi, les uns sont appelés « baux emphytéotiques avec clause de réemption, » tandis que les autres sont de simples baux emphytéotiques.

— Et s'élève-t-il quelque nouvelle difficulté à l'égard des rentes foncières?

— Bien pis que cela! Le mal s'est étendu au point que les plus grandes calamités qui jamais aient été prédites aux démocraties par leurs ennemis acharnés menacent sérieusement aujourd'hui ce malheureux pays. J'en suis épouvanté, Hugh; je ne pourrai plus, hélas! considérer New-York comme une exception, je ne pourrai plus appeler mon pays lui-même un glorieux pays!

— Cela est si grave, Monsieur, que si vos regards ne confirmaient pas la vérité de vos paroles, je serais disposé à en douter.

— Hélas! je crains bien que mes paroles ne soient que trop vraies! Danning m'a écrit lui-même un long récit conçu avec toute l'exactitude d'un avocat, et il y a ajouté divers journaux, dont quelques-uns demandent ouvertement en somme une nouvelle division de la propriété, ce qui serait au fond une véritable loi agraire.

— Certainement, mon oncle, vous ne pouvez rien craindre sérieusement de semblable de nos Américains si amis de l'ordre, des lois et de la propriété?

— Votre dernier éloge peut contenir le secret de toute cette agitation. L'amour de la propriété est peut-être chez eux assez fort pour les pousser à faire bien des choses dont ils devraient se garder. Certainement je ne crains pas qu'on se permette bientôt à New-York aucune tentative directe pour diviser son territoire. Je ne crains pas non plus qu'on établisse ouvertement une loi agraire. Mais je crains qu'on y arrive peu à peu par des innovations indirectes et graduelles dans le droit, auxquels on aurait recours pour se donner les apparences des soins de la justice et de l'égalité et miner ainsi les principes qui dirigent le peuple avant qu'il pût prévoir les dangers qu'on lui fait courir. Pour que vous puissiez comprendre des faits qui compromettent si gravement votre fortune, je vais commencer par vous dire ce qui s'est passé, et je vous expliquerai après ce que je crains qu'on fasse encore. La première difficulté, ou plutôt la première difficulté de date récente, s'est élevée à la mort du dernier Patroon. Je dis la date récente, car Danning m'écrit que, sous l'administration de John Jay une tentative fut faite pour refuser le payement de la rente foncière au manoir des Livingstons. Mais il ne tient aucun compte de ce précédent.

— Il fait bien. Je crois que la friponnerie ne pouvait guère espérer de réussir tant que l'exécution des lois fut confiée à un homme de cette trempe. Mais le temps de tels hommes d'Etat semble, hélas! être passé pour nous.

— Elle ne réussit pas, en effet. Le gouverneur Jay traita cette prétention comme il le devait. Cette affaire s'éteignit et a été à peu près oubliée. Mais la guerre civile est imminente.

Je ne sais ce que nous aurions pu dire encore sur cette matière, car à ce moment nous fûmes interrompus par la visite de notre banquier, et naturellement la conversation changea d'objet.

CHAPITRE III.

C'était là une véritable nouvelle pour un Américain privé depuis si longtemps de communications avec son pays, que celle qu'il allait devenir le théâtre de quelques scènes sanglantes, ce pays qui se vantait d'être l'asile des opprimés et le conservateur du droit éternel. J'étais profondément affligé de ce que j'avais entendu. Mon oncle et moi nous pensâmes qu'il était sage à nous de retourner en Amérique.

J'étais arrivé à l'âge où je pouvais entrer en pleine possession de mes biens (autant toutefois que voudraient me le permettre nos « nouvelles lois » et nos « nouveaux maîtres, ») et les lettres reçues par mon ancien tuteur, en même temps que quelques journaux, nous donnaient cette fâcheuse nouvelle qu'un grand nombre de tenanciers de Ravensnest s'étaient joints à la coalition, avaient ouvert des souscriptions pour venir en aide aux « Indiens, » et qu'ils ne manqueraient pas de devenir aussi pervers que les autres, bien qu'ils payassent encore leurs rentes. Encore devait-on, selon le récit de notre agent, expliquer cette exactitude par cette circonstance que la plupart des baux touchaient à leur terme, et qu'il me serait bientôt possible de remplacer par des hommes plus honnêtes et plus tranquilles les tenanciers de quelques-unes de mes fermes. Nous prîmes en conséquence nos mesures pour quitter Paris le plus tôt possible, et pour être rendus chez nous vers la fin de mai.

— Si j'avais le temps, j'enverrais certainement un mémoire ou deux à la législature, me dit mon oncle un jour ou deux avant notre départ pour le Havre, où nous allions rejoindre le paquebot. J'ai la plus grande envie de protester contre l'envahissement de mes droits d'homme libre par des loi semblables à celles qu'ils méditent.

— Question de votes, Monsieur, question de votes.

— C'est certain Monsieur, question de votes. Il n'y a que la question des votes qui puisse expliquer de telles inconséquences.

— Dans une mauvaise cause on se fait un argument de tout. Mais, mon cher Hugh, en voilà assez maintenant sur cette matière. Nous n'aurons que trop d'occasions de nous en occuper quand nous serons retournés chez nous. Parmi mes lettres, j'en ai une de chacune de mes pupilles.

— J'espère, répondis-je en riant, que l'impétueuse miss Henrietta Coldbrooke et la douce miss Anne Marston se portent bien?

— Elles se portent très-bien, et m'écrivent toutes deux des lettres charmantes. Il faut que je vous montre celle d'Henrietta, qui lui fait beaucoup d'honneur. Je vais la chercher dans ma chambre.

Il faut que je confie ici au lecteur un secret qu'il doit connaître pour l'intelligence de ce qui va suivre. Quelques tentatives avaient été faites auprès de moi, avant mon départ, pour me pousser à épouser miss Henrietta Coldbrooke, miss Anne Marston, ou miss Opportune Newcome. Les propositions, en ce qui touche les deux premières, venaient de mon oncle Ro, qui en qualité de tuteur, avait un intérêt bien naturel à leur faire faire un mariage qu'il considérait comme avantageux. Quant à miss Opportune Newcome, c'était elle-même qui s'était chargée de faire les premiers pas. Dans ces circonstances, il n'est peut-être pas hors de propos de dire ici ce qu'étaient alors ces jeunes personnes.

Miss Henrietta Coldbrooke était fille d'un Anglais de bonne famille et de quelque fortune qui avait émigré en Amérique et s'y était marié, poussé par des opinions politiques qui lui faisaient considérer ce pays comme une terre promise. Il était veuf, et je me rappelle que c'était un homme difficile, ruiné peu à peu par des placements imprudents, et qui était devenu à la fin tout à fait Anglais par ses affections et ses goûts. Il mourut toutefois à temps pour laisser à sa fille unique une fortune qui, grâce à l'excellente gestion de mon oncle, s'élevait, à ma connaissance, à plus de cent soixante-dix mille dollars, et qui produisait un revenu net de huit mille. Il n'en fallait pas davantage pour la rendre intéressante. Mais elle avait dans ma mère une amie dévouée qui veillait à ce qu'elle n'acceptât pas un mauvais parti. Je savais que dans ses lettres mon oncle Ro avait insisté, autant que les convenances le permettaient, pour éveiller l'attention sur mon compte, et ma chère et excellente grand'mère avait une fois laissé échapper dans l'une des siennes une expression qui me portait à croire que les avis de mon oncle avaient excité dans l'esprit de la jeune demoiselle tout l'intérêt conciliable avec un sentiment qui n'était encore après tout que de la curiosité.

Miss Anne Marston était aussi une héritière, mais de beaucoup moins grande importance. Elle avait un revenu d'environ trois mille dollars, assis sur des maisons de ville, et une jolie petite somme d'à peu près seize cents dollars, produit de ses économies. Ce n'était pourtant pas une fille unique, elle avait deux frères aussi riches qu'elle, et qui, ainsi que c'est trop souvent l'habitude parmi les fils de marchands à New-York, étaient en bon train de se ruiner par leurs dissipations. Rien n'est, dans un cas semblable, si favorable à un jeune Américain que les voyages. Il s'y corrige ou s'y perd tout à fait, selon les dispositions qu'il y apporte. Comment l'expérience avait-elle réussi pour les jeunes Marston, nous ne le savions pas; quant à miss Anne, elle avait auprès d'elle sa mère, qui prenait soin de son éducation, et je savais qu'elle était bonne et modeste.

Miss Opportune Newcome était une des belles filles de Ravensnest, village situé sur ma propriété. C'était une beauté rustique, rustique aussi par ses qualités, ses manières et ses habitudes. Comme Ravensnest n'était pas particulièrement avancé en civilisation, ou, pour parler comme les gens de l'endroit, n'était pas une ville fort « aristocratique, » je n'insisterai pas sur les perfections de la demoiselle, perfections qui, couronnées de succès à Ravensnest, ne feraient pas dans mon livre un aussi bel effet.

Opportune était la fille de David, fils de Jason, de la maison des Newcomes. Je n'emploie pas au hasard le mot « maison, » car toute la famille habitait une de mes fermes qui était allouée depuis un temps immémorial, c'est-à-dire depuis environ quatre-vingts ans, au nom des Newcomes. Pendant tout ce temps, c'était un Newcome qui avait été locataire du moulin, de la taverne, du magasin, de la ferme la plus rapprochée du village de Ravensnest, ou de Little-Nest (Petit Nid), comme on l'appelait ordinairement; et il ne sera pas inutile d'ajouter pour la moralité de mon récit, que pendant tout ce temps, et bien auparavant, c'étaient mes ancêtres ou moi qui en avions été propriétaires. Je prie le lecteur de se rappeler cela, car il reconnaîtra bientôt que certaines personnes étaient fort disposées à l'oublier.

Opportune était donc la fille d'Ovide. Il y avait aussi dans la famille un frère nommé Seneca, fils d'Ovide, fils de Jason, le premier du nom à Ravensnest. Ce Seneca était avocat, en vertu d'un diplôme accordé par les tribunaux de la cour suprême et par la cour des plaids communs, qui l'autorisait à exercer à Washington. Comme les Newcomes avaient de père en fils et pendant trois générations, depuis Jason jusqu'à Seneca, reçu une certaine éducation, et comme le dernier appartenait au barreau, je fus conduit naturellement à lier connaissance avec le frère et la sœur. Celle-ci aimait surtout à visiter le *Nest* (c'est ainsi qu'on appelait familièrement ma maison, dont le vrai nom était Ravensnest, et c'est à cette habitude que le village devait son nom.) Comme elle avait de plus témoigné une grande affection à ma chère vieille grand'mère et à ma bonne jeune sœur, qui venaient ordinairement passer quelques semaines avec moi pendant les vacances d'automne, j'avais eu plus d'une occasion de connaître son caractère. J'avais appris que sa mère, nommée comme elle, avait employé le même moyen pour enseigner à Ovide l'art de se marier et avait remporté une complète victoire. Cette dame vivait encore, et on pouvait l'appeler Opportune la Grande, en réservant pour sa fille le nom d'Opportune la Petite. La jeune personne et moi nous étions à peu près du même âge. Mais il est temps de revenir à mon oncle et à la lettre de miss Henrietta.

— La voilà ! s'écria mon tuteur avec gaieté ; et c'est une fameuse lettre ! Je voudrais pouvoir vous la lire tout entière, mais les deux fillettes m'ont fait promettre de ne montrer jamais leurs lettres à personne, et personne c'est vous seul, quand elles se sont engagées à m'écrire autre chose que des banalités. Maintenant, elles me communiquent leurs impressions avec liberté et naturel, et leur correspondance m'est infiniment agréable. Je pense toutefois que je puis, en conscience, me hasarder à vous en donner une idée.

— Vous feriez mieux de vous en abstenir, Monsieur. Il y aurait là une sorte de trahison dont j'avoue que j'aimerais mieux n'être pas le complice. Si miss Coldbrooke ne veut pas que je lise ce qu'elle écrit, elle ne peut guère souhaiter que vous m'en lisiez la moindre partie.

Mon oncle Ro me regarda de manière à me faire croire qu'il n'était pas satisfait de mon *indifférence*. Il lut la lettre tout bas, tantôt riant, tantôt applaudissant, murmurant, dans un autre endroit : « Charmant ! bien !... Aimable enfant ! c'est digne d'Hannah More ! » etc., etc., comme s'il essayait de provoquer ma curiosité. Mais je n'avais aucune envie de lire « Hannah More, » comme l'imaginera facilement tout jeune homme de vingt-cinq ans, et je gardai une indifférence stoïque. Mon oncle perdit contenance, et replaça les lettres dans son portefeuille.

— Allons, mes nièces seront bien aises de vous voir, dit-il après un moment de réflexion. Dans ma dernière lettre à ma mère, je leur annonçais que nous ne serions pas de retour avant le mois d'octobre, et maintenant voilà que nous les verrons en juin au plus tard.

— Marthe sera enchantée, j'en suis sûr ; quant aux deux autres demoiselles, elles ont tant d'amis et de connaissances, que, j'imagine, elles ne s'inquiètent guère de ce que nous faisons.

— Eh bien ! vous êtes injuste, et leurs lettres pourraient vous le prouver, car elles prennent le plus affectueux intérêt à ce qui nous touche, et elles me parlent de mon retour en personnes qui l'attendent avec impatience et avec joie.

Je fis à mon oncle une réponse inconvenante, je l'avoue, et ma bonne foi m'oblige à la rappeler ici.

— Je le crois bien, Monsieur, répliquai-je ; quelle jeune personne ne pense pas avec impatience et joie au retour d'un ami qui revient de Paris les poches bien garnies, comme on sait ?

— Bien, Hugh ; vous ne méritez ni l'une ni l'autre de ces chères filles, et si j'ai voix au chapitre, vous n'aurez ni l'une ni l'autre.

— Je vous remercie, Monsieur.

— Oh ! ceci est plus que niais, c'est brutal. Je suis certain qu'aucune des deux ne voudrait de vous, quand vous vous offririez demain.

— Je l'espère aussi, Monsieur, dans leur propre intérêt. Ce serait donner une singulière opinion d'elles que d'accepter pour mari un homme qu'elles connaissent à peine, et qu'elles n'ont pas vu depuis l'âge de quinze ans.

L'oncle Ro se mit à rire, quoiqu'au fond il fût contrarié, et comme je l'aimais de tout mon cœur, je fis en plaisantant tomber la conversation sur notre prochain départ.

— Je veux vous dire mon projet, s'écria mon oncle. Nous allons prendre de faux noms en entrant dans le navire, et nous surprendrons nos amis. Ni Jacob ni votre domestique ne nous trahiront, nous pouvons y compter ; nous pouvons, après tout, les envoyer devant nous par la voie d'Angleterre ; ils s'embarqueront à Liverpool. Voilà une bonne idée, et je me félicite qu'elle me soit venue.

— De tout mon cœur, Monsieur. Je n'ai aucun besoin de mon domestique à bord ; il est d'ailleurs excellent en terre ferme, mais il devient une véritable Niobé sur l'onde salée.

La chose fut ainsi convenue, et un ou deux jours après, nos deux valets de chambre, le nègre Jacob et l'Allemand Hubert, étaient en route pour l'Angleterre. Mon oncle garda son appartement, car il soutint que je voudrais venir y passer un hiver avec ma femme, et nous partîmes pour le Havre dans une espèce d'incognito. Nous courions peu de danger d'être reconnus sur le paquebot, car nous nous étions assurés par avance que nous n'y trouverions aucune personne de connaissance. Il y avait une grande ressemblance entre mon oncle et moi, et nous nous fîmes passer pour le père et le fils, MM. Davidson de Maryland. Je n'avais, pour rendre cette petite fable vraisemblable, qu'à m'abstenir de donner le nom d'oncle à mon prétendu père.

Notre passage ne présenta aucun incident digne d'être raconté. Nous y rencontrâmes tout ce qu'on rencontre d'habitude, sans excapter l'ennui, qui probablement donna à mon oncle le temps de combiner un autre projet que je dois maintenant faire connaître.

Une nouvelle lecture de ses lettres et de ses journaux lui avait montré dans l'*antirentisme* plus de gravité encore qu'il n'en avait aperçu d'abord. Il était aussi résulté des renseignements que lui avait fournis un habitant de New-York, notre compagnon de voyage, qu'il était dangereux pour des propriétaires de se montrer sur leurs domaines, qu'il s'exposaient ainsi aux injures, aux insultes, aux humiliations les plus odieuses, et même dans certains cas, ajoutait-on, à la mort. Le sang répandu avait bien, il est vrai, compromis les manifestations les plus violentes, mais il n'était pas difficile de découvrir chez les tenanciers, malgré leurs assurances de modération, la volonté bien arrêtée d'en venir à leurs fins.

Mon oncle et moi nous méditions avec calme sur toutes ces matières, et nous nous arrêtâmes à un parti qui, je crois, était prudent. Comme cette décision renfermait des conséquences qui doivent influer sur ma destinée future, je dirai en peu de mots ce qui nous engagea à la prendre.

Il était également important pour nous de visiter Ravensnest, et dangereux de le faire publiquement. Le *nest*, c'est-à-dire ma maison, était situé au centre du domaine, et comme nous ignorions les dispositions des tenanciers, il pouvait être dangereux de nous faire connaître. Une circonstance favorisait notre incognito. Nous n'étions pas attendus avant l'automne. Nos dispositions furent en conséquence bien simples, et nous les ferons connaître en leur temps.

Nous mîmes le pied sur la batterie au moment où les cloches de New-York sonnaient huit heures. Chacun de nous avait une maison dans la ville, mais au moment où nous arrivions, il était probable qu'on ne trouverait dans l'une et l'autre qu'un ou deux domestiques, et il entrait dans notre projet de ne pas nous montrer à eux. Mais Jack Dunning, comme l'appelait toujours mon oncle, était pour nous un ami plus qu'un homme d'affaires, et il avait dans Chamber street un logement de garçon qui faisait précisément notre affaire. Nous nous y rendîmes par la route où nous avions le moins de chance d'être reconnus.

CHAPITRE IV.

Quoique New-York soit décidément une ville de province, elle contient cependant beaucoup d'hommes du monde, et parmi eux il en est même qui n'ont jamais quitté le coin de leur feu. Dans le nombre, il fallait surtout compter Jack Dunning, vers la maison duquel nous nous dirigions alors.

— Si nous allions autre part que chez Dunning? dit mon oncle en débouchant de Greenwich street; nous ne pourrions pas craindre d'être reconnus par les domestiques, car personne ici n'en garde un plus de six mois. Dunning, lui, est de la vieille école et n'aime pas les nouveaux visages. Aussi il n'aura pas d'Irlandais à sa porte, comme c'est l'habitude aujourd'hui dans deux maisons sur trois.

Une minute après nous avions atteint la demeure de M. Dunning. Je craignais d'attendre à la porte, dans un climat comme le nôtre, et cependant mon oncle hésitait pour entrer.

— *Parlez au suisse*, lui dis-je. Parions dix contre un que c'est une figure nouvelle.

— Non, non, ce doit être le vieux nègre Garry, Jack ne peut pas s'en être séparé.

Nous sonnâmes et la porte s'ouvrit... au bout de cinq minutes. Dans ce pays qu'on accuse d'aristocratie, il n'y a qu'un portier, et c'est celui de Withe-House, à Washington. Après trois minutes d'attente, mon oncle s'écria :

— Je crains que Garry ne fasse un somme auprès de ses fourneaux. Je vais sonner encore.

Mon oncle Ro agita de nouveau la sonnette, et deux minutes après la porte s'ouvrit.

— Que demandez-vous? nous dit le *suisse* avec un accent irlandais très-prononcé.

Mon oncle recula d'un pas, comme s'il avait vu un fantôme. Cependant il demanda si M. Dunning était chez lui.

— Il y est, Monsieur.

— Est-il seul, ou en compagnie?

— Il y est, Monsieur.

— Mais lequel des deux?

— C'est parfaitement cela.

— Enfin, prenez la peine de me dire s'il est seul, ou en compagnie.

— Précisément, Monsieur. Veuillez entrer, et il sera charmé de vous voir. Son Honneur est un excellent *gentleman*, et il y a plaisir à vivre avec lui.

— Depuis combien de temps avez-vous quitté l'Irlande, mon ami?

— Il n'y a pas longtemps, Votre Honneur, répondit Rumey en fermant la porte, il y a treize semaines ou il n'y a pas un jour.

— Allons, marchez devant et montrez-nous le chemin. C'est de mauvais augure, Hugh, que Jack Dunnig, de qui on devait le moins l'attendre, ait changé son domestique, le bon, paisible, paresseux, respectable et vieux nègre Garry, pour un fripon irlandais comme celui-ci, qui monte cet escalier comme un homme accoutumé à des échelles.

Dunning était alors au second étage, dans sa bibliothèque, où il passait la plupart de ses soirées. Sa surprise fut égale à celle que venait d'éprouver mon oncle, quand il nous vit tous deux devant lui. Averti par un geste significatif, il se contenta de serrer en silence la main de son ami et de son client, et pas un mot ne fut dit jusqu'à ce que le suisse eût quitté la chambre, bien que le drôle se tînt tout droit à la porte pendant quelque temps pour voir ce qui allait se passer entre le maître de la maison et ses hôtes. A la fin nous nous en débarrassâmes, et la porte fut fermée.

— Ce sont mes dernières lettres qui vous ont fait revenir, Roger? dit Jack aussitôt qu'il put parler, car son silence avait pour cause autant son émotion que la prudence.

— Justement. Il s'est fait de grands changements dans le pays, à ce que j'ai appris, et ce qui le prouve, c'est que vous avez renvoyé Garry pour mettre un Irlandais à sa place.

— Hélas! les vieux hommes doivent mourir, de même que les vieux principes, j'imagine. Mon pauvre domestique a été emporté la semaine dernière par un accès, et j'ai pris cet Irlandais comme *pis-aller*. Après la perte du pauvre Garry, qui était né esclave dans la maison de mon père, peu m'importait qui le remplacerait, et j'ai accepté le premier venu.

— Nous devons prendre garde, Dunning, de ne pas nous laisser abattre trop vite. Mais écoutez mon histoire, et après je vous parlerai d'autres choses.

Mon oncle expliqua alors son désir de rester inconnu, et les motifs qui le lui avaient suggéré. Dunning l'écouta attentivement, ne sachant s'il devait applaudir ou blâmer. Ce sujet fut rapidement discuté, et on se promit d'y revenir.

— Mais où en est cette grande honte du pays qu'on appelle *l'antirentisme?* Est-elle sur son déclin, ou s'aggrave-t-elle encore?

— En apparence, peut-être sur son déclin; mais elle continue à se développer, si l'on considère les principes du droit et les faits. La nécessité d'acquérir des voix oblige les hommes politiques de tous les partis à se porter à ces excès, et l'on doit craindre que d'odieuses spoliations ne soient commises avec la connivence de la loi.

— Croyez-vous qu'on adopte des projets semblables à ceux dont on nous menace? Du reste, cela ne nous touche pas, car nos baux sont de trois générations.

— Oh! cela n'y fait rien. Pour le cas où vous vous trouvez, ils méditent une loi qui interdira à l'avenir la location des terres pour une période de plus de cinq ans. Les baux de Hugh vont bientôt expirer, et alors il ne pourra pas, comme ils disent, réduire un homme libre à l'esclavage pour plus de cinq ans.

— Savez-vous quelles sont les prétentions des tenanciers de Ravensnest en particulier?

— Ils veulent devenir propriétaires des terres de Hugh, voilà tout, et pas davantage, je puis vous l'assurer.

— Et à quelles conditions? demandai-je.

— Comme des gens légers d'argent. Il y en a même quelques-uns qui expriment l'intention de payer au bon prix.

— Mais je ne veux pas vendre, à quelque prix que ce soit, je ne veux pas me séparer d'une propriété qui m'est chère, parce qu'elle se lie dans mon esprit à toutes mes affections de famille. J'y ai un établissement dispendieux, qui tire surtout sa valeur de ce que je puis, de la manière la plus profitable pour moi, y surveiller nos intérêts. Que ferais-je d'argent comptant? Achèrerais-je un autre domaine? Autant garder le mien.

— Assez, s'écria mon oncle. Comment vont les jeunes personnes, Jack, et ma bien honorée mère?

— Votre mère, la noble et héroïque femme, elle est pour le moment à Ravensnest; et comme les jeunes personnes n'auraient pas souffert qu'elle y allât seule, elles l'ont accompagnée.

— Comment avez-vous souffert, Jack Dunning, qu'elles allassent, sans être accompagnées, dans un pays qui est en rébellion ouverte? demanda mon oncle d'un ton de reproche.

— Allez, allez! Hugh Littlepage; tout cela est sublime en théorie, mais ce n'est pas si simple en pratique. Je n'ai pas accompagné mistress Littlepage et les jeunes demoiselles, par la bonne et excellente raison que je ne veux pas être « goudronné et emplumé. »

— Et ainsi vous les exposez à être « goudronnées et emplumées » à votre place?

— Mon cher Ro, dites ce que vous voudrez de l'improbité, de l'envie, ce vice capital des Américains, de la friponnerie dont ces gens-là font preuve, je dirai comme vous; mais ne dites pas qu'une femme puisse courir un sérieux danger au milieu d'une réunion d'Américains, fussent-ils antirentiers et « Indiens » par-dessus le marché.

— En y réfléchissant, Jack, je crois que vous avez raison. Pardonnez-moi ce mouvement de crainte; mais j'ai longtemps vécu dans l'ancien monde et dans un pays où les femmes ont été, il n'y a pas bien longtemps, conduites sur l'échafaud sous prétexte de crime politique.

— Parce qu'elles se mêlaient de politique. Votre mère ne court aucun danger, quoiqu'il faille du courage à une femme pour le croire. Il y a peu de femmes dans l'État, et encore moins de femmes de son âge, qui se conduiraient comme elle le fait; et je sais gré aux jeunes demoiselles de ne l'avoir pas quittée. La moitié des jeunes gens de la ville se désespèrent à la pensée que trois personnes aussi charmantes s'exposent à être insultées. Votre mère a été seulement poursuivie en justice.

— Poursuivie! A qui doit-elle quelque chose? et qu'a-t-elle fait pour essuyer une telle indignité?

— Vous savez, ou du moins vous devez savoir comment les choses se passent dans ce pays, Littlepage. Nous devons avoir toujours une petite loi pour nous; mais quand nous nous efforçons de la violer, un coquin assez effronté pour braver ouvertement les lois n'est pas chose commune. Les antirentiers ont appelé la loi en aide à leurs projets. Ainsi j'apprends qu'un des Rensslaer a été poursuivi pour de l'argent qu'il aurait emprunté dans un bac, afin de traverser la rivière qui coule devant sa porte, et pour le prix de pommes de terre achetées par sa femme dans les rues d'Albany.

— Mais aucun des Rensslaer n'a besoin d'emprunter de l'argent pour passer dans le bac ; les mariniers lui feraient crédit, et aucune dame de la famille de Rensslaer, j'en réponds, n'a acheté de pommes de terre dans les rues d'Albany.

— Vous avez bien profité de vos voyages, à ce que je vois, dit Jack Dunning avec une gravité comique. Votre mère m'écrit qu'elle a été poursuivie, *elle*, pour vingt-sept paires de souliers à elle fournies par un cordonnier qu'elle n'a jamais vu et dont elle n'a jamais entendu parler avant de recevoir la sommation!

— C'est donc là une des vexations inventées pour chasser les propriétaires de leurs domaines?

— Vous l'avez dit ; et si les propriétaires réclament l'exécution des engagements pris envers eux, tout le monde crie à l'aristocratie et à l'oppression.

— Et ma noble, énergique et vénérable mère est allée maintenant à Ravensnest pour faire face à l'ennemi? s'écria mon oncle après avoir réfléchi pendant quelque temps.

— Comme vous le dites. Et les nobles, énergiques, quoique non vénérables jeunes demoiselles sont parties avec elle, répliqua M. Dunning de son ton caustique.

— Toutes les trois?

— Et chacune en particulier : Martha, Henrietta et Anne.

— Je suis étonné que la dernière s'y soit décidée : Anne Marston est si douce, si tranquille, si pacifique! Je pensais qu'elle aurait préféré, comme elle le pouvait sans provoquer de reproches, rester avec sa grand'mère.

— Et pourtant elle ne l'a pas fait. Misstress Littlepage *a voulu* braver les antirentiers, et les trois demoiselles *ont voulu* lui servir d'escorte.

J'espère que vous savez, Ro, ce que c'est que le sexe quand il s'est mis une idée en tête?

— Mes filles sont de bonnes filles et elles ne m'ont jamais donné beaucoup de peine, dit mon oncle avec un air de satisfaction.

— Vous pouvez avoir raison ; seulement n'oubliez pas que votre voyage a duré cinq ans cette fois-ci.

— J'ai été un tuteur vigilant cependant, puisque je vous ai choisi pour me remplacer. Ma mère vous a-t-elle écrit depuis son arrivée au milieu des Philistins?

— Certes, monsieur Littlepage, répondit gravement Dunning, j'en ai reçu des nouvelles trois fois; car elle m'écrit pour m'engager à ne pas paraître sur le domaine.

— Ma mère vous écrit-elle elle-même? demanda mon oncle avec intérêt.

— Elle m'honore de lettres écrites de sa main. Votre mère écrit mieux que vous-même, Roger.

— Et Martha vous a-t-elle écrit aussi?

— Naturellement. La douce petite Patty et moi nous sommes une paire d'amis, comme vous savez.

— Et dit-elle quelque chose de l'Indien et du nègre?

— Jaaf et Susquesus? Certainement elle en parle; tous deux sont vivants et bien portants. Je les ai vus moi-même, et j'ai de plus mangé de leur chasse l'hiver dernier.

— Ces deux braves gens doivent avoir vécu maintenant beaucoup plus d'un siècle chacun, Jack ; ils étaient avec mon grand-père pendant l'ancienne guerre avec la France : c'étaient alors des hommes actifs, utiles, mais déjà plus âgés que lui.

— Ah! un nègre et un Peau-Rouge, il n'y a pas comme ces gens-là pour tenir à la vie quand ils sont sobres. Réfléchissons. L'expédition d'Abercrombie date d'environ quatre-vingts ans; ainsi les gaillards doivent avoir passé la centaine, et Jaaf paraît être le plus vieux.

— J'imagine que personne ne sait l'âge de l'un ni de l'autre. Depuis bien des années on prétend qu'ils ont passé la centaine. Les deux pauvres diables descendent quelquefois en mer, à ce que m'écrit Martha, et l'Indien est indigné des misérables parodies que les tenanciers font des hommes de sa race; j'ai même entendu dire que lui et Jaaf se proposent d'entrer en campagne contre les rebelles. Ils ont Seneca Newcome en particulière aversion.

— Que dit Opportune?... demandai-je. Prend-elle quelque part à ce mouvement?

— Une part très-active, si je suis bien informé. Elle est antirentiste; mais elle n'est pas fâchée de rester dans de bons termes avec son propriétaire, c'est vouloir servir ensemble Dieu et le diable. Elle n'est pas la seule d'ailleurs qui joue un double jeu dans cette affaire.

— Hugh a une profonde admiration pour Opportune, observa mon oncle, et je vous engage à être modéré dans vos épigrammes. Quant au moderne Seneca, il est, je suppose, tout à fait contre nous.

— Sencky (c'est ainsi que l'avocat américain prononçait son nom), Seneca veut arriver à la législature, il se met du côté des suffrages. Ensuite son père est tenancier du moulin, et naturellement il désire en devenir aussi propriétaire. Il est aussi intéressé lui-même dans l'exploitation des terres.

— Maintenant, Jack, parlons de notre projet, et cherchons les moyens de nous rendre au milieu de ces hommes à moitié égarés, sans être reconnus, car je suis déterminé à les voir et à juger par moi-même de leur conduite et de leurs raisons.

— Prenez garde à la barrique de goudron et à l'oreiller de plume, Roger.

— J'y prendrai garde.

Nous discutâmes alors sur ce sujet longuement et à loisir. Je ne rapporterai pas au lecteur tout ce qui fut dit dans cette circonstance; il le saura bientôt. Nous allâmes nous coucher à l'heure accoutumée, en ayant soin de garder par prudence les noms de Davidson; le lendemain M. John Dunning s'occupa de notre affaire, et nous fut extrêmement utile. Par le moyen de ses amis, il nous procura à chacun une perruque. Mon oncle et moi nous parlions suffisamment la langue allemande, et notre plan primitif était de voyager, tout en jouant le rôle d'émigrants colporteurs de parfums et de colifichets. Pour moi, j'eus la fantaisie de me charger d'un orgue de barbarie et d'un singe, et il fut convenu en fin de compte que M. Hugh Roger Littlepage *senior* entreprendrait l'aventure avec une boîte de montres à bon marché et de petits bijoux dorés, tandis que M. Hugh Roger Littlepage *junior* devait commencer ses voyages dans son pays déguisé en musicien gagne-petit. La modestie ne me permet pas de faire l'éloge qu'il conviendrait de mon habileté en musique; pourtant je chantais bien pour un amateur, et j'avais sur le violon et la flûte un talent au-dessus du commun.

CHAPITRE V.

Le lendemain matin de très-bonne heure j'avais revêtu mon déguisement ; je doute que ma mère elle-même m'eût reconnu, si elle eût vécu assez longtemps pour admirer les favoris qui avaient garni mes joues, et pour me voir à l'âge d'homme. J'entrai dans la bibliothèque de Dunning, je tirai la petite vielle de son étui de cuir, je l'attachai en bandoulière, et je me mis à jouer *Le jour de Saint-Patrick au matin* avec verve, et je puis ajouter avec quelque talent.

J'ai à peine besoin de dire que je me sentis un peu mal à l'aise en me trouvant dans les rues de New-York sous ce déguisement. Mais la gravité et l'assurance de mon oncle furent pour moi une source continuelle d'amusement. Il vendit tout de suite une montre sur le quai, avant que le bateau s'en fût éloigné, mais son succès tint, j'imagine, à ce qu'il la vendit à un prix qu'un de ses confrères, qui exerçait son commerce dans le voisinage, trouva déloyalement bas. Nous prîmes pour nous deux une chambre convenable, sous prétexte de surveiller nos bagages, et nous restâmes sur le bateau, regardant tout de cet air étonné et curieux qui convient à des gens de notre sorte.

— Voilà au moins une douzaine de personnes que je connais, dit mon oncle au moment où le bateau dépassait le fort Washington ; je viens de causer pendant à peu près dix minutes avec un ancien camarade de pension, avec lequel j'ai toujours vécu dans une assez grande intimité, et je trouve que mon baragouin et mon déguisement sont parfaits. Je suis sûr que ma chère mère elle-même ne me reconnaîtrait pas.

— Nous pourrons alors nous amuser avec ma grand'mère et les jeunes dames, répondis-je, quand nous serons arrivés. Pour ma part, je crois que nous ferons bien de garder notre secret jusqu'au dernier moment.

— Voilà maintenant Seneca Newcome ; il vient à nous. Il faut redevenir Allemands.

C'était en effet squire Seneky, comme l'appelaient les honnêtes fermiers des environs de Ravensnest. Newcome s'avança lentement vers l'avant du navire où nous nous tenions, et mon oncle se décida à engager la conversation avec lui pour acquérir une preuve de plus de l'excellence de son déguisement, et aussi pour recueillir, s'il était possible, quelques renseignements qui rendraient plus facile l'exécution de notre projet. A cet effet, le prétendu brocanteur tira une montre de sa poche, et la présenta doucement au grand avocat en lui disant :

— Ajeter une montre, chentleman.

— Hein? quoi? Ah! une montre, répondit Seneca d'un ton de souveraine condescendance et de cet air grossier que ces gens qui se croient « le sel de la terre » affectent ordinairement avec ceux qu'ils croient beaucoup au-dessous d'eux pour l'intelligence et la position, tandis qu'ils meurent d'envie et dénoncent comme aristocrates tous ceux qui sont au-dessus d'eux. Ah! une montre, n'est-ce pas? De quel pays êtes-vous, mon ami?

— Je souis Almand, ein Teutscher.

— Allemand; et vous venez d'Inc- Fycher, je suppose.

— Hein! ein Teutscher, être un Almand.

— Ah! oui, je comprends. Combien de temps avez-vous passé en Amérique?

— Touze mois.

— Bah! ce temps de résidence suffit pour vous donner les droits de citoyen. Où demeurez-vous?

— Nulle bart. Je fis au hasard; quelquefois ici, et quelquefois là.

— Ah! oui, je comprends, vous n'avez pas de domicile légal; vous menez une vie errante. Avez-vous beaucoup de montres à vendre?

— Oui, ch'en afre vingt : elles sont aussi pon marché que té la boue et elles font comme de grosses horloches.

— Et quel peut être le prix de celle-ci?

— Celle-ci vous pouvez l'afoir pour seulement fuit tollars. Tout le monde fous tira qu'elle est en or. Il n'y en pas te meilleure.

— Ah! elle n'est donc pas en or; je vous assure que vous avez été sur le point de m'attraper moi-même. Voulez-vous me faire une diminution?

— Si fous fouloir me tonner un avis, ché ne tis pas. Vous barattre une pon chentleman, incapaple de trichèr un paufre Almand; et tant té chuns se plaisent à tricher le paufre Almand, que che vous la laisseral pour six, si fous foulez me tonner un avis.

— Un avis? vous vous adressez bien pour cela! Tenez, venez ici nous serons seuls. Quelle est la nature de l'affaire? s'agit-il d'un procès civil, ou d'une action criminelle?

— Nein, nein; ce n'être pas de broçès qu'il s'achit, mais d'un afis.

— Bien; mais un avis conduit à un procès quatre-vingt-dix fois sur cent.

— Ya, ya, répondit le marchand forain en riant, che fous crois pien; mais il n'être pas question de cela: ché tésire safoir où peut foyacher avec ses pagaches un Almand qui feut aller tans la campagne, et non dans les grandes files.

— Je vous comprends; six dollars, cela sonne bien pour une montre pareille. Notez qu'il l'aurait prise pour une montre d'or. Mais je m'intéresse toujours aux pauvres gens, et je méprise l'aristocratie. Seneca croyait *mépriser* l'aristocratie, mais en réalité il la haïssait d'une haine profonde : et par aristocratie, il entendait tout simplement les hommes et les femmes bien élevés. Aussi, continua-t-il, je suis toujours prêt à venir en aide aux honnêtes citoyens; et si vous pouvez vous décider à me donner cette montre pour rien, je vous indiquerai un coin de pays où il ne vous sera pas difficile de vendre les dix-neuf autres en une semaine.

— Pon! s'écria mon oncle en riant, prenez-la tonc, elle être fotre brobriété, et c'est moi qui être fotre obligé; montrez-moi seulement la file où ché pouis fendre les dix-neuf autres?

— Ce n'est pas en ville, ce n'est qu'au village, répliqua l'exact Seneca, ne croyiez-vous pas que ce serait un chef-lieu?

— Beu m'imborte; chaime mieux fendre mes montres à tes pons et honnêtes baysans qu'aux plus huppés pourchois tu pays.

— Vous êtes mon homme; vous n'êtes, j'espère, ni patron ni aristocrate?

— Moi pas safre ce que c'est batron et aristograte.

— Heureuse ignorance! Un patron est un noble qui s'approprie la terre d'un autre homme, et un aristocrate est un plaisant qui se figure valoir mieux que ses voisins, mon ami.

— Oh pien! alors ché n'être pas batron, car je n'avais bas de terre di tout, pas même à moi, et ché n'être pas blus que bersonne di tout.

— Au contraire, vous n'avez qu'à penser ainsi pour être un plus grand gentleman qu'eux tous.

— Oh pien! mais alors ché serai blus crand que fous; car fous être un des blus crands de tous, chentleman.

— Pour moi, n'en parlons pas; mais assez sur ce sujet. Je garde votre montre, puisque vous y consentez, et je vous indiquerai, pour m'acquitter envers vous, la contrée dont je vous ai parlé.

— Accepté, chentleman; moi afre pesoin d'un afis, et vous afre pesoin d'une montre.

Ici mon oncle partit d'un éclat de rire, et conservait si bien son accent ordinaire, que je craignis qu'il ne donnât l'éveil à notre compagnon : il n'en fut rien. A partir de ce moment, nous fûmes en d'excellents termes avec Seneca, qui cependant, malgré son affabilité, ne voulut pas se lier tout à fait avec nous. Avant cependant que nous eussions atteint les îles, il nous indiqua le moyen de le rencontrer le lendemain matin, et quand nous débarquâmes à Albany, nous étions les meilleurs amis du monde.

Je me débarrassai de mon singe, après avoir essayé pendant une heure ou deux de le garder avec moi, et pour continuer ma route, je me contentai de mon instrument. J'aimerais mieux conduire une armée d'antirentiers qu'un seul singe.

Ainsi, ma vielle suspendue à mon cou, je suivis mon oncle, qui s'occupait à vendre une montre avant d'entrer dans une taverne. Nous n'eûmes pas naturellement l'imprudence d'entrer à l'*hôtel du Congrès* ou à l'*Aigle*, car nous savions parfaitement que nous n'y serions pas admis. C'était là le côté le plus désagréable de notre aventure : je crois qu'à cet égard mon oncle fit une faute. Il se hasarda à entrer dans un hôtel de seconde classe, pensant qu'une auberge du genre de celles qu'ont l'habitude de fréquenter les gens de notre condition supposée serait décidément trop commune pour nous. Mais je crois que nous nous serions mieux trouvés de la vie grossière d'une grossière auberge que de l'élégante gueuserie de l'hôtel dans lequel nous eûmes l'étourderie de nous établir. Dans la première, tout nous eût rappelé que nous n'étions plus dans le courant de nos habitudes ordinaires, et nous nous serions amusés du changement, tout en ayant peut-être quelque peine à le supporter. Du reste, je m'étendrai le moins possible sur les désagréments de ma nouvelle profession, je ne raconterai que les incidents principaux.

Le lendemain de notre arrivée à Albany, mon oncle Ro et moi prîmes place, dès le matin, dans le convoi qui devait nous conduire à Saratoga par la route de Troy. Je m'étonne que les Troyens, qui les premiers pensèrent à nous donner cette petite parodie d'Homère, n'aient pas appelé cette ville Troyville ou Troyborough. Il y aurait eu au moins un peu d'américain dans son nom. Il est impossible de parcourir les rues de cette charmante et florissante cité, qui déjà compte ses vingt mille âmes, sans sentir peser péniblement sur son imagination les images d'Achille, d'Hector, de Priam et d'Hécube. Mais revenons à ma vielle : j'en fis pour la première fois l'essai en public, sous les fenêtres de la principale auberge de Troy. Je ne pense pas faire grand éloge de l'instrument, bien que ma manière d'en jouer eût, je m'en flatte, quelque chose de fort distingué ; ce que je sais bien c'est que je fis accourir aux fenêtres une douzaine de charmants visages, et que chacun d'eux m'accueillit avec un sourire. A ce moment, je regrettai mon singe : un semblable début était fait pour éveiller l'ambition du patriote le plus pur, et j'avoue que j'en fus charmé.

Parmi les curieux qui vinrent m'écouter, il y en deux que je supposais être le père et la fille. Le premier était un ministre. Je crus remarquer dans ses façons quelque chose de cette curiosité qui dénote la simplicité du caractère. Ce n'était pas un sentiment vulgaire qui le poussa à me faire signe de m'approcher de lui. Je m'avançai sur son invitation. J'étais un peu embarrassé d'abord, je le reconnais, d'être appelé de cette manière; mais il y avait dans l'air et dans le maintien de la jeune fille quelque chose qui ne me permit pas d'hésiter. Je me sentis poussé, par un sentiment sympathique que je ne cherchai pas à expliquer, à entrer dans la maison et à monter jusqu'à la porte d'un parloir, qui était public, comme je m'en aperçus tout de suite, bien que le ministre et sa fille s'y tinssent seuls en ce moment.

— Entrez, jeune homme, dit le père d'une voix pleine de bienveillance. Je suis curieux de voir cet instrument ; et ma fille, qui a beaucoup de goût pour la musique, le désire encore davantage. Comment appelez-vous cela ?

— Une fielle, répondis-je.

— De quel pays venez-vous, mon jeune ami ?

— To Almagne, ti Preusse, ti pays où régnait ternièrement le bon kœnig Wilhelm.

— Que dit-il, Mally ?

J'appris ainsi que la jeune fille s'appelait Marie. J'aimais beaucoup aussi le nom familier de Mally. C'était aussi de bon augure, car dans ces temps d'affectation il n'y a que les personnes vraiment respectables qui ne craignent pas d'employer ces petits noms d'amitié.

— Cela n'est pas difficile à traduire, père. Il vous dit qu'il est Allemand, natif de Prusse, où régnait dernièrement le bon roi Wilhelm.

— Et cet instrument est un orgue, ajouta le ministre ; et quel est ce nom qui est gravé dessus ?

— Ce être le nom ti fapricant. — *Hochstiel fecit*.

— *Fecit*, répéta le ministre, est-ce de l'allemand ?

— Noin ; ce être latin : *facio, feci, factum, facere, feci, fecisti, fecit* : ce mot signifie *faire*. Vous savoir cela, che suppose.

Le révérend me regarda avec surprise, il examina mes habits et ma tournure, et lança à sa fille un regard de côté accompagné d'un sourire.

— Vous comprenez donc le latin ? me demanda le père en me regardant des pieds à la tête par dessus ses lunettes.

— Un peu, monsir ; en férité, très beu. Tans mon bays, chaque homme est obliché d'être soldat pendant quelque temps, et ceux qui safent le latin peufent defenir serchents ou caporaux.

— C'est en Prusse, n'est-ce pas ?

— Ya, Preussen, où il y a si beu de temps régnait le pon kœnig Wilhelm.

— Et le latin est-il généralement compris parmi vous ? J'ai entendu dire qu'en Hongrie beaucoup de personnes bien élevées parlent cette langue même dans l'usage habituel.

— Bas en Almagne. Nous abrenons tous quelque chose, mais nous pas safoir toute chose.

— Oh ! je sais bien qu'en Prusse les écoles sont excellentes, ajouta le ministre. Mais je suis surpris, je l'avoue, que vous compreniez le latin, pour peu que ce soit, aujourd'hui, même dans ce pays où nous nous faisons gloire...

Je ne pus m'empêcher de l'interrompre pour lui dire :

— Foui, ils sont très-clorieux dans ce pays.

Marie éclata de rire. Je ne sais si ce fut de mes paroles ou du ton comique dont je les prononçai, et dans lequel l'ironie se mêlait *tant soit peu* à la naïveté. Mais le père, dont la bonhomie était à toute épreuve, attendit poliment que mon interruption fût terminée, et continua ainsi :

— Je voulais dire que dans ce pays même, où nous nous faisons gloire — la jeune espiègle passa la main sur ses yeux afin de dissimuler l'effort qu'elle faisait pour ne pas rire de nouveau — de la tenue de nos écoles et de leur influence sur l'esprit public, il n'est pas commun de trouver des gens de votre condition qui comprennent les langues mortes.

— Foui, Monsir, répliquai-je, ce être ma condition qui tromber vous. Mon père il être chentilhomme, et il afre donné à moi une aussi ponne éticaton que le kœnig au kron prinz.

Ici mon désir de paraître à mon avantage aux yeux de Marie me fit commettre une bévue aussi lourde que la fable que je venais d'imaginer. Cela présentait une difficulté à laquelle je n'avais pas réfléchi dans le moment. Toutefois la fortune me favorisa plus que je n'avais droit de l'espérer.

Il y a chez les Américains une disposition singulière à prendre au moins pour un comte tout Européen bien élevé. Leur crédulité à cet égard dépasse toute croyance, et si je m'avisais de citer ici en preuve des faits pourtant incontestables, on les prendrait pour des plaisanteries. Or, je crois être un homme bien élevé malgré mon déguisement et la simplicité de mon vêtement ; ni ma tournure ni ma toilette n'étaient tout à fait communes. Mes habits étaient neufs, et par conséquent ma tenue paraissait très-soignée, et il pouvait y avoir entre elle et ma condition supposée un désaccord capable de frapper des yeux plus pénétrants que ceux de mes compagnons. Je crus m'apercevoir que le père et la fille éprouvaient pour moi un vif intérêt, quand je leur donnai lieu de penser que j'étais d'une meilleure condition. On se fait chez nous une idée si fausse des agitations et des révolutions de l'Europe, que j'aurais pu faire les récits les plus improbables sur l'état politique de la Prusse sans craindre de rencontrer aucune défiance.

— S'il en est ainsi, mon jeune ami, répondit le ministre avec bienvoulut pas dire *colporteurs* après ce que j'avais dit de mon origine, et situation que celle où vous êtes maintenant. Avez-vous quelque teinture du grec?

— Certainement. Le grec il être beaucoup étudié en Almagne, répondis-je en pensant qu'il ne m'en coûtait pas plus de me donner ce nouveau talent.

— Et les langues modernes, en comprenez-vous quelqu'une?

— Che parle les cinq brincipales langues de l'Europe plus ou moins pien, et ché les lis aisément.

— Les *cinq* langues dit le ministre en comptant sur ses doigts; quelles peuvent être ces langues, Marie?

— Le français, l'allemand, l'espagnol et l'italien, je suppose, Monsieur.

— Mais tout cela ne fait que quatre; quelle peut être la cinquième, ma chère?

— La cheune tame elle oublier l'english, la langue english il être la cinquième.

— Oh! oui, l'anglais! s'écria-t-elle en se pinçant les lèvres pour ne pas me rire au nez.

— C'est vrai. J'ai oublié l'anglais, parce que je n'ai pas l'habitude de le considérer comme une langue européenne.

— Je suppose, jeune homme, que vous parlez la langue anglaise moins couramment que les cinq autres?

— Ya.

— Je m'intéresse à vous en votre qualité d'étranger, et je regrette que nous nous soyons rencontrés pour nous quitter sitôt. De quel côté vous dirigez-vous, mon jeune ami Prussien?

— Che allé dans un endroit abelé Ravensnest, pon endroit, on tit, pour fendre des montres.

— Ravensnest! s'écria le père.

— Ravensnest, répéta la fille d'une voix à faire honte à mon instrument.

— Justement Ravensnest est le lieu que j'habite et la paroisse dont je suis ministre... je veux dire ministre de l'*Eglise* protestante épiscopale.

J'avais donc devant les yeux le révérend M. Warren, le théologien qui avait été chargé du soin de notre église dans l'été précisément où je quittai le pays, et qui était resté depuis. Ma sœur Martha m'avait souvent dans ses lettres parlé de cette famille, et j'éprouvai la même impression que si je les eusse connus depuis des années. M. Warren était un homme de bonne famille, mais sans fortune. Il avait reçu quelque éducation, et s'était mis dans l'Eglise — dans laquelle un de ses ancêtres avait porté en Angleterre, il y avait un siècle ou deux, le titre d'évêque — par vocation et malgré les conseils de ses amis.

Mes lettres m'avaient appris que M. Warren était veuf, que Marie était sa seule enfant, que c'était un homme sincèrement pieux et non un hypocrite. Je savais qu'il ne parlerait jamais mal des autres, et qu'il était rare qu'il se plaignît de ce monde et de sa perversité.

Sa fille m'avait été dépeinte comme une jeune personne douce, modeste, sensible, bien née; elle avait reçu une éducation bien supérieure à celle que la fortune de son père permettait de lui donner, grâce à la tendresse et à la libéralité d'une sœur de sa mère, veuve et riche, et qui l'avait envoyée dans la même pension que ses propres filles. En un mot, c'était une charmante voisine, et sa présence à Ravensnest avait rendu la visite annuelle de ma sœur à la vieille maison (elle avait été bâtie en 1785) non-seulement moins ennuyeuse, mais véritablement agréable. Martha me paraissait même préférer cette Marie Warren aux pupilles de mon oncle.

Tous ces souvenirs se présentèrent soudain à mon esprit au moment où le ministre se fit connaître. Le hasard singulier qui nous faisait nous rencontrer sur le même chemin et tendre vers le même but sembla le frapper autant que moi-même. Quant à Marie, il m'est impossible de dire ce qu'elle en pensa.

— C'est assez singulier! dit M. Warren; qu'est-ce qui a pu vous engager à aller à Ravensnest?

— On afre tit à mon oncle que ce être un pon entroit pour fendre peaucoup te montres.

— Vous avez donc un oncle? Ah! je le vois maintenant même dans la rue; il offre une montre à un gentleman. Votre oncle est-il aussi un linguiste, et a-t-il été aussi bien élevé que vous paraissez l'être?

— Ya, il être plus chentleman que le chentleman à qui il ventre une montre en ce moment.

— Ce sont sans doute, dit Marie avec un peu de vivacité, les personnes dont M. Newcome nous a parlé, les... La chère enfant ne voulut pas dire *colporteurs* après ce que j'avais dit de mon origine, et elle ajouta : les marchands de montres et de bijoux qui se proposent de visiter notre canton.

— Vous avez raison, ma chère, et la chose devient claire. M. Newcome pensait qu'ils nous rejoindraient à Troy, et que nous voyagerions dans le même convoi jusqu'à Saratoga. Mais voici Opportune elle-même; son frère ne peut pas être bien loin.

Au même moment, en effet, une vieille connaissance, Opportune, entra dans la chambre, qui était, comme je l'ai dit, un parloir public; elle paraissait fort satisfaite d'elle-même, et affectait dans ses manières une *nonchalance* qui lui était commune d'ailleurs avec beaucoup de personnes de sa condition. Je tremblais d'être reconnu, car je veux être franc sur un sujet délicat : après les attaques que j'ave's eues à subir de la part d'Opportune, je pouvais à peine concevoir l'espoir que son instinct féminin, exalté et stimulé par le désir de devenir la maîtresse de Ravensnest, ne fût pas mis sur la voie par ces mille et une habitudes caractéristiques dont elle avait fait une particulière étude.

CHAPITRE VI.

— Oh! voici de charmantes *vignettes* françaises, s'écria Opportune en courant vers la table. On y avait placé, en effet, quelques mauvaises gravures enluminées, qui avaient la prétention de représenter les vertus cardinales sous la forme de beautés dont la parure attirait les yeux. Ces images qui venaient de France, portaient des légendes en langue française. Opportune en savait tout juste assez pour traduire aussi mal que possible ces légendes, dont une écolière serait tirée. Elle lut avec affectation, d'une voix très-haute et avec une prononciation détestable, des mots tels que la vertu, la solitude, la charité, puis elle ajouta :

— C'est vraiment délicieux, Marie, comme dirait Sarah Southings, de trouver dans un désert ces chefs-d'œuvre de goût.

Je me demandai quelle pouvait être cette Sarah Southings, mais j'appris depuis que c'était une pratique du magasin; et si sotte qu'elle fût, elle était incapable de partager la sotte opinion qu'Opportune lui avait prêtée. Du reste, l'espiègle Martha m'avait souvent égayé en me racontant les prétentions de la jeune personne à la connaissance de la langue française, et les *tours de force* que ces prétentions lui faisaient commettre.

Marie sourit et ne répondit point.

Opportune avait prouvé à l'étranger qu'elle avait étudié le français; elle se mit alors à me considérer avec plus d'attention. J'avoue que je suis de ceux qui trouvent dans la simplicité, la douceur et l'élégance de l'éducation chez une femme un plus grand charme que dans la beauté même; l'effet qu'il produit est plus durable, et il semble lui-même nous mieux peindre le caractère de celle qui est en doute. Marie Warren je dois le dire, le possédait au suprême degré.

— Sen fatiguerait la patience la plus endurante, s'écria Opportune. Nous quittons Troy dans une heure, j'ai beaucoup de visites à faire, à miss Jones, à miss White, à miss Black, à miss Green, à miss Brown, et à trois ou quatre autres, et je ne puis obtenir qu'il vienne me prendre.

— Pourquoi n'y allez-vous pas seule? demanda doucement Marie; il n'y a qu'un pas d'ici aux demeures de deux ou trois d'entre elles, et vous ne pouvez pas craindre de vous égarer. Je vous accompagnerai si vous le désirez.

— Oh! m'égarer! certainement non; je connais trop bien mon chemin pour cela; je n'ai pas été élevée à Troy pour me perdre dans ses rues. Mais c'est si singulier de voir une jeune demoiselle courir les rues sans cavalier! Non, si Sen ne revient pas bientôt, il faudra renoncer à voir mes amies, et ce sera un grand désappointement pour nous toutes; mais je n'y puis rien faire.

— Voulez-vous accepter mon bras, miss Opportune? demanda M. Warren; je serai heureux de vous rendre ce service.

— Tout le monde s'apercevrait que vous êtes ministre, et il vaudrait autant que j'allasse seule. Non, si Sen ne vient pas tout de suite, il n'y faut plus penser, et les jeunes personnes en seront si fâchées! Araminta Maria m'a écrit avec la plus grande instance d'aller la voir avant tout autre personne, et Catherine Clotilda m'a également dit qu'elle ne me pardonnerait jamais si je passais devant sa porte sans entrer. Mais Seneca ne s'inquiète pas plus des amitiés des demoiselles que du jeune maître. Je déclare monsieur Warren, que Sen deviendra malade si les antirentiers n'en viennent pas à leurs fins. Il ne s'occupe du matin au soir et ne parle que de rentes, d'aristocratie et d'usages féodaux.

—. Votre frère est alors occupé d'une affaire qui a la plus grande importance pour l'État dont il est membre, répondit gravement le ministre. De la solution de cette affaire dépend, si je ne me trompe, la dignité future de New-York et ses destinées à venir.

— Que dites-vous, monsieur Warren? Je m'étonne de vous entendre parler ainsi, car vous avez généralement la réputation d'être peu favorable au mouvement. Toutefois, Sen dit que les affaires sont en bon train, et que les tenanciers parviendront à se rendre propriétaires de leurs champs dans tout l'État. Il m'a assuré que nous aurions beaucoup d'Indiens cet été à Ravensnest, et il prétend que la visite de la vieille madame Littlepage a soulevé une agitation qui ne s'apaisera pas aisément.

— Et pourquoi la visite de madame Littlepage dans la maison de son petit-fils, dans la maison élevée par son mari, et dans laquelle elle a passé les plus heureux jours de sa vie, exciterait-elle l'agitation, comme vous dites, dans le pays?

— Oh! vous êtes épiscopal, monsieur Warren, et nous savons ce que les épiscopaux pensent de tout cela. Pour ma part, mon avis est que les Littlepages ne valent pas un denier de plus que les Newcome, bien que je ne les compare pas à tels que je pourrais nommer à Ravensnest. Je ne pense pas non plus qu'ils valent mieux que vous-même; pourquoi voudraient-ils donc alors avoir des priviléges sur les autres?

— Je ne soupçonne pas qu'ils demandent aucun priviléges, et je suis sûr que s'ils l'essayaient, ils en obtiendraient moins que d'autres.

— Sen dit qu'il ne voit pas pourquoi il payerait une rente aux Littlepage plutôt qu'un Littlepage à lui-même.

— Je regrette de vous entendre parler ainsi, car dans le premier cas il y a toute justice, tandis qu'il n'y en aurait aucun dans le second. Votre frère, en effet, ne tire-t-il pas profit de la terre de M. Littlepage? Si c'était le contraire qui eût lieu alors, en effet, M. Littlepage devrait payer un fermage à votre frère.

— Mais pourquoi ces Littlepage seraient-ils nos seigneurs de père en fils, puisque nous valons autant qu'eux? N'est-il pas temps que cela change un peu? Il y a quatre-vingts ans que notre famille fait valoir le moulin.

— Et c'est pour cela qu'il est bien temps que cela change? ajouta Marie avec un grave sourire.

— Oh! vous êtes si bien avec Martha Littlepage! Je ne suis pas étonnée de vous entendre parler ainsi. Mais la raison est la raison, après tout. Je ne porte pas la moindre envie au jeune Hugh Littlepage. Si les pays étrangers ne l'ont pas gâté, comme on dit que cela ne leur arrive que trop souvent, c'est un agréable gentleman, et je ne puis pas dire qu'il fût fier et crût valoir mieux que les autres.

— On ne peut pas dire non plus que personne de la famille mérite un semblable reproche, répliqua Marie.

— Bon, cela m'étonne beaucoup de vous entendre parler ainsi, Marie Warren. A mon avis, Martha Littlepage est aussi désobligeante qu'elle peut. Si l'antirentisme n'avait pas d'adversaire plus redoutable qu'elle, il aurait bientôt triomphé.

— Puis-je vous demander, miss Newcome, quels motifs particuliers vous avez de penser ainsi? dit à son tour M. Warren, qui n'avait pas cessé de regarder le jeune orateur.

— Je pense ainsi, monsieur Warren, parce que tout le monde pense ainsi, répondit-elle. Si Martha Littlepage ne croit pas valoir mieux que les autres, pourquoi ne se conduit-elle pas comme les autres? Rien ne lui paraît assez bon pour elle.

Pauvre chère Patt! qui était véritablement le *beau idéal* du naturel et de la simplicité lorsque ces qualités sont développées dans une personne bien née par une bonne éducation, elle était accusée d'avoir meilleure opinion d'elle-même que de cette jeune fille envieuse, et cela n'avait d'autre raison que l'exquise distinction de ses manières et de sa conduite, distinction à laquelle, après un ou deux efforts, Opportune avait dû renoncer d'atteindre. L'arrivée de Seneca donna en ce moment un autre tour à la conversation, bien qu'au fond le sujet en fût le même. Je remarquai que Seneca entra le chapeau sur la tête et qu'il le garda ainsi pendant la plus grande partie de l'entretien, malgré la présence des deux jeunes personnes et du ministre. Pour moi, j'avais pris la liberté d'ôter ma casquette; il y en a qui penseront qu'en agissant de cette façon je voulais me donner des airs; il y en a d'autres, que je donnais à des êtres humains des marques de respect indignes d'un homme libre; et il devient si singulier et si aristocratique de se découvrir quand on entre dans un appartement, que bien peu de gens parmi les plus humbles démocrates de l'Amérique y pensent aujourd'hui.

Opportune, comme on peut le penser, chapitra son coupable frère, qui n'était pas venu plus tôt pour lui servir de cavalier; après quoi elle lui permit de s'excuser. Il était facile de voir que Seneca était de la plus belle humeur. Il se frotta les mains dans l'excès de son contentement.

— Il m'est arrivé quelque chose d'heureux, je dois l'avouer, répondit-il, et j'aime autant que M. Warren sache ce que c'est. Les affaires marchent à une bonne combinaison pour nous autres antirentiers, et nous l'emporterons sur tous les points avant qu'il soit longtemps.

— Je souhaite que vous ne triomphiez pas sur d'autres points que ceux sur lesquels vous avez pour vous la justice, monsieur Newcome, répondit le ministre. Mais qu'est-il arrivé enfin qui donne une si nouvelle force à la question?

— Nous faisons des progrès parmi les hommes politiques. Dans tous les partis on commence à nous courtiser, et on sera bientôt obligé de respecter l'esprit de nos institutions.

— Je suis charmé de l'apprendre! L'esprit de nos institutions est de réprimer la convoitise, les sentiments haineux, les fraudes, et, en un mot, de ne rien faire de ce qui est juste.

— Ah! voici mon ami le bijoutier voyageur, dit Seneca en interrompant le ministre pour saluer mon oncle, qui en ce moment se montra à la porte de la salle, la casquette à la main. Entrez, monsieur Dafidson, puisque tel est votre nom. Le révérend M. Warren, miss Marie Warren, miss Opportune Newcome, ma sœur, seront bien aises d'examiner vos marchandises. Le convoi sera retardé pour quelque affaire spéciale, et nous avons du temps devant nous.

Tout cela fut dit avec une froideur et une nonchalance qui prouvaient que Seneca avait fort peu de scrupules à l'égard de ceux qu'il présentait à ses amis. Pour mon oncle, accoutumé à ces manières libres et aisées, et ne se faisant probablement pas une idée bien nette de la tournure qu'il avait sous son déguisement, il salua plutôt en gentleman qu'en porteur de balle. Heureusement mes précédentes explications sur notre parenté et sur nos infortunes rendaient ces façons assez naturelles.

— Entrez, monsieur Dafidson, et ouvrez votre boîte... Ma sœur aura peut-être envie de quelques-uns de vos bijoux.

Le colporteur imaginaire entra, et déposa sa boîte sur une table près de laquelle il se tenait, et toute la compagnie se groupa immédiatement autour de lui. Ma présence n'avait attiré l'attention ni de Seneca ni de sa sœur, la salle étant publique, comme je l'ai dit, et ma parenté avec le marchand de bijoux étant connue. Seneca était trop plein de ses bonnes nouvelles, cependant, pour laisser tomber ce propos, et pendant que les montres, les bagues, les chaînes, les broches et les bracelets passèrent sous les yeux, il continua la conversation avec M. Warren.

— Oui, monsieur Warren, j'espère que « l'esprit de nos institutions » recevra bientôt tout le développement dont il est susceptible, et que dans l'avenir il n'y aura plus de classes privilégiées, au moins à New-York.

— Ce sera certainement un grand avantage, Monsieur, répondit froidement le ministre. Jusqu'ici ceux qui ont concouru avec le plus d'ardeur à obscurcir les vérités et à répandre des erreurs qui flattaient les mauvaises passions n'ont obtenu que trop de priviléges en Amérique. Les démagogues forment une classe hautement privilégiée. J'en dirai autant des éditeurs de journaux; car ces deux classes ont un pouvoir extrême et irresponsable.

— Je crains que nous ne nous entendions jamais, monsieur Warren, sur le compte de l'antirentisme, et je le regrette beaucoup, car je serais particulièrement flatté de partager vos opinions... Et en disant cela il lançait un regard de convoitise du côté de Marie... Je suis pour le mouvement, tandis que vous vous êtes pour l'immobilité.

— Certainement je suis pour l'immobilité, monsieur Newcome, si progrès veut dire renversement de la propriété, ruine des vieilles familles de notre pays.

— Nous ne nous accorderons jamais, mon cher Monsieur, nous ne nous accorderons jamais.

Puis se tournant vers mon oncle avec cet air de supériorité que les gens de rien affectent si aisément :

— Qu'est-ce que vous dites, vous, de tout cela, ami Dafidson? Etes-vous pour la rente ou contre la rente?

— Ya, meinherr, répondit celui-ci tranquillement. Ché touchours tonner la rente quand ché quitte eine maison ou ein chardin... Ce être pon té bayer ses tettes ; ya, ce être très-pon.

Cette réponse fit rire le ministre et sa fille, tandis qu'Opportune éclata.

— Vous ne ferez pas grand'chose de votre ami le Hollandais, s'écria la joyeuse demoiselle ; il dit que vous devez continuer à payer la rente.

— Je suppose que M. Dafidson ne comprend pas parfaitement ce dont il s'agit, répondit Seneca un peu déconcerté, mais persistant à maintenir son opinion. Je vous ai entendu dire, monsieur Dafidson, que vous avez des principes libéraux, et que vous êtes venu en Amérique pour jouir des avantages d'un gouvernement libre.

— Ya. Quand ché être fenu en Amérique, ché dire : Pien, c'être un pon bays, où ein honnête homme puisse afoir ce qu'il cagne, et le gonserver aussi. Ya, ya, ça être ce que ché dis, et ce que ché pense.

— Je vous comprends, Monsieur. Vous venez d'un pays où les nobles dévorent tout le suc de la terre pour vivre dans une contrée où la loi est ou plutôt sera bientôt si égale qu'il n'y aura plus un citoyen qui ose parler de ses *domaines*, et froisser les sentiments de ceux qui n'en ont pas?

Mon oncle affecta un si naïf embarras de répondre à cette objection, que je ne pus m'empêcher de sourire en dépit des efforts que je fis pour me retenir.

— Je dis que vous aimez des lois égales pour tous, et des priviléges égaux pour tous, ami Dafidson, continua Seneca avec emphase, et que vous avez trop bien vu les maux produits par la noblesse et la féodalité dans l'ancien monde pour vouloir vous exposer aux mêmes dangers dans le nouveau!

— Tes noples et tes priviléches féotaux! pas pon, répondit le colporteur en secouant la tête avec un air de dégoût.

— Ah! j'étais bien sûr qu'il penserait ainsi! Vous le voyez, monsieur Warren?

— Mais que vient faire ici le système féodal, monsieur Newcome? et qu'y a-t-il de commun entre les propriétaires de New-York et les nobles d'Europe? entre les baux des premiers et les tenures féodales des seconds?

— Monsieur Newcome, ajouta Marie fort tranquillement, mais

d'un ton d'ironie qui révélait chez elle une petite irritation fort naturelle, vous-même, vous louez de la terre, et cette terre que vous louez ne vous appartient pas, puisque vous la tenez de monsieur Littlepage.

Seneca toussa, et fut évidemment déconcerté. Il toussa de nouveau, plus pour s'éclaircir le cerveau que pour s'éclaircir le gosier; il trouva enfin sa réponse, et la proclama du ton d'un véritable triomphateur :

— C'est là un des inconvénients du système actuel, miss Marie. Si j'étais propriétaire des deux ou trois champs dont vous parlez, et si je n'avais pas le loisir de les cultiver, je pourrais les *vendre;* mais maintenant, c'est impossible, puisque je ne puis pas en passer le contrat. Du moment où mon pauvre oncle cesserait de vivre, et il ne lui reste peut-être pas une semaine, comme vous le savez, car il est bien affaibli, toute la propriété, moulins, taverne, ferme, bois, et tout le reste, rentre dans les mains de M. Hugh Littlepage.

— Allons, bonnes gens! s'écria Opportune, qui avait passé tout ce temps à retourner dans ses mains tous les bijoux, je désirerais de tout mon cœur que nous fussions débarrassés de la rente pour toujours, et qu'il n'en fût plus question. Tenez, Marie, voici un des plus jolis porte-crayons que j'aie jamais vus. Il ne coûte que quatre dollars. Laisse là la rente, Sen, et fais-moi cadeau de ce charmant porte-crayon.

Comme c'était là un acte de libéralité dont Seneca n'avait pas la moindre intention de se rendre coupable, il se contenta de pencher de l'autre côté le chapeau qu'il portait sur sa tête, se mit à siffloter, puis sortit tranquillement de la salle. Mon oncle Ro profita de l'occasion pour demander à miss Opportune la permission de lui offrir le bijou qu'elle désirait.

— Ce que vous me dites n'est pas sérieux? s'écria Opportune bondissant de surprise et de joie. Quoi! ne m'avez-vous pas dit que cet objet vaut quatre dollars? et encore ce prix me paraît-il extrêmement modéré.

— Ce être le brix bour eine autre, répondit le bijoutier; mais ce n'être pas le brix bour fous, miss Opportune. Nous defoir foyacher ensemble, et quand nous serons tans fotre bays, fous tire à moi les meilleures maisons où ché ventre mes montres et mes pichoux.

— Pour cela, je le ferai bien volontiers, et je vous mènerai même à

Ravensnest par-dessus le marché, s'écria Opportune en mettant le porte-crayon dans sa poche sans plus de difficulté.

En même temps mon oncle choisit dans la boîte un charmant cachet, le plus joli de tous, qui était d'or pur, orné d'une véritable topaze, et l'offrit à miss Marie avec son plus gracieux salut. J'observais cette *galanterie*. Marie devint rouge, sourit, sembla embarrassée, et, je l'imagine au moins, recula d'un pas, et du ton le plus doux qu'il soit possible d'imaginer refusa le présent. Je m'aperçus bien que la conduite contraire d'Opportune ajoutait à son embarras, et que sans cette circonstance elle eût accompagné son refus de quelques paroles qui atténuassent ce qu'il pouvait avoir en apparence de désobligeant. Heureusement pour elle, le marchand à qui elle avait affaire était un homme bien élevé, et non celui dont il avait pris le rôle. Lorsque le colporteur prétendu offrit le cachet, il ne connaissait pas le véritable caractère du ministre et de sa fille; il savait encore bien moins qu'il avait devant lui le recteur de Saint-André de Ravensnest; mais le ton de Marie lui fit bien vite reconnaître une erreur dont l'intimité d'Opportune était cause. Il se recula lui-même en saluant avec un tact parfait, et il me fit craindre que cette délicatesse ne trahît son déguisement. Je me trompais, car M. Warren, avec un sourire qui exprimait à la fois qu'il était satisfait de la conduite de sa fille et reconnaissant de l'intention généreuse du marchand, et avec une simplicité parfaite, me demanda un air de flûte. J'avais, en effet, tiré de ma poche ce petit instrument, que je tenais à la main dans l'attente d'une semblable invitation.

Si j'ai d'heureuses dispositions pour quelque chose, c'est certainement pour la musique, et surtout pour la flûte. Je ne me fis pas prier pour les montrer en cette occasion, et j'exécutai deux ou trois airs des meilleurs maîtres avec autant de soin que si je m'étais fait entendre dans un des salons les plus élégants de Paris. Marie et son père furent tous deux surpris de mon habileté, et la première en parut charmée. Nous avions passé ainsi un agréable quart d'heure, et nous étions disposés à continuer, lorsque Opportune (elle était bien nommée, car elle faisait tout *à propos*) se mit à chanter de son côté en invitant Marie à en faire autant. Celle-ci refusa, et la sœur de Seneca chanta toute seule trois chansons, de suite, et sans qu'on les lui demandât. Je n'essayerai d'apprécier ni les paroles, ni la musique, ni l'exécution de ces mélodies; tout cela se valait.

4

Comme il était convenu que nous voyagerions dans le même train, l'entrevue se prolongea jusqu'au moment du départ, elle ne se termina même pas alors. Mario et Opportune occupaient la même banquette, et M. Warren m'invita à m'asseoir auprès de lui, sans s'inquiéter de ma vielle, que je portais avec moi. Nous nous mîmes ainsi en route pour Saratoga, mon oncle ne cessant de causer en particulier avec Seneca de la rente et de l'agitation qu'elle provoquait. Nous eûmes, le ministre et moi, sur l'Europe en général et sur l'Allemagne en particulier, une conversation à laquelle Marie Warren resta profondément attentive. Quant à Opportune, elle passa une partie du voyage à lire un journal, une autre à manger, et le reste à dormir. Entre Troy et Saratoga la distance n'est pas longue, et fut bientôt parcourue.

CHAPITRE VII.

Nous nous séparâmes aux sources de Saratoga. M. Warren et ses amis y trouvèrent leurs chevaux et une voiture, qui leur permirent de franchir rapidement le reste du chemin. Mon oncle et moi nous devions aller à Ravensnest comme nous pourrions, et on nous faisait espérer que nous y arriverions dans un jour ou deux. Les personnages que nous jouions nous obligeaient en effet à faire croire que nous voyagions à pied ; mais nous nous promettions *in petto* de nous procurer, d'une façon ou d'une autre, les douceurs d'une voiture confortable.

— Eh bien ! dit mon oncle quand nous fûmes assez éloignés de nos nouvelles connaissances pour n'en être plus entendus, je dois dire une chose en faveur de M. Seneky, comme il s'appelle lui-même, c'est que je le crois le plus épais bélître que possède l'Etat.

— Vous ne le peignez pas *en beau*, répondis-je en riant ; mais pourquoi vous prononcez-vous avec tant d'assurance sur son compte en ce moment ?

— Parce que ce moment est le premier où j'ai l'occasion de m'expliquer depuis que j'ai fait connaissance avec ce drôle. Vous avez pu remarquer que le gaillard n'a pas cessé de discuter avec moi depuis que nous sommes partis ?

— Certainement. Je me suis aperçu que sa langue n'arrêtait pas. Que pouvait-il dire? je ne le devine pas.

— Il en a dit assez pour me laisser voir son véritable caractère. Nous parlions de l'antirentisme, qu'il voulait expliquer à un étranger; mais je me suis arrangé pour l'amener, pas à pas, à me dire tout ce qu'il pense, et tout ce qu'il espère à cet égard. Aussi le misérable m'engageait, tout à l'heure, à m'enrôler avec toi dans la bande des gredins déguisés en Peaux Rouges.

— Nous enrôler! Est-ce qu'ils s'obstinent encore à s'organiser ainsi malgré la défense de la dernière loi?

— La loi? Deux ou trois mille citoyens pourvus du droit de voter s'embarrassent bien de la loi dans un pays comme celui-ci! Oh! j'ai fait plus d'une découverte précieuse dans mon coin de voiture. Les deux ou trois hommes qui ont rejoint Newcome sont antirentiers ; or, me croyant avec leur ami, ils ne se sont pas gênés pour parler. J'ai examiné dans quelques-uns des journaux leurs proclamations, etc., et j'ai vu que ceux qui font la loi et ceux qui la violent sont absolument du même avis dans cette agréable politique

— Seneca parlait-il de ses intérêts particuliers?

— Oui; non pas tant à moi qu'au « prédicateur Holmes, » comme il appelait un de ses compagnons. Comme vous serez bientôt appelé à défendre vos droits, je puis tout aussi bien vous raconter dès à présent les faits principaux sur lesquels ils s'appuient. En premier lieu, mon grand père Mordaunt qui avait reçu directement les concessions royales, et qu'à cause de cela on l'appelait le « patenté, » donna le moulin à bail au grand-père, alors jeune homme, de ce Seneca. Pour obtenir des colons dans cet ancien temps, il fallait leur faire de grands avantages, car il y avait plus de terres que de bras. Le premier bail fut donc accordé avec d'excellentes conditions à ce Jason Newcome, que je me rappelle encore. Il avait deux caractères différents : l'un, et c'était le vrai, cupide, envieux, plein d'hypocrisie et de friponnerie. On conserve parmi nous la tradition qu'il fut découvert volant du bois, et commettant quelques autres fraudes. En public, c'était un de ces vertueux et infatigables pionniers qui avaient transmis à leurs descendants toutes les prétentions, celles que l'on croit aujourd'hui justifiées par l'équité aussi bien que celles qui sont reconnues par la loi. Peu avant le mariage de mon père, ledit Jason vivant encore et exploitant les fermes, le bail expira, et il en obtint un autre qui devait durer pendant trois générations, et court encore. Maintenant, Seneky afferme une petite partie des lots qui forment sa part à un prix plus élevé que le revenu que vous touchez pour tout le domaine, et cela dure depuis plus de trente ans. Et de la longue durée de cet excellent marché les Newcome tirent un argument pour soutenir leurs prétentions à obtenir la pleine propriété du domaine moyennant le capital représenté par leur fermage, ou plutôt pour rien du tout, si les tenants peuvent réaliser leurs vœux.

Nous en étions là, quand nous approchâmes de la taverne la plus modeste de l'endroit, de celle par conséquent où des gens de notre apparence devaient chercher un logement, et notre conversation cessa. Il s'en fallait encore de quelques semaines que la saison fût venue de fréquenter les Sources, et les seules personnes que nous y trouvâmes étaient de celles qui ont un besoin réel d'en boire les eaux. Mon oncle avait été autrefois un habitué de Saratoga, un beau de la plus fine espèce, comme il le racontait lui-même en riant, et il était en mesure de m'expliquer tout ce que j'avais besoin d'en savoir. Une ville d'eaux en Amérique, toutefois, est trop inférieure à la plupart de celles d'Europe, même pendant l'époque la plus favorable de la saison, pour offrir le moindre attrait au voyageur.

Dans la soirée du même jour, nous profitâmes du retour d'une voiture pour nous rendre jusqu'à Sandy-Hill, où nous passâmes la nuit. Le lendemain, nous partîmes dès le point du jour dans un véhicule que nous avions loué. Nous voyageâmes jusqu'à l'entrée de la nuit, et après avoir renvoyé notre équipage, nous fîmes choix d'une auberge. Dans cette maison où nous passâmes la nuit, nous apprîmes que les « Indgiens » avaient fait leur apparition sur les terres des Littlepage. On faisait beaucoup de conjectures sur le résultat probable de leur équipée. Nous étions alors dans une campagne, ou plutôt dans une propriété appelée Mooseridge qui nous avait autrefois appartenu, mais qui avait été vendue et en grande partie payée par ceux qui l'occupaient, de sorte que personne ne pensait à contester la légitimité de ce contrat.

Nous obtînmes à notre auberge des chambres assez convenables, bien qu'il ne soit guère possible de faire l'éloge des lits qu'on trouve dans les tavernes de campagne en Amérique. Sans dépenser davantage et sans se donner plus de peine, on rendrait au moins tolérable et quelquefois excellent ce qui est aujourd'hui le *beau idéal* en fait de mauvaises dispositions.

Nous passâmes une heure sous le porche après notre souper, et nous y trouvâmes rassemblés quelques habitants du village, avec lesquels nous eûmes ainsi une occasion naturelle d'entrer en relation. Mon oncle vendit une montre, et je jouai de ma vielle pour me faire bienvenir. Après ce début, la conversation tomba sur la grande nouvelle du jour, l'antirentisme. Le principal orateur était un jeune homme d'environ vingt-six ans, un garçon entre chien et loup, dont la tournure était à la fois élégante et grossière. Je découvris bientôt que c'était l'attorney de la contrée. Il se nommait Hubbard. Celui qui paraissait avoir le plus d'importance après lui portait le nom de Hall. C'était un artisan, comme je pus m'en convaincre, et qui avait tout l'extérieur d'un ouvrier d'un certain âge. Chacun des assistants était assis sur une chaise de cuisine. Il s'appuyait sur la muraille de l'auberge en penchant son siége, qui ne portait plus naturellement que sur les deux montants de derrière, et en posant son pied sur les barreaux de devant. Cette attitude n'était ni gracieuse ni pittoresque, mais elle était trop habituelle pour exciter aucune surprise. Hall paraissait parfaitement content de sa situation lorsqu'il fut parvenu, à l'aide d'une petite secousse, à placer les pieds de sa chaise à l'endroit précis qu'il avait choisi. Mais les yeux de Hubbard furent éveillés, inquiets, et même menaçants pendant plus d'une minute. Il tira un canif de sa poche, jeta un regard égaré autour de lui, et au moment juste où je pensais qu'il allait abandonner sa chaise posée en équilibre avec tant de soin, et livrer un assaut à l'un des piliers qui soutenaient le toit du porche, l'aubergiste s'avançait portant à la main quelques petites planches étroites de bois de sapin, et en offrit une aussitôt au squire Hubbard. Cette offre calma l'attorney, qui prit le bois, et goûta d'un air profondément absorbé le plaisir, peu intelligible pour moi, de couper ces petites planches. Je ne puis pas expliquer la mystérieuse satisfaction que tant de gens trouvent à entailler du bois, quoique le succès avec lequel s'est répandue cette coutume soit parfaitement connu. Cette attention de l'hôte était loin d'être inutile, et parut être accueillie avec joie par tous ceux auxquels il offrit ces petits morceaux de bois à couper, et qui furent au nombre de six ou huit en tout. L'état du porche prouvait du reste que la précaution était absolument indispensable, s'il ne voulait pas voir sa maison lui tomber sur la tête. Pourque ceux qui n'ont rien vu de semblable à cette maison puissent le comprendre, je ferai une petite digression pour l'expliquer.

L'auberge était bâtie en bois; la charpente était en sapin, et les murs étaient en planches. En cela, il n'y avait rien de remarquable. Dans beaucoup de contrées de l'Europe, on construit principalement en bois. Les maisons en pans de bois étaient fort communes jusqu'à ces dernières années, même dans les villes considérables. Mais l'auberge de Mooseridge avait quelques prétentions à l'architecture, outre qu'elle était trois ou quatre fois plus grande qu'aucune des autres maisons de l'endroit. Elle avait naturellement un porche. Il faut en effet qu'une taverne de village soit bien misérable pour en être privée. Et toutes les constructions accessoires ou principales brillaient sous les couches de peinture d'un blanc douteux. Les colonnes du porche, cependant, de même que les murs de planches de la maison, prouvaient le danger qu'on court à abandonner nos coupeurs de bois à leurs déplorables instincts. Des aigles aux ailes éployées, des pavillons américains, des exclamations comme « Hurrah pour Palik! » des initiales ou des noms tout entiers avec mille autres sortes d'idées ou de souvenirs patriotiques, étaient répandus çà et là avec une abondance qui en disait plus que n'auraient pu faire des volumes en faveur des fortes têtes qui avaient produit de si beaux ouvrages. Mais le témoignage le plus mémorable de l'industrie des habitués se trouvait sur une colonne qui faisait le coin de l'édifice. Cette colonne était en sapin blanc comme de coutume, et à une hauteur convenable pour les faiseurs d'entailles, elle était diminuée, à la lettre, des deux tiers. La balafre était faite avec une netteté, il faut le dire à sa louange, qui annonçait du soin et de l'attention, et sa surface était polie de façon à prouver qu'on n'avait rien négligé pour lui donner un aspect agréable.

— Quoi être cela? demandai-je à l'aubergiste.

— Cela? ah! cela, c'est l'ouvrage des entailleurs, répondit-il en souriant.

— Bon! Mais bourquoi les entailleurs ils entaillent fotre maison à la faire tomber?

— Oh! nous sommes dans un pays libre, vous savez, et tout le monde y fait un peu ce qu'il veut, répliqua notre hôte toujours souriant. Je les ai laissés couper autant que j'ai pu, mais il était grand temps de recourir aux « planches à entailler, » vous l'avouerez. Il vaut toujours mieux conserver cette toiture pour le mauvais temps. Une semaine de plus, la colonne était coupée en deux.

— Bon! ché ne souffrirais pas cela. Ma maison il être ma maison, et les chens pas afre entaillé ainsi.

— Vous êtes étranger aussi, interrompit Hubbard avec bienveillance, car pendant ce temps sa planchette à entailler avait pris une certaine forme, et il continuait de la diminuer conformément à une loi de l'art d'entailler que j'ignore complètement. Nous ne sommes pas si bizarres sur ce point qu'on l'est dans quelques-uns de vos pays du vieux monde.

— Ya, c'est ce que ché fois. Mais le bois et les colonnes pas coûter rien en Amérique?

— Certainement, cela coûte quelque chose. Il n'y a pas un homme dans le pays qui voulût remplacer cette colonne pour une neuve, peinte et en bon état, à moins de dix dollars.

Ici il y eut une discussion sur le prix de la colonne neuve, et les opinions différèrent beaucoup à cet égard. Je fus frappé du calme et du sang-froid avec lesquels chacun énonça son avis, et je ne le fus pas moins du langage dans lequel ils l'exprimaient. Ce langage était correct et remarquablement élégant, si on pense à la condition des gens qui s'en servaient. Hall surtout me surprit par l'étendue des connaissances dont il fit preuve, et par la simplicité avec laquelle il discuta. Je trouvai une occasion pour intervenir.

— Pien, dis-je à mon tour, je pourrais combrentre un Indgien couperait cette colonne; je pourrais pas combrentre un homme blanc la couperait.

— Cette affaire fait des progrès, après tout, observa Hubbard comme à la dérobée, lorsque d'autres eurent donné leur avis.

— Et c'est grand'pitié, répondit Hall. Elle aurait pu être terminée en un mois, et elle devrait l'être pour l'honneur d'un pays civilisé.

— Vous avouerez cependant, voisin Hall, que ce serait un bien grand adoucissement dans la condition de tous les tenanciers de l'Etat s'ils pouvaient changer leurs fermes en pleine propriété.

— Je n'en doute pas. Ce serait aussi un grand avancement dans la condition de tout journalier dans une boutique, s'il parvenait à en être le bourgeois.

La conversation se prolongea encore pendant une heure, le voisin Hall développant plus complètement son opinion; et je l'écoutais avec un plaisir égal à ma surprise.

CHAPITRE VIII.

Il était exactement dix heures du matin, le lendemain de ce jour, lorsque mon oncle Ro et moi découvrîmes la vieille maison du *Nest*. Je l'appelle *vieille*, car dans un pays comme l'Amérique, une maison qui a plus d'un demi-siècle acquiert quelque chose de vénérable. Pour moi elle était réellement vieille, car elle avait plus de deux fois mon âge, et sa pensée était associée dans mon esprit à toutes les pensées de ma jeunesse. Depuis mon enfance, je l'avais considérée comme ma demeure future ; elle avait été celle de mes parents, celle de mes grands parents, et dans un certain sens, de ceux qui les avaient précédés pendant deux générations. Tout le pays, aussi loin que s'étendait notre vue, les riches vallées, dont les pâturages marquaient les contours ondoyants, les collines qui les abritaient, les bois, les montagnes perdues dans les vapeurs de l'horizon, les vergers, les habitations, les granges, et tous les instruments de la vie rurale, tout cela était mien, et l'était devenu sans qu'un seul homme pût se plaindre d'une injustice dont j'eusse connaissance. Même l'homme rouge a été loyalement indemnisé par Herman Mordaunt « le patenté, » et Susquesus, le Peau Rouge de Ravensnest, comme on l'appelait souvent, notre vieil Onondago, l'a toujours reconnu. N'est-il pas bien naturel que j'aime un domaine qui me vient de telles mains ?... IL N'Y A PAS D'HOMME CIVILISÉ, IL N'Y A PAS D'HOMME MÊME SAUVAGE OU NON, QUI AIT JAMAIS POSSÉDÉ CES VASTES DOMAINES AVANT LES HOMMES DE MON PROPRE SANG. Voilà ce que peu de personnes peuvent dire en dehors de l'Amérique.

— Mon oncle Ro lui-même, qui n'avait jamais possédé un pied de terre dans ce beau domaine, ne put le considérer sans émotion. Lui aussi il y était né, il y avait passé son enfance, et il l'aimait d'une affection à laquelle ne se mêlait aucune convoitise.

— Allons, Hugh, s'écria-t-il en portant comme moi ses regards sur les murs gris de ma maison brune et solide sans doute, mais à coup sûr sans beauté ; nous voilà ici, et nous pouvons maintenant nous décider sur ce qui nous reste à faire. Descendrons-nous dans le village, qui est, comme vous vous le rappelez, à quatre milles d'ici, et y prendrons-nous notre déjeuner? Ou allons-nous nous plonger tout de suite *in medias res*, et demander l'hospitalité à ma mère et à votre sœur?

— Je craindrais que le dernier parti excitât des soupçons, Monsieur. Le goudron et le lit de plumes seraient ce que nous aurions à attendre de plus doux si nous tombions dans les mains des Indgiens.

— Indgiens! Pourquoi alors ne pas aller tout de suite au wigwam de Susquesus pour savoir de lui et de Jaaf le véritable état des choses? Je les ai entendus parler de l'Onondago la nuit dernière à notre taverne, et ils disaient que, pour un centenaire, il avait encore l'apparence d'un homme de quatre-vingts ans. Cet Indien est très-observateur, et il peut nous révéler quelques-uns des secrets de ses frères.

— Ils pourront tout au moins nous donner des nouvelles de notre famille, et bien qu'une visite rendue au Nest par des colporteurs n'eût rien que de très-naturel, il est tout aussi naturel qu'ils s'arrêtent au wigwam.

Cette considération nous décida, et nous nous mîmes à gravir le ravin sur le flanc duquel s'élevait la hutte d'aspect primitif que l'on désignait sous le nom de wigwam. C'était une petite cabane faite de branches d'arbres, et chaude ou fraîche selon que l'exigeait la saison. Comme elle était bien entretenue, blanchie à la chaux, et quand il en était besoin pourvue de meubles nouveaux par le propriétaire, elle n'était jamais désagréable à voir, quoiqu'elle n'eût pas non plus l'aspect riant d'un *cottage*. Cette habitation était entourée d'un jardin toujours en assez bon état, car le nègre, durant l'été, bêchait et jardinait de temps en temps. Il est bien vrai que le plus fort était fait par un des serviteurs du Nest, auquel il était ordonné d'y avoir l'œil, et d'y consacrer dans l'occasion une demi-journée. D'un côté de la hutte étaient un réduit pour un porc et une étable pour une vache; de l'autre, des arbres d'une forêt vierge ombrageaient son toit. Cet arrangement, qui avait quelque chose de poétique, était la conséquence d'un compromis entre les deux locataires de la cabane : le nègre, qui tenait aux instruments de sa grossière civilisation, et l'Indien, qui ne pouvait se passer de l'abri des forêts pour se faire à sa position nouvelle. Et ces deux êtres, ainsi réunis par un si singulier hasard, avaient vécu sous ce toit pendant presque toute la durée d'une vie ordinaire.

Il n'y avait pas de grande route dans le voisinage du wigwam. Cette petite habitation s'élevait dans les champs qui dépendaient de Ravensnest, et l'on ne pouvait s'en approcher que par des sentiers et par une petite route convenable, qui avait été conduite jusqu'à la hutte, afin de permettre à ma grand'mère, à ma sœur et à ma chère mère, pendant sa vie, de faire leur visite aux deux vieux serviteurs dans leurs fréquentes promenades. C'est par cette route plus commode que nous arrivâmes à la cabane.

— Voilà nos deux vieux serviteurs, ils se chauffent au soleil, s'écria mon oncle avec une émotion sensible dans la voix lorsque nous fûmes assez près de la hutte pour distinguer les objets. Hugh, je n'ai jamais pu voir ces deux hommes sans un sentiment de crainte en même temps que d'affection. Ils étaient les amis, et l'un d'eux était l'esclave de mon grand-père ; ils semblent placés là comme des monuments du passé, destinés à rattacher les unes aux autres les générations éteintes et les générations à venir.

— S'il en est ainsi, Monsieur, ils seront bientôt ici les seuls de leur espèce, car il me semble vraiment que si les choses suivent toujours la même marche, les hommes deviendront jaloux et envieux de l'histoire même, parce que les acteurs qui y jouent un rôle ont laissé des descendants qui participent un peu à la réputation que leurs ancêtres ont conquise.

— Évidemment, mon garçon, les vieux sentiments naturels sont étrangement pervertis à cet égard parmi nous. Mais regardez ces deux braves gens : les voilà fidèles aux sentiments et aux habitudes de leur race, même après tant de temps passé ensemble sous cette hutte. Regardez, Susquesus est accroupi sur une pierre, oisif et dédaignant le travail avec son *rifle* appuyé le long du pommier. Jaaf ou Yop, au contraire, doit être occupé à jardiner comme un esclave à l'ouvrage.

— Et quel est le plus heureux des deux, le vieillard industrieux ou le vieillard oisif ? Probablement chacun des deux est heureux à sa manière. Toutefois le vieil Onondago ne consentirait jamais à travailler, et j'ai entendu dire à mon père que ce fut un grand bonheur pour le pauvre Indien quand il apprit qu'il pourrait jouir pendant le reste de ses jours de l'*otium cum dignitate*, et ne plus tresser de corbeilles.

Yop nous regarde ; ne ferions-nous pas mieux de monter tout de suite et de leur parler ?

— Yop nous regarde plus franchement ; mais, sur ma parole, l'Indien nous *voit* deux fois mieux. Comme vous dites, approchons-nous.

Quand nous arrivâmes à la porte de la hutte, Jaaf abandonna lentement son petit jardin, et rejoignit l'Indien, qui resta sans faire un mouvement sur la pierre sur laquelle il était assis. Nous ne vîmes que peu de changement sur leurs traits, malgré notre absence de cinq années, chacun étant un type achevé de l'extrême vieillesse sans décrépitude dans les hommes de sa race. Le noir, si l'on peut appeler noir ce vieillard dont la couleur était d'un gris incertain, le noir était le plus changé. Quant à *Sans-Traces* ou Susquesus, comme on l'appelait ordinairement, sa longue tempérance lui avait été très-profitable ; ses membres demi-nus et son corps amaigri, faciles à voir, car il portait le costume d'été de sa nation, semblaient couverts d'un cuir longtemps infusé dans le tanin le plus pur ; ses nerfs, quoique bien roidis, semblaient encore être faits de corde, et toute sa personne était devenue comme une espèce de momie endurcie qui aurait cependant conservé la vie. La couleur de sa peau était moins rouge qu'autrefois et se rapprochait de celle du nègre, bien qu'elle fût encore sensiblement différente.

— Sago, sago ! s'écria mon oncle quand nous nous fûmes approchés, ne voyant aucun danger à se servir de cette formule de salut familière et à demi-indienne : sago, sago ! ce être charmant, madin. Dans ma lancache ce être *guten tag*.

— Sago ! répéta l'Indien à voix basse, avec courtoisie et emphase, après avoir regardé un peu plus longtemps mon oncle, comme s'il avait découvert en lui quelque chose qui commandait le respect.

— Une pelle chournée, amis, dit mon oncle en s'asseyant tranquillement sur un morceau de bois placé pour le service du fourneau, et en s'essuyant le front. Comment appelez-vous cette bays ?

— Ce pays-ci, répondit Yop non sans un certain air de dédain, c'est la colonie d'York. D'où venez-vous pour me faire une telle question ?

— T'Allemagne. Ça être loin, mais c'être eine pon bays ; et ici pon bays aussi.

— Pourquoi vous laisser lui, si lui bon pays, et..

— Pourquoi vous afez quitté l'Afrique? Poufez-vous me le dire? répliqua mon oncle tranquillement.

— Moi jamais été là, grogna le vieux Jop en fermant ses lèvres; moi pas connaisse Afrique, et moi pas vouli connaisse li.

Mon oncle réfléchit un instant avant de continuer une conversation qui paraissait engagée sous de bien défavorables auspices.

— Qui peut vivre dans cette grande maison de pierre? demanda mon oncle dès qu'il put penser que le nègre avait eu le temps de se calmer un peu.

— Pas difficile vol' vous pas habitant d'Yo'k, à langage à vous-même, répondit Yop, qui n'était pas du tout adouci par une telle question. Qui peut vivre ici si pas géné'al Littlepage?

— Rien. Ché pense lui mort tepuis longtemps.

— Oh! quei ça fait ça? ce maison à li, et li demeuré dedans et vieille *jeune* madame demeuré dedans aussi.

Il y avait eu dans la famille des Littlepage trois générations de généraux de père en fils. Le premier, le brigadier général Evans Littlepage, fut revêtu de ce grade dans la milice, et mourut au service pendant la révolution. Le second fut le brigadier général Cornélius Littlepage, qui reçut le brevet de son grade à la fin de la même guerre où il avait figuré comme colonel dans le contingent de New-York. Le troisième et le dernier était mon propre grand-père, le major général Mordaunt Littlepage: il avait servi comme capitaine dans le régiment de son père dans les derniers temps des mêmes troubles, reçut le brevet de major lorsqu'ils furent apaisés, et élevé au rang de major général dans la milice, qu'il garda beaucoup d'années avant sa mort. Revenons à Jop.

— Ché vous temante quel pouvoir être l'âche de cette tame que fous appeler fieille *cheune* matame! demanda mon oncle.

— Guieu! Li êt'e jeune fille même; li née peu ap'ès vieille guerre f'ançaise. Moi me 'appeler li t'ès bien, quand li miss Duss Malbone. Jeune maît'e Mordaunt li p'end'e g'ande passion pou' li, et li fai'e li femme li.

— Pien. Ché pense fous afoir pas t'obchection à faire à leir mariache.

— Di tout. Li habile jeune tame dans temps-là, et li habile jeune dame maintenant.

Et cela s'appliquait à ma vénérable grand'mère, qui avait heureusement atteint ses quatre-vingts ans!

— Quel pouloir maître de cette grande maison anchourd'hui?

— Général Littlepage même, moi dis vous. Nous à maît'e Mordaunt, jeune maît'e à moi. Sus là seulement Indien; li jamais avoir bon maît'e. Li malheu'eux nèg'es-là divini presque plus, on dit moi aujou'dhui.

— Les Intiens ils être rares aussi, ché pense. N'y afre plus de Beaux Rouches, mais pouloir y en afoir peaucoup.

La manière dont l'Onondago releva la tête à ces paroles, et le regard qu'il lança sur mon oncle me remplirent à la fois d'amiration et de surprise. Jusqu'alors il n'avait encore prononcé d'autre parole que son salut; mais je pus croire qu'il avait maintenant l'intention de parler.

— Une nouvelle tribu? dit-il après nous avoir regardés avec attention pendant une demi-minute; comment l'appelez-vous? D'où vient-elle...

— Ya, ya, ce être les Beaux Rouches antirentistes. Afre-vous vu, *Sans-Traces*.

— Oui; qu'ils viennent voir moi! — Têtes dans des sacs; — agissent comme femmes. — Pauvre Indien! — pauvre guerrier!

— Oui, ché suppose ça être assez frai, ché pouloir pas supporter tel Intien; téfraient pas être tels Intiens au monde. Comment les appelez-vous, eh?

Susquesus secoua la tête lentement et avec dignité; puis il considéra mon oncle avec attention, et dirigea ses yeux vers moi. Ses regards se promenèrent ainsi de l'un à l'autre pendant quelques instants, après quoi il les laissa tomber de nouveau vers la terre avec calme et en silence.

A ce moment, mon oncle, lui aussi, fut pris d'un accès de mélancolie rêveuse et taciturne, et tous quatre nous continuâmes, pendant trois ou quatre minutes, à nous abandonner au cours de nos réflexions. Nous en fûmes tirés par un bruit monotone de roues qui se fit tout à coup entendre, et une légère voiture d'été, qui était pour nous une vieille connaissance, vint tourner autour de l'étable, et se rangea à dix pas du lieu où nous étions tous assis.

Mon cœur battit à cette interruption inattendue, et je pus m'apercevoir que mon oncle n'était pas moins ému. Au milieu des draperies flottantes et gracieuses, des châles d'été et autres étoffes dont se composaient ces toilettes féminines, on pouvait distinguer quatre visages pleins de jeunesse et d'éclat et une figure que son grand âge rendait vénérable. En un mot, ma grand'mère, ma sœur, les deux autres pupilles de mon oncle et Marie Warren étaient dans la voiture où la timide, spirituelle et intelligente fille du recteur était de la partie, et paraissait tout à fait à son aise et comme chez elle, ainsi qu'on l'est au milieu de ses amis. Elle parla même la première, quoiqu'à voix basse, et ses paroles, qui s'adressaient à ma sœur, paraissaient lui être arrachées par la surprise.

— Voilà les deux colporteurs desquels je vous ai parlé, Martha, dit-elle, maintenant vous pouvez entendre bien jouer de la flûte.

— Je doute qu'il en joue mieux que Hugh, répondit ma chère sœur; mais je veux entendre jouer votre musicien, ne fût-ce que pour me rappeler mon frère qui est si loin d'ici.

— La musique, nous l'aurons, mon enfant! s'écria ma grand'mère avec tendresse, quoique nous n'ayons pas besoin de cela pour nous rappeler notre pauvre enfant absent. Bonjour, Susquesus; j'espère que cette belle journée vous fait plaisir.

— Sago, répondit l'Indien en avançant le bras avec un geste rempli à la fois de dignité et de grâce, mais sans se lever. Temps beau... grand Esprit bon, c'est pour cela. Comment vont les squaws? (Nom de la femme chez les Indiens.)

— Nous allons très-bien; je vous remercie, Sans-Traces. Bonjour, Jaaf, comment vous portez-vous, par cette belle matinée?

Jaaf ou Yop se leva en chancelant, fit un profond salut, et répondit à la façon moitié respectueuse, moitié familière d'un vieux serviteur de famille, comme cela se passait chez nos pères.

— Moi, reme'cié vous, miss Duss, de tout mon cœu' à moi. Oh! assez bien aujourd'hui; mais le vieux Sus, li baissé, li deveni' plus vieux, plus vieux bien vite.

Notez que des deux, l'Indien était de beaucoup le mieux conservé, bien qu'il fût moins à son aise et plus tranquille que le noir; mais ce penchant à voir la paille dans l'œil de son voisin était une faiblesse bien connue chez Jaaf, et la nouvelle preuve qu'il en donna provoqua un sourire général.

— Je ne suis pas de votre avis, Jaaf, répondit gaiement ma grand'mère. Sans-Traces porte ses années d'une manière surprenante; et je ne lui ai jamais vu meilleure mine qu'aujourd'hui. Nous ne sommes plus aussi jeunes que quand nous avons fait connaissance, Jaaf; il n'y a pas maintenant loin de soixante ans, s'ils ne sont pas sonnés.

— Oh! vous jeune fille même, murmura le nègre; vieux Sus li v'aiment vieux bonhomme; mais miss Dus et maît'e Mo'daunt, li mariés seulement l'aut'e jou'; li mariés ap'ès la révolution même!

— Oui, après la révolution, répliqua la vénérable dame d'une voix mélancolique; mais savez-vous qu'il y a déjà bien des années depuis la révolution?

— Oh! vous étonné moi, miss Duss! comment vous appelé long temps ça même? ça arrivé hié seulement... Oh! reprit le nègre obstiné qui commençait à s'animer, et qui commençait à parler d'une voix brève et maussade comme s'il était contrarié d'entendre soutenir une opinion qu'il ne partageait pas; maît'e Corny, li un peu vieux, si li vive enco'e, pit-êt'e bien, mais vous tous, les aut'es, vous enfants; dire à moi une chose, miss Duss. N'a-t-on pas fait village même à Satanstoë, pas vrai?

— Oui, on a essayé il y a quelques années de transformer en bourgs tout le pays et entre autres endroits le Nest; mais je pense que ce ne sera jamais autre chose qu'une grande ferme.

— Tant mieux; ça bonne terre, moi dis vous; un acre là même li valoi' plus que vingt acres ici même, oui.

— Mon petit-fils ne serait pas content de vous entendre parler ainsi, Jaaf.

— Qui c'est ça, petit-fils à vous? Moi, souveni' vous avoi' petit enfant l'aut'e jou'; mais petit enfant pas pense avoi' enfant.

— Ah! Jaaf, mon vieil ami, il y a longtemps que mes enfants sont devenus des hommes et des femmes, et déjà ils touchent à la vieillesse. Mon premier-né nous a devancés dans un meilleur monde, et son fils est maintenant votre jeune maître : cette jeune demoiselle assise en face de moi est la sœur de ce jeune maître, et elle serait bien affligée de voir que vous l'avez oubliée.

— Oui! oui! s'écria le vieux bonhomme un peu vivement; moi, connaît'e miss Patty, bien vrai, li belle, li chaque jou' plus belle, yah, yah, yah.

Le rire du vieux nègre était terrible et surnaturel, mais il exprimait cependant un certain contentement.

— Quels amis avez-vous donc avec vous aujourd'hui, Jaaf? demanda ma grand'mère en nous saluant gracieusement d'un petit mouvement de tête.

Nous nous levâmes aussitôt pour répondre à ce salut.

Pour moi, j'avoue humblement que j'aurais volontiers grimpé dans la voiture pour baiser les joues encore fraîches mais décolorées de ma chère grand'mère, et serrer Patty et peut-être aussi quelques-unes des autres sur mon cœur. Mon oncle Ro se commandait mieux à lui-même; je voyais cependant que la voix encore ferme et à peine tremblante de sa vénérable mère produisait en lui une émotion à laquelle il était sur le point de succomber.

— Ça, ma'chant ambulant, Madame, moi pense, répondit le noir. Li po'té boîtes et quelque chose dedans, et li po'té violon nouveau gen'o. Vous vini, jeune homme, vous joué un air à miss Duss; air vif même à fai'e dansé vieux nègre-là.

Je disposai ma vielle, et je commençais à en jouer quand une voix s'élevant un peu plus haut que de coutume, m'interrompit avec vivacité.

— Oh! pas cela! pas cela! la flûte, la flûte! s'écria miss Warren rougissant jusqu'aux yeux de sa hardiesse dès qu'elle vit que je l'avais entendue et que je m'apprêtais à lui obéir.

Il est à peine besoin de dire que je la saluai respectueusement, laissai là ma vielle, tirai ma flûte de ma poche, et après quelques préludes commençai de jouer une des mélodies à la mode. Mon excellente grand'mère m'écoutait avec une profonde attention, et les quatre jeunes filles paraissaient enchantées.

— Cette musique vaut la peine d'être entendue dans une chambre, observa la première quand j'eus fini mon air, et nous espérons l'entendre ce soir à Ravensnest si vous restez dans les environs. Maintenant il nous faut poursuivre notre promenade.

En disant cela, ma grand'mère se pencha en avant, et étendit la main vers moi avec un sourire bienveillant. Je m'avançai, je reçus le dollar qu'elle m'offrait, et incapable de maîtriser les sentiments dont j'étais plein, je portai cette main à mes lèvres avec respect, mais avec chaleur

— Pourquoi pas baiser *figure* de grand'mère? demanda l'Onondago franchement et tranquillement.

Un coup de tonnerre aurait éclaté sur ma tête que je n'aurais pas été plus étonné. Ce déguisement qui avait trompé mes parents les plus proches, dont Seneca Newcome avait été dupe, et qui avait mis dans l'erreur même sa sœur Opportune, ce déguisement n'avait pu me cacher un instant à cet Indien dont on devait supposer que les facultés étaient obscurcies par l'âge.

— Est-il possible que vous me reconnaissiez, Susquesus? m'écriai-je en lui montrant d'un signe le vieux Jaaf pour qu'il fût prudent; est-il possible que vous vous souveniez de moi? Je pensais que cette perruque et ces habits suffisaient pour me cacher.

— Oui, répondit avec calme le vieil Indien, moi avoir connu jeune chef aussitôt avoir vu lui. Connaître son père, connaître sa mère, connaître son grand-père, sa grand'mère, son arrière-grand-père et le père de lui aussi : connaître tout. Pourquoi oublier jeune chef?

— M'avez-vous reconnu avant que j'eusse baisé la main de ma grand'mère, ou bien est-ce cette action qui m'a trahi?

— Vous avoir connu aussitôt que vous avoir vu. A quoi bon les yeux s'ils ne connaissent pas? Connaître au delà, oui, bienvenue à la maison.

— Mais vous ne nous ferez pas connaître à d'autres, Sans-Traces? Nous avons toujours été amis, j'espère?

— Oui, bien sûr, amis. Pourquoi vieil aigle, avec tête blanche, frapper jeune pigeon? Jamais hache dans le sentier entre Susquesus et quelqu'un de la tribu de Ravensnest. Trop vieux pour la déterrer maintenant.

— Il y a de bonnes raisons pour que mon oncle et moi ne nous fassions pas connaître pendant quelques jours. Peut-être vous avez entendu parler des discordes qui se sont élevées dans le pays entre les propriétaires et les tenanciers?

— Quelles discordes?

— Les tenanciers sont fatigués de payer leurs fermages, et veulent contracter un nouveau marché par lequel ils puissent devenir propriétaires des fermes sur lesquelles ils vivent.

Un regard de colère anima la sombre figure de l'Indien; ses lèvres s'agitèrent, mais il n'ajouta rien.

— Avez-vous appris quelque chose de tout cela, Susquesus?

— Petit oiseau a chanté cette chanson à mon oreille. Je n'ai pas aimé à l'entendre.

— Et les Indiens qui se remuent çà et là dans le pays, armés de *rifles* et habillés de calicot?

— De quelle tribu ces Indiens? demanda Sans-Traces avec une vivacité et un feu dont je ne l'aurais pas cru capable; pourquoi parcourent-ils ces contrées? pourquoi marchent-ils dans le sentier de la guerre?

— On peut dire jusqu'à un certain point que telle est leur pensée. Ils appartiennent à la tribu des antirentiers. Connaissez-vous cette nation?

— Pauvre Indgien ça, je pense. Pourquoi venir si tard, pourquoi pas venir quand le pied de Susquesus léger comme la plume de l'oiseau? Pourquoi attendre les Visages Pâles, plus nombreux que les feuilles sur l'arbre ou la neige dans l'air? Il y a un siècle, quand le chêne était petit, un semblable Indgien aurait été bon; maintenant bon à rien.

— Mais vous garderez notre secret, Sus, et vous ne direz même pas au nègre qui nous sommes?

Sans-Traces secoua la tête en signe d'assentiment, après quoi il me sembla tomber dans une sorte de sommeil rêveur, comme s'il lui était désagréable de continuer la conversation. Je le quittai pour rejoindre mon oncle et lui raconter ce qui s'était passé. M. Roger Littlepage ne fut pas moins étonné que moi de la perspicacité de l'Indien. Mais comme la loyauté du vieillard était à toute épreuve, nous comprîmes, après un moment de réflexion, que nous n'avions à craindre aucune trahison

CHAPITRE IX.

Il nous fallait décider maintenant de quel côté nous porterions nos pas. Après nous être un moment consultés, nous nous décidâmes à poursuivre jusqu'aux habitations les plus voisines, et à demeurer aussi près que possible de ma propre maison.

Nous prîmes en conséquence congé de l'Indien et du nègre, en leur promettant de les visiter bientôt, et nous suivîmes la route qui conduisait à la ferme. Nous pensions qu'au moins nous devions nous attendre à rencontrer des amis dans les gens qui occupaient la ferme attachée à la demeure du propriétaire. La même famille y avait été chargée de la culture et du soin de la laiterie. Il n'y avait pas par conséquent, pour qu'elle nous fût hostile, de raisons semblables à celles qui étaient, dit-on, si répandues parmi les tenanciers et si ardemment acceptées par eux. Cette famille se nommait Miller ; elle se composait de deux chefs et de six ou sept enfants, dont les derniers étaient tous jeunes enfants.

— Tom Miller était un garçon sûr quand je l'ai connu, dit mon oncle en approchant de la grange, où la famille était à l'ouvrage, et on dit qu'il s'est bien conduit dans une ou deux occasions où on avait pris l'alarme au Nest cet été. Toutefois, il est plus sage de ne pas le mettre encore dans notre secret.

— Je suis tout à fait de votre avis, Monsieur, répondis-je, qui sait ce qu'il pense aujourd'hui? Il est petit-fils de l'homme qui a défriché la forêt, et il a sur la propriété précisément autant de droits que le reste des agitateurs.

— *Guten tag, guten tag*, s'écria mon oncle en entrant dans la grange où Miller, ses deux fils aînés et une couple d'ouvriers étaient occupés à aiguiser leurs faux et à les mettre en état pour la saison prochaine. Tevoir être chaude cette pelle madinée.

— Bonjour, bonjour, se hâta de répondre Miller en jetant un coup d'œil curieux sur notre équipement, qu'avez-vous dans votre boîte? des parfums?

— Nein; montres et pijoux. Puis, posant la boîte à terre et l'ouvrant pour que l'assistance pût en faire l'inspection : Fouloir pas acheter eine ponne montre ce choli madin!

— Sont-elles en or vrai? demanda Miller de l'air d'un homme qui doute un peu; et toutes ces chaînes, et toutes ces bagues sont-elles aussi en or?

— Pas vrai or, nein, nein, je poufoir pas dire; mais assez bon or pour pedides gens comme fous et moi.

— Cela ne serait jamais assez bon pour les grands personnages, làhaut dans la grande maison! s'écria l'un des laboureurs, qui m'était inconnu, mais qui s'appelait Joshua Brigham, comme je le sus bientôt, et qui parlait avec une sorte de ricanement méchant où l'on voyait la preuve qu'il n'était pas de nos amis. Vous les gardez pour les pauvres gens, je suppose?

— Ché les garde bour tous ceux qui foudront me les payer, répondit mon oncle. Foudriez-vous eine montre?

— Je ne dis pas non, et une ferme aussi, si je pouvais en trouver une à bon marché, répondit Brigham avec ce mauvais ricanement qu'il ne chercha pas à cacher. Combien vendez-vous les fermes aujourd'hui?

— Ché n'afre pas de fermes à fentre; je ventre montres et pichoux, mais ché ne fends pas fermes. Ce que ché afre gagné ché le fendre, mais ché ne puis pas fendre ce que ché n'afre pas. Ché avais entendu tire qu'en Amérique il n'y afre ni noples ni aristocrates, et qu'il n'y afre pas un *graaf* dans toute le pays.

— Oh! il y a toutes sortes de gens ici comme partout, répondit Miller froidement en s'asseyant sur le bout de la pierre à aiguiser pour examiner une des montres. Josh Brigham, que voilà, appelle aristocrates tous ceux qui sont au-dessus de lui; mais ceux qui sont au-dessous, il ne les appelle pas ses égaux.

J'aimais ce langage, et surtout le ton froid et décidé de celui qui le tenait. Il indiquait un homme qui voyait le fond des choses, et qui ne craignait pas de le dire. Mon oncle en fut agréablement surpris.

— Quel est le prix de cette montre, ami? continua Joshua.

— Quatre tollars, répondit vivement mon oncle abaissant imprudemment le prix, dans le désir de récompenser Miller de ses bons et loyaux sentiments. Ya, ya, vous defez afre cette montre pour quatre dollars.

— Je crains qu'elle ne vaille pas grand'chose, répliqua Miller avec une défiance bien naturelle en entendant un prix si bas. Laissez-moi la regarder encore en dedans.

Il n'y a peut-être pas un homme qui ait acheté une montre sans en examiner le mécanisme d'un air capable, tandis qu'il n'y a qu'un mécanicien qui puisse faire cette inspection avec profit. Tom Miller fut fidèle à cette coutume, car la bonne mine de la montre et le prix de quatre dollars le tentaient beaucoup. Tout cela produisit aussi son effet sur le turbulent et envieux Joshua, qui semblait s'entendre fort bien à faire un marché.

— Et combien celle-ci? demanda-t-il en prenant une montre parfaitement semblable à celle que tenait Miller. Voulez-vous me la laisser pour trois dollars?

— Non, le brix te celle-ci est au plus bas te quarante tollars, répondit mon oncle avec un peu de rudesse.

Les deux hommes regardèrent le colporteur avec surprise. Miller prit la montre des mains de son ouvrier, l'examina attentivement, la compara à l'autre, et demanda de nouveau son prix.

— Fous, fous poufez afoir l'une ou l'autre pour quatre tollars, repartit mon oncle fort imprudemment selon moi.

Cette réponse causa une nouvelle surprise ; mais heureusement Brigham attribua la différence à une erreur.

— Oh! dit-il, je croyais que vous disiez quarante dollars! quatre dollars, c'est différent.

— Josh, interrompit Miller meilleur observateur et plus attentif, il est grand temps maintenant, vous et Peter, allez surveiller les moutons. Le cornet ne tardera pas à sonner le dîner; si vous voulez faire une acquisition, vous la ferez en revenant.

— Maintenant *il* est parti, continua Tom tranquillement, mais d'un ton solennel qui expliquait suffisamment sa pensée, peut-être enfin me ferez-vous connaître le véritable prix de cette montre ; j'en ai envie, et nous pourrons peut-être nous entendre.

— Quatre tollars, répondit mon oncle d'une voix claire. Ché afre dit vous pouvoir l'avoir pour ce brix, et ce que ch'ai dit une fois, c'est touchours même chosse.

— Alors je la prendrai. J'aurais presque autant aimé que vous m'en demandassiez huit dollars, quoiqu'une économie de quatre dollars soit quelque chose pour un pauvre homme. C'est si bon marché que j'en suis un peu effrayé ; mais, j'en cours la chance, tenez, voilà votre argent en espèces sonnantes.

— Merci, Monsieur. Vos tames ne veulent-elles rien choisir dans mes pichoux?

— Oh! si vous voulez des dames qui achètent des chaînes et des bagues, Ravensnest fera votre affaire. Ma femme ne saurait qu'en faire, et ne se prend pas du tout pour une belle dame. La pratique qui vient d'aller aux moutons est le seul homme d'importance qu'il y ait dans cette ferme.

— Ya, ya, il être un nople en chemise sale, ya, ya. Pourquoi afret-il sentiments si grossiers?

— Oh! c'est qu'il voudrait mettre la main sur ce qui ne lui appartient pas, et il est enragé quand il rencontre quelqu'un sur son chemin. Nous commençons à voir beaucoup de ces gaillards-là dans le pays, et ils nous donnent bien de l'embarras. Garçons, il s'en faut de peu, je crois, que Josh ne soit un Indgien?

— C'en est un, j'en suis sûr, répondit l'aîné des deux fils, un garçon de dix-neuf ans. Où passerait-il toutes ses nuits et tous ses dimanches si ce n'est à leurs assemblées? Et que signifiait le paquet de calicot que j'ai vu sous son bras il y a un mois, et dont je vous ai parlé dans le temps?

— Si je découvre qu'il en est ainsi, Harry, il faudra qu'il déguerpisse. Je ne veux pas d'Indgiens ici.

— Mais bourquoi parlent-ils donc si fort de noples et d'arisdogrades? Y être-t-il noples et arisdogrades en Amérique?

— Ce n'est pas facile à dire. J'entends beaucoup de choses sur le compte des aristocrates, j'en lis beaucoup, et je sais bien que beaucoup de gens les ont en grande haine, et pourtant je ne suis pas bien sûr de savoir ce que c'est qu'un aristocrate. Les tenanciers se plaignent d'avoir à payer une rente. Ils voudraient que les propriétaires fussent contraints de vendre leurs fermes, ou même de les donner pour rien. Quelques-un même tiennent pour cette dernière opinion.

— Mais les brobriétaires fouloir pas fendre leurs fermes. Ils ne peufent être contraints de fendre ce qui leur appartenir et ce qu'ils ne fouloir pas fendre. Bas bien que les tenanciers ils puissent être gontraints à fendre leurs porcs et leurs moutons lorsqu'ils ne fouloir pas les fendre.

— Cela semble vrai, garçons, et il y a longtemps que je l'ai dit aux voisins, mais je le leur répéterai encore. Quel est votre nom, mon brave homme? Comme nous ferons peut-être plus ample connaissance, je ne serais pas fâché de savoir votre nom.

— Mon nom être Guisembach, et ché fiens de Preussen.

— Eh bien! monsieur Guisembach, le point de la difficulté en ce qui concerne les aristocrates est celui-ci : Hugh Littlepage, par exemple, est riche, et sa fortune lui donne des avantages dont les autres sont privés. Il y a des gens que cela contrarie. Et puis il y en a d'autres après cela qui se plaignent que la vieille madame Littlepage et ses demoisellelles ne visitent pas les pauvres gens.

— Pien si elles afrent le cœur tir, et n'afrent pas de pons sentiments pour les misérables...

— Non, non ce n'est pas ce que je veux dire; au contraire. Pour ces pauvres-là tout le monde avoue qu'elles font plus que personne dans tout le pays ; mais elles ne visitent pas les pauvres qui ne sont pas dans le besoin.

— Pien ! Ce être une sorte de baufres pien à leur aise, ceux qui n'être pas dans le pesoin. Beud-être fous foulez dire qu'elles ne se lient pas avec eux comme avec tes égaux.

— C'est cela. Et à cet égard, je dois dire qu'il y a quelque chose de vrai dans les plaintes qu'on en fait. Car les jeunesses de là-haut à Ravensnest ne viennent jamais rendre visite à ma fille, et Kitty est une aussi agréable personne que toutes les demoiselles des environs.

— Et Kitty, fa-t-elle rentre visite à la cheune temoiselle de l'homme qui temeure là-haut, tans la maison sur la hauteur? dit mon oncle montrant l'habitation d'un des hommes les plus pauvres de l'endroit.

— Du tout. Kitty n'a pas de vanité, mais je ne lui permettrais pas de commettre une telle inconvenance.

— Ah ! fous être tonc un aristograte aussi, autrement fotre fille irait fisiter la fille de cet homme.

— Je vous dis, Grumzebach, ou quel que soit votre nom, répondit Miller avec un peu d'aigreur, bien que ce fût un brave homme au fond, que ma fille n'ira pas voir les filles du vieux Steven.

— Pien ! Elle peut faire gomme il lui blaît, mais thé pense les mademoiselles Littlepage doifent faire gomme il leur blaît aussi.

— Il n'y a qu'une mademoiselle Littlepage ; si vous les avez rencontrées ce matin dans la voiture, vous avez vu deux jeunes personnes d'York, et la fille de M. Warren le ministre, avec elles.

— Et ce ministre Warren être riche aussi?

— Non, il n'a pas dix pences de bien, excepté le produit de sa paroisse. Il est si pauvre que sa fille a été élevée, m'a-t-on dit plusieurs fois, aux frais de ses amis.

— Et la cheune temoiselle Littlepage et la cheune temoiselle Warren comment peuvent-elles être amies?

— Ce sont les jeunes filles de tout le pays que l'on voit le plus souvent ensemble. Je n'en ai jamais connu d'aussi intimes. Pourtant il y a une demoiselle à la ville, Opportune Newcome, qui, tout le monde le sait, voudrait bien avoir le pas sur Marie Warren à la grande maison ; mais il n'en est rien. C'est Marie qui est la préférée.

— Et quelle être la blus riche, Opportune ou Marie?

— Marie Warren n'a rien, tandis qu'Opportune passe pour la plus riche demoiselle des environs après Patty elle-même. Mais Opportune n'est pas la favorite au Nest.

— Alors, il semple, après tout, miss Littlepage choisir pas ses amies pour leur richesse? Elle aime Marie Warren, qui être baufre, et elle n'aime pas Opportune, qui être riche. Peut-être les Littlepage pas si grands aristogrades vous supposez.

Miller fut un peu étourdi de cet argument, et je fus pris d'une grande envie de rire.

— Bah! répondit-il à mon oncle après avoir réfléchi en silence pendant un moment, je ne sais trop! Ce que vous dites semble vrai, je l'avoue, et pourtant ce n'est pas l'avis de ma femme ni celui de Kitty. Vous embrouillez mes idées tout à fait à l'endroit des aristocrates; car bien que j'aime les Littlepage, je les ai toujours considérés comme de fieffés aristocrates.

Nous fûmes interrompus à ce moment, et en regardant autour de nous, nous vîmes que c'était la visite de ma grand'mère qui avait poussé jusqu'à la porte de la ferme en rentrant à la maison. Miller pensa qu'il était de son devoir d'aller au-devant d'elle pour se mettre à ses ordres, et nous le suivîmes lentement, car mon oncle avait l'intention d'offrir une montre à sa mère pour voir si elle le reconnaîtrait.

CHAPITRE X.

Elles étaient là, ces quatre aimables créatures. On ne saurait s'imaginer combien il est rare en Amérique de rencontrer une femme jeune et absolument laide. Kitty elle-même, qui se tenait sur la porte quand nous approchâmes de la voiture, était une fille fraîche comme une rose et réjouissante à voir. C'était dommage qu'elle parlât. Lorsque je m'approchai, ma flûte à la main, toutes les demoiselles gardèrent le silence.

— Acheter une montre, Matame? dit l'oncle Ro en s'approchant de sa mère, la casquette à la main et la boîte ouverte.

— Je vous remercie, mon ami ; mais je crois que nous avons toutes déjà des montres.

— Les miennes, il être très-pon marché !

— Je le crois, répliqua ma grand'mère avec un sourire ; mais les montres les moins chères ne sont pas les meilleures. Ce joli porte-crayon est-il en or ?

— Oui, Matame, en pon or ; si n'être pas ainsi, je ne tirais pas.

— Quel en est le prix ? demanda ma grand'mère.

L'oncle Ro avait trop de tact pour penser qu'il engagerait sa mère à faire une emplette par le moyen qui lui avait réussi avec Miller, et il donna à l'article sa valeur, qui était de quinze dollars.

— Eh bien ! je le prendrai, répliqua ma grand'mère en laissant tomber l'argent dans la boîte. Puis, se tournant du côté de Marie Warren, elle la pria d'accepter ce porte-crayon avec autant d'égards que si, au lieu de lui accorder une faveur, elle-même l'avait sollicitée.

La figure de Marie Warren se couvrit de rougeur, elle parut ravie, et elle accepta le présent, bien qu'après avoir hésité un moment, je ne me trompe, probablement à cause de la valeur de l'objet. Ma sœur demanda à le voir, elle l'admira, puis il passa de main en main, et chacun en fit l'éloge.

— Vraiment, madame Littlepage, s'écria Miller, qui avait avec ma grand'mère la familiarité d'un homme né sur le domaine, voilà le plus singulier marchand ambulant que j'aie encore vu ; il demande quinze dollars pour ce porte-crayon, et quatre seulement pour cette montre. Et en terminant il montra son emplette.

Ma grand'mère prit la montre, et l'examina avec attention.

— Cela me paraît singulièrement bon marché, observa-t-elle en lançant à son fils un regard furtif où il me sembla voir de la défiance, comme si l'idée lui était venue que ce marchand pouvait avoir volé sa marchandise. Je sais que ces montres sont fabriquées à très-bas prix dans les contrées industrielles de l'Europe, mais on a peine à comprendre que ce mécanisme ait été établi pour une si faible somme.

— J'en afoir à tous brix, Matame, répondit mon oncle.

— J'ai grande envie d'acheter une bonne montre de femme ; mais j'aime mieux l'acheter à un horloger établi et connu.

— Vous n'afoir rien à craindre, Matame, me hasardai-je à dire ; si nous capables de tromber une personne, nous bas tromber une si ponne tame.

Dois-je penser que le son de ma voix frappa agréablement l'oreille de ma sœur? fut-ce plutôt le désir de voir ma grand'mère mettre enfin son projet à exécution, qui l'engagea à intervenir dans notre dialogue? mais elle insista auprès de la vieille dame pour lui persuader d'avoir confiance en nous. Les années avaient enseigné la prudence à ma grand'mère, et elle hésitait.

— Mais toutes ces montres sont d'un métal inférieur, et j'en veux une qui soit en or, et d'un travail parfait, observa ma grand'mère.

Mon oncle tira immédiatement de sa poche une montre qu'il avait achetée de Blondel, à Paris, pour le prix de cinq cents francs, et qui était une charmante parure pour la ceinture d'une dame. Il la présenta à ma grand'mère, qui lut avec une agréable surprise le nom du fabricant. La montre fut elle-même attentivement examinée, et l'on en fit un éloge sans réserve.

— Et quel peut être le prix de cet objet? demanda ma grand'mère.

— Cent tollars, Matame, et ce être pon marché à ce prix

Tom Miller regarda le morceau de clinquant qu'il tenait à la main, puis il tourna les yeux vers « l'article » plus petit, mais de forme exquise que ma grand'mère examinait, et parut être aussi embarrassé qu'il l'avait été un instant avant pour découvrir la différence entre le riche et le pauvre. Tom n'était pas capable de distinguer le vrai du faux, voilà tout.

Ma grand'mère ne sembla pas être effrayée du prix. Elle lança cependant de nouveau un ou deux regards de défiance par-dessus ses lunettes vers le prétendu colporteur. A la fin, la beauté de la montre triompha de son hésitation.

— Si vous voulez porter cette montre à la grande maison là-bas, je vous donnerai les cent dollars, dit-elle, je n'ai pas assez d'argent sur moi maintenant.

— Ya, ya! très-pien! Fous poufoir garter la montre, Matame, et j'irai bour l'archent après que ché afoir troufé à tiner quelque bart.

Ma grand'mère ne fit naturellement aucune difficulté pour accepter ce crédit, et elle allait mettre la montre dans sa poche, quand Patt tendit sa main vers le bijou en s'écriant :

— Maintenant, chère grand'maman, tout de suite ; il n'y a ici personne que nous trois, vous voyez.

— Quelle impatience ! s'écria la vieille dame en riant. C'est bon, on va vous satisfaire... Je vous ai donné ce porte-crayon comme un simple souvenir, Marie, mais c'était seulement *en attendant;* mais j'avais eu l'intention de vous offrir une montre aussitôt que j'en trouverais une convenable, en souvenir de l'estime que m'a inspirée votre courage pendant la terrible semaine où les antirentistes se montrèrent si menaçants. Voilà une montre que je puis me permettre de vous offrir, et j'espère que vous serez assez bonne pour l'accepter.

Marie Warren sembla stupéfaite. Le rouge lui monta à la figure ; puis, tout à coup, elle devint pâle. Je n'avais jamais vu un tableau si charmant d'embarras, embarras qui naissait du choc de mille sentiments divers, mais tous également honorables.

— Ah ! madame Littlepage, s'écria-t-elle, après avoir regardé un instant et en silence le présent qu'on lui offrait, vous ne pouvez pas avoir la pensée de me donner cette belle montre... A moi ! Ma chère madame Littlepage, elle est trop magnifique à la fois pour ma condition et pour ma fortune.

— Une jeune personne du monde peut sans inconvénient porter cette montre ; et vous êtes une jeune personne du monde dans tous les sens du mot. Vous n'avez donc à vous faire aucun scrupule à cet égard. Quant à la fortune, vous ne vous méprendrez pas sur mes intentions si je vous rappelle que c'est de la mienne qu'il s'agit ici, et il ne peut pas y avoir de ma part de folie dans cette acquisition.

— Mais nous sommes si pauvres, et cette montre paraît si brillante ! cela ne paraît pas convenable.

— Je respecte vos sentiments, ma chère enfant, et je les apprécie. Vous savez, je le suppose, que j'ai été aussi pauvre, que dis-je ? plus pauvre que vous ?

— Vous, madame Littlepage ! Non, cela ne peut pas être. Vous appartenez à une famille opulente et distinguée.

— C'est pourtant très-vrai, ma chère enfant. Je n'affecterai pas une humilité excessive, et je ne nierai pas que les Malbone doivent être placés dans la noblesse du pays ; mais mon frère et moi nous avons été dans un temps réduits à travailler dans les bois, près de cette propriété. Notre situation n'était pas alors supérieure à la vôtre et à beaucoup d'égards elle était plus mauvaise; et de plus, la fille d'un ministre bien élevée et de bonne famille, à ne la considérer qu'au point de vue du monde, a des droits à une certaine considération. J'espère que vous me ferez la grâce d'accepter mon présent?

— Chère madame Littlepage, je ne sais ni comment vous refuser ni comment accepter un si riche cadeau! Vous me permettrez pourtant, avant de le recevoir, de consulter mon père?

— Je n'ai rien à dire à cela, chère enfant, répliqua ma bien-aimée grand'mère en mettant tranquillement la montre dans sa poche. M. Warren, heureusement, dîne avec nous, et nous pourrons vider le différend avant de nous mettre à table.

La discussion finit là. Elle avait commencé sous l'impression de sentiments si vifs, que nous avions pu en rester les témoins. J'ai à peine besoin de dire que nous fûmes, mon oncle et moi, charmés de cette petite scène. Tant de grâce et de plaisir à donner, tant d'honnêtes scrupules à recevoir, formaient un tableau charmant, que nous contemplions avec ravissement. Les trois jeunes filles qui en étaient témoins respectaient trop les sentiments de Marie pour intervenir bien que Patt eût de la peine à se contenir. Quant à Tom Miller et à Kitty, ils s'étonnaient probablement que la « fille à Warren » fût assez simple pour hésiter à accepter une montre de cent dollars. C'était là encore une difficulté qu'ils ne comprenaient point.

— Vous avez parlé de dîner, continua ma grand'mère en se tournant vers mon oncle; si vous et votre compagnon voulez nous suivre à la maison, je vous payerai votre montre, et je vous ferai servir à dîner par dessus le marché.

Nous fûmes enchantés d'accepter cette invitation, et nous fîmes nos saluts et nos remercîments pendant que la voiture se mettait en route. Nous restâmes un moment pour prendre congé de Miller.

— Lorsque vous serez allé au Nest, dit le gaillard moitié honnête et moitié perverti, repassez par ici. Je voudrais faire voir votre boutique à ma femme et à Kitty avant que vous descendiez au village.

Nous leur fîmes la promesse de revenir, et nous nous acheminâmes vers l'habitation, qui dans le langage familier du pays était appelée le Nest ou le Nest-House.

— Je crois, murmura mon oncle Ro, que ma chère vieille mère

a un pressentiment de notre véritable nom, à en juger par le respect qu'elle nous témoigne. Mille remerciements, Matame, mille remerciements, ajouta-t-il dans ce mauvais anglais qu'il ne surveillait pas toujours assez, pour ce grand honneur. Gens comme nous, nous ne nous attendions pas tames de la maison fenir nous recevoir à la porte.

— Cette jeune demoiselle me dit qu'elle a pu voir que vous êtes deux personnes bien élevées et de bonnes façons, qui avez été chassés de votre patrie par des révolutions politiques. Puisqu'il en est ainsi, je ne puis vous considérer comme des colporteurs ordinaires. Je sais ce que c'est que d'avoir été frappé par la mauvaise fortune, et je puis me mettre à la place de ceux qui souffrent de tels maux. En disant ces paroles, la voix de ma grand'mère tremblait un peu.

— Matame, il y a peut-être beaucoup de frai tans cela, répondit mon oncle en tirant sa casquette et en saluant ma grand'mère comme un véritable gentleman. Je m'empressai de l'imiter. Nous afre vu de meilleurs chours, continua-t-il, et mon fils, ici brésent, afre été élevé tans eine unifersité. Mais nous sommes maintenant paufres marchands de montres ampulants et gens qui faire musique dans les rues.

La conduite de ma grand'mère fut telle qu'on devait l'attendre d'une femme bien élevée. Elle ne montra ni une liberté de manières qui pût faire croire qu'elle oubliait notre condition présente, ni une froideur qui autorisât à penser qu'elle comptait pour rien le passé. Elle ne méconnaissait pas ce qui était dû à son nom ; mais elle sentait plus vivement encore le lien secret qui unit les personnes cultivées. Elle nous invita à monter dans la maison, où une table avait été préparée pour nous, et nous fûmes traités avec une hospitalité généreuse et pleine d'égards.

J'étais plongé dans des réflexions un peu mortifiantes pour mon amour-propre aristocratique, lorsque M. Warren s'approchant de moi et me tendant la main d'une façon tout à fait amicale :

— Vous êtes le bienvenu à Ravensnest, me dit-il. Nous sommes arrivés un peu avant vous, et depuis ce temps-là je tiens mes oreilles et mes yeux ouverts dans l'espoir d'entendre votre flûte, et de vous voir vous-même sur la grand'route près du presbytère, où vous m'avez promis de me rendre visite.

Marie était appuyée sur le bras de son père comme lorsque je la vis pour la première fois, et regardait ma flûte avec une attention que certainement elle ne se serait pas permise si j'avais été sous mon véritable costume et si elle avait su qui j'étais.

— Ché vous remercie, Monsieur, répondis-je; nous afoir le temps de faire petite musique quand ces tames temander moi. Ché peux chouer *Yankee Doodle*, *Dieu vous garde*, *Calvombias*, ou la *Bannière d'oilés*, et tous les airs qu'on aime tant tans les tavernes et sur la grand'route.

M. Warren se mit à rire; il me prit ensuite la flûte des mains et se mit à l'examiner. Je tremblai en ce moment pour l'incognito. Cet instrument, qui m'appartenait depuis longtemps, était d'une grande beauté, rehaussé encore par des clefs et des ornements d'argent. Si Patt, si ma chère grand'mère allaient le reconnaître! J'aurais donné le plus beau bijou de la boutique de mon oncle pour reprendre ma flûte. Mais avant que l'occasion s'en présentât, on se fit passer de main en main cet instrument, qui le matin avait émis des sons si agréables, jusqu'à ce qu'enfin il vint en la possession de Martha. La chère enfant était alors toute préoccupée des riches joyaux qu'elle venait d'admirer, et qui lui étaient en partie destinés. Elle passa l'instrument à la grand'mère, en lui disant avec vivacité :

— Voyez, chère grand'mère, voilà cette flûte, la plus douce, nous avez-vous dit, que vous ayez jamais entendue.

Ma grand'mère prit la flûte, tressaillit, rapprocha ses lunettes de ses yeux, examina l'instrument, pâlit, et me lança un regard furtif et inquiet. Je la vis pendant une minute ou deux plongée dans une méditation profonde. Heureusement les autres étaient trop absorbés par la boîte du colporteur pour prendre garde aux impressions qu'elle éprouvait. Elle sortit lentement de la chambre en me heurtant sur son passage, et se rendit dans la grande salle. Là, elle se retourna, et par un geste provoquant mon attention, elle me fit signe de la rejoindre. J'obéis et je la suivis jusqu'à une petite chambre située dans une des ailes, sorte de parloir particulier que je me rappelai fort bien et qui communiquait avec la chambre à coucher de ma grand'mère. Je n'ose appeler cette pièce un *boudoir*. Là, madame Littlepage s'assit sur un sofa, car elle était si tremblante qu'elle ne pouvait se tenir debout, puis elle se tourna vers moi et m'examina avec attention, et avec une anxiété que je ne saurais décrire :

— Ne me laissez pas plus longtemps dans l'incertitude, dit-elle d'un ton et d'une voix sévère. Ai-je deviné?

— Chère grand'mère, vous avez deviné, répondis-je en reprenant ma voix naturelle.

Il n'était pas besoin d'en dire davantage, et je me jetai dans ses bras comme je le faisais quand j'étais enfant.

— Mais quel est ce colporteur, Hugh? demanda ma grand'mère après un moment de silence. Est-il possible que ce soit Roger, mon fils?

— Et nul autre. Nous avions voulu vous visiter incognito

— Que signifie ce déguisement? A-t-il quelque rapport avec les troubles?

— Certainement. Il nous a semblé bon à voir un peu par nos yeux, et nous avons craint de plus qu'il ne fût pas sage de venir ici sous notre véritable nom.

— A cet égard, vous avez bien fait. Cependant je ne sais trop quel accueil vous faire sous vos déguisements; mais à aucun prix vous ne devez laisser connaître vos noms. Les champions du goudron et des plumes, les fils de la liberté et de l'égalité, ceux qui glorifient leurs principes comme ils illustrent leur courage en se mettant dix contre un, ces misérables se lèveraient et se croiraient les héros et les martyrs de la cause de la justice s'ils apprenaient que vous êtes ici. Dix hommes bien armés et bien résolus pourraient, il est vrai, en mettre cent en fuite. Mais vous-mêmes, ne courez-vous aucun danger en vous montrant ainsi déguisés malgré la nouvelle loi?

— Nous ne sommes pas armés. Nous n'avons pas même nos pistolets; cette circonstance nous excuserait.

— Je suis fâchée de vous le dire, Hugh, mais ce pays ne ressemble plus à ce qu'il était autrefois. Mille tenanciers peuvent faire ce qu'ils veulent, la justice ne leur dira rien; mais un propriétaire serait sévèrement puni. Il y a des gens comme M. Seneca Newcome, qui répandent que le public sympathise avec le pauvre opprimé par le riche.

— Mon oncle pense comme vous, chère grand'mère, mais j'entends des pas légers des jeunes filles, tenons-nous sur nos gardes.

Au même moment Martha, suivie des trois autres jeunes personnes, entra dans la chambre, tenant en sa main une très-belle chaîne de Manille que mon oncle avait achetée dans ses voyages, avec l'intention de l'offrir à ma femme à venir, et qu'il avait eu l'imprudence de montrer à sa pupille. Chaque demoiselle à son tour jeta sur moi en entrant un regard de surprise.

— Regardez bien, chère grand'maman, s'écria Patt en élevant la chaîne, voilà bien la plus charmante chaîne qui jamais ait été faite. Elle est de l'or le plus fin ; mais le colporteur refuse de la vendre.

— Peut-être n'en avez-vous pas offert un assez haut prix, mon enfant. Elle est bien jolie en effet, vraiment charmante. Quel prix y met-il, s'il vous plaît?

— Il dit cent dollars, et je le crois sans peine, car elle pèse la moitié de ce prix. Je souhaiterais que Hugh fût ici, je suis sûre qu'il voudrait l'acheter et m'en faire cadeau.

— Nein, nein, cheunes temoiselles, interrompit le colporteur, qui avait un peu sans cérémonie suivi les jeunes filles dans la chambre, quoiqu'il sût naturellement très-bien où il allait ; cela ne pouvoir être. Cette chaîne elle être à mon fils que voici, et je lui aîre promis qu'elle serait tonnée seulement à son femme.

Patt devint un peu rouge, et elle fit une petite moue ; puis, se ravisant, elle se mit à rire aux éclats.

— Si on ne peut l'avoir qu'à cette condition, je crains de ne la posséder jamais, dit-elle avec impertinence, mais d'une voix si basse qu'elle ne pouvait pas penser que je l'entendisse. Eh bien ! je payerai les cent dollars de mon propre argent si vous voulez me la donner. Grand'maman, dites donc un mot en ma faveur.

La grand'maman fut bien embarrassée, car elle savait à qui elle avait affaire ; elle voyait bien naturellement que l'argent n'y ferait rien. Cependant, comme nous avions conservé notre rôle, elle se trouva dans la nécessité de dire quelque chose qui parût au moins destiné à appuyer la demande de Patt.

— Puis-je espérer, Monsieur, que je réussirai mieux à vous faire changer d'avis? dit-elle en regardant son fils de manière à lui faire voir ou du moins à lui faire soupçonner qu'elle était dans le secret. Je serais bien heureuse de pouvoir rendre ce service à ma petite-fille, et de lui faire cadeau d'une aussi belle chaîne.

Mon oncle Ro s'avança vers sa mère, prit la main dans laquelle elle avait étalé la chaîne pour la mieux admirer, et baisa cette main avec un profond respect, mais de manière à laisser croire aux spectateurs que c'était un usage européen, et non, comme c'était en effet, l'hommage contenu d'une tendresse filiale.

— Matame, dit-il alors avec solennité, si personne poufait faire abantonner moi eine résolution pien arrêtée, ce serait certainement une bersonne fénérable, gracieuse et ponne comme vous defez être, ché suis sûr. Mais ché afre fait fœu te tonner cette chaîne à femme te mon fils quand il ébousera quelque chour eine Américaine, et ché ne puis manquer à ma barole.

Ma chère grand'mère sourit. Mais comme elle comprit que cette chaîne était réellement destinée à ma femme, elle ne voulut pas plus longtemps essayer d'en changer la destination. Elle examina pendant quelques instants cette parure, et me dit :

— Et vous y tenez aussi comme votre on... votre père, veux-je dire ! C'est un riche présent à faire pour un pauvre homme.

— Ya, ya, Matame, c'être vrai ; mais quand le cœur il s'en mêle, l'or n'être rien auprès de lui.

La vieille dame était sur le point de me rire au nez en entendant mon langage à moitié allemand ; mais l'amabilité, le charme et la tendresse de ses yeux me donnaient une furieuse envie de me jeter encore dans ses bras et de l'embrasser. Patt continua de *bouder* pendant quelques instants ; mais son excellent caractère prit bientôt le dessus, et elle redevint souriante comme le soleil qui sort d'un nuage du mois de mai.

— Allons, il faut supporter ce désappointement, dit-elle avec bonhomie, c'est pourtant la plus charmante chaîne que j'aie jamais vue.

— Je suis sûr que la personne que vous savez en trouvera un jour une autre aussi charmante à vous offrir, dit Henrietta Colebrooke d'un ton un peu piquant.

Me tournant vers Marie Warren, je m'aperçus parfaitement qu'elle souffrait de la contrariété de ma sœur, mais que son embarras n'avait aucune autre raison

— Votre grand'maman vous achètera une autre chaîne quand elle ira à la ville, et vous oublierez celle-ci, murmura-t-elle d'une voix affectueuse à l'oreille de ma sœur

Patt sourit et embrassa son amie avec une tendresse qui me prouva que ces deux créatures s'aimaient sincèrement. Mais la curiosité de ma chère grand'mère avait été éveillée, et elle avait hâte de la satisfaire. Elle prit encore la chaîne, et se tournant vers moi, qui me trouvais par hasard plus rapproché d'elle, elle me dit :

— Ainsi, Monsieur, vous êtes bien décidé à offrir cette chaîne à votre future femme?

— Oui, Matame, ou, hour dire mieux, à ma cheune fiancée, avant mon mariache.

— Et votre choix est-il fait? continua-t-elle en promenant un regard furtif sur les trois jeunes filles, qui formaient un groupe charmant; et reportant aussitôt ses regards vers les autres bijoux de mon oncle : Connaissez-vous déjà la jeune fille destinée à posséder cette belle chaîne?

— Nein, nein, répondis-je en lui rendant un sourire et en regardant à mon tour à la dérobée le groupe, il y être tant de pelles tames en Amérique, il être pas pesoin de se presser, ché afre le temps de trouver celle qui m'être destinée.

— Tenez, grand'maman, interrompit Patt, puisque personne ne peut avoir la chaîne, au moins en l'achetant, voici les trois autres objets que nous avons choisis, Anne, Henrietta et moi; ce sont une bague, une paire de bracelets et une paire de boucles d'oreilles. Le prix, tout compris, est de deux cents dollars. Y consentez-vous?

Ma grand'mère, maintenant qu'elle connaissait le colporteur, comprit à demi mot, et n'eut plus aucune défiance. Le marché fut bientôt conclu, et elle nous renvoya tous de sa chambre, sous le prétexte que nous la gênerions pour s'entendre avec le marchand de montres. Elle voulait en réalité rester seule avec son fils, car il ne pouvait être question entre eux de donner un seul dollar ni de le recevoir.

CHAPITRE XI.

Une demi-heure plus tard, mon oncle Ro et moi nous étions assis à table et mangions notre dîner aussi tranquillement que dans une auberge. Le valet qui servait était un vieux domestique de la famille, qui avait rempli les mêmes fonctions dans notre maison pendant un quart de siècle. Naturellement il n'était pas Américain, car un *citoyen* américain ne reste pas si longtemps dans une condition inférieure, ou du moins dans une position aussi infime que celle de domestique.

Notre vieux serviteur était originaire d'Europe, d'où il avait accompagné mes parents lorsque ceux-ci revenaient du voyage entrepris à l'occasion de leur mariage, et il était déjà par conséquent chez nous à l'époque de ma naissance. Depuis lors, il était toujours resté au Nest, sans s'y marier et sans manifester la moindre intention de nous quitter. Il est Anglais de naissance.

John, quoique poli et respectueux, conservait les sentiments d'un valet vis-à-vis de ceux qu'il s'imaginait être d'une condition égale à la sienne. Il avait dressé la table avec le soin et la propreté accoutumés ; il nous servit de la soupe avec autant d'exactitude que s'il avait su qui nous étions, puis il se retira. Il se rappelait sans doute que le maître ou le premier garçon d'un hôtel anglais a l'habitude de paraître avec la soupe et de disparaître avec elle. John se conforma à ce cérémonial. Après avoir enlevé le potage, il apporta une servante près de mon oncle, y plaça un couteau à découper ou deux comme pour dire : Servez-vous vous-même, et quitta la salle. Notre dîner, on le pense, ne fut pas fort recherché, quoique ma grand'mère eût ordonné de placer sur la table deux ou trois mets plus délicats, au grand étonnement de Patt. Ce qui parut le plus singulier à l'égard de gens comme nous, c'est qu'on nous servit du vin. Cependant c'était du vin du Rhin, et cette particularité expliquait un peu l'étrangeté du procédé.

Mon oncle Ro fut un peu surpris de la disparition de John, car il était si accoutumé à voir sa figure quand il était assis dans cette salle, que sans lui il ne lui semblait plus qu'il fût à la maison.

— Que le gaillard s'en aille, dit-il en éloignant sa main du cordon de la sonnette, dont il s'était déjà emparé pour rappeler John, nous pourrons parler plus librement sans lui. Voyez, Hugh, vous voilà sous votre propre toit, mangeant un dîner qui vous est offert comme une aumône, et traité comme si vous étiez un pauvre diable, vous le propriétaire de tout ce qui s'étend sous vos regards à cinq milles à la ronde. C'est une heureuse idée de ma vieille mère d'avoir fait servir ce vin de Rudeisheimer, pour nous qui sommes des Allemands ! Quelle santé étonnante elle a, mon garçon !

— Étonnante ; et je le vois avec bien du plaisir. Je ne vois pas pourquoi ma grand'mère ne vivrait pas encore vingt ans : elle ne serait pas encore si vieille que Sus.

— C'est vrai. Elle semble être ma sœur aînée, bien plutôt que ma mère. Qu'en dites-vous, Hugh?

— Je suis tout à fait de votre avis, Monsieur, et je puis dire que je n'ai pas vu souvent deux créatures aussi agréables que celles que j'ai rencontrées ici.

— *Deux!* heuh! Un autre se contenterait d'*une*. Quelles peuvent être ces *deux* créatures, je vous prie, monsieur le padishah?

— Patt et Marie Warren naturellement ; les deux autres sont assez bien, mais celles-ci leur sont de beaucoup supérieures.

Mon oncle Ro parut contrarié, mais il garda le silence pendant quelques instants. Manger est toujours un bon prétexte pour interrompre une conversation, et il se mit à manger pour ne pas trahir son désappointement. Mais il est difficile pour un gentleman de se borner à manger quand il est à table ; il fut donc obligé de reprendre la causerie.

— Tout paraît aller assez bien ici, après tout, Hugh, observa-t-il ; ces antirentiers peuvent avoir déjà contribué beaucoup à pervertir les esprits, mais ils ne semblent pas encore s'être permis de dégâts matériels.

— Ce n'est pas leur jeu, Monsieur ; les moissons leur appartiennent, et comme ils espèrent que les fermes leur appartiendront bientôt, il ne serait pas sage de leur part de dévaster ce que, sans doute, ils commencent à regarder comme leur bien. Quant à Nest-House, prairies, fermes, etc., je compte qu'ils voudront bien me les laisser pendant quelque temps encore, pourvu qu'ils puissent s'emparer des autres terres.

— Pendant quelque temps au moins. Enfin c'est égal, tout paraît aller assez bien dans le pays.

— Tant mieux pour nous! Mais à mon avis, miss Marie Warren est mieux encore que tout ce que nous avons vu en Amérique.

— Puisque vous êtes disposé à faire allusion à ces enfantillages, soyez franc avec moi, et dites-moi une bonne fois ce que vous pensez de mes pupilles.

— Sans y comprendre ma sœur, naturellement, je serai aussi sincère que possible, et je vous dirai que, à l'égard de miss Marston, je n'ai véritablement aucune idée arrêtée. Quant à miss Colebrooke, elle est ce qu'en Europe on appellerait une « belle femme. »

— Vous ne pouvez rien dire de son esprit, Hugh, car vous n'avez eu aucune occasion de vous former une opinion sur ce point.

— Pas plus d'une, je l'avouerai. Néanmoins, j'aurais préféré pour commencer qu'elle s'épargnât l'allusion à la « personne que vous savez » qui doit un jour forger une chaîne pour ma sœur.

— Bah, bah! c'est là une délicatesse d'enfant; je ne puis la croire ni inconvenante ni trop libre dans son langage, et votre interprétation pouvait bien être *tant soit peu* vulgaire.

— Interprétez vous-même, *mon oncle;* mais je n'aime pas ces paroles-là.

Il se montra immédiatement disposé à céder, et me le prouva en changeant de conversation.

— Nous ne pouvons jamais espérer de passer ici la nuit, dit-il, autant vaudrait dire tout haut nos noms : notre nom, veux-je dire, un nom autrefois si honoré et si aimé dans le pays, et si détesté aujourd'hui.

— Non, non, cela ne va pas jusque-là ; nous n'avons rien fait pour mériter la haine.

— *Rasion de plus* pour qu'on nous haïsse avec plus d'ardeur. Plus on a de torts envers les gens, et plus on les déteste. Compte là-dessus. Nous avons été sincèrement aimés autrefois ici, et nous y sommes odieux aujourd'hui, c'est la nature humaine.

En ce moment John rentra pour voir ce que nous devenions, et pour compter ses fourchettes et ses cuillers, car je vis le drôle procéder à cette opération. Mon oncle, un peu imprudemment selon moi, mais entraîné par les pensées dont il était alors profondément préoccupé, engagea avec lui la conversation.

— Cette brobriété, dit-il d'une voix interrogative, être la brobriété d'un chénéral Littlepage, chentends tire?

— Pas du général, qui était le mari de madame Littlepage, et qui est mort depuis longtemps, mais de son petit-fils M. Hugh.

— Et où beut-il être, cette M. Hugh? être-t-il près d'ici ou autrement?

— Non, il est en Europe, ce qui veut dire Angleterre. John pensait que l'Angleterre occupait la plus grande partie de l'Europe, quoiqu'il eût oublié depuis longtemps son grand désir d'y retourner. M. Hugh et M. Roger sont tous les deux absents depuis longtemps.

— Ce être malheureux, car on afre tit à moi defoir y afoir grands troubles tans le bays et tes expéditions d'Indgiens.

— C'est bien vrai, et ce serait un grand crime que des expéditions de ce genre.

— Et quelle beut être la raison de si grands troubles, et quel être l'objet de leurs plaintes?

— C'est bien simple, je pense, répondit John. Les tenanciers de ce domaine ont envie d'être propriétaires, et comme ils ne peuvent le devenir tant que M. Hugh vivra et ne voudra pas les laisser faire, ils font toutes sortes de projets et de manifestations pour les épouvanter et les tenir éloignés de leur domaine. Je ne vais jamais au village, mais je parle quelquefois à plusieurs des habitants, et je leur en dis assez pour les faire réfléchir si cela était possible.

— Oui, et qu'est-ce que vous tites? et avec qui barlez-fous pour lui faire réfléchir?

— Ah! voyez-vous, je cause surtout avec un certain squire Newcome, comme ils l'appellent, qui n'est pas plus squire que vous, une espèce d'avocat comme il y en a tant dans le pays. Je lui dis, à ce M. Newcome...

L'entrée de ma grand'mère interrompit le discours de John. Ma grand'mère lui donna une commission pour le faire sortir, et alors j'appris l'objet de sa visite. Ma sœur avait été mise dans la confidence de notre secret, et mourait d'envie de m'embrasser, mais la principale difficulté était pour le moment de ménager une entrevue entre elle et moi sans éveiller le soupçon de la compagnie. Le plan de ma grand'mère était cependant arrêté, elle nous le communiqua.

Il y avait un joli petit cabinet de toilette attenant à la chambre à coucher de Martha. C'est là que devait avoir lieu le rendez-vous.

— Elle et Marie Warren y sont maintenant à vous attendre, Hugh.

— Marie Warren! Elle sait donc qui je suis?

— Pas le moins du monde. Elle vous prend tout simplement pour un jeune Allemand de bonne famille et bien élevé. C'est là tout ce qu'elle nous a dit de vous avant que nous vous ayons rencontré, Hugh.

— J'espère que ma tournure n'est pas tout à fait ridicule sous ce déguisement, car l'opinion de ma sœur...

Le franc rire de ma chère vieille grand'mère m'interrompit et je ne dis plus rien. L'oncle Ro lui-même prit part à ce mouvement de gaieté, bien qu'il eût souhaité, comme je pus le voir, que Marie Warren fût bien loin de nous avec son père, et que celui-ci fût archevêque de Canterbury.

— Vous êtes très-bien, Hugh, mon mignon, continua ma grand'mère, quoique vous fussiez, je pense, beaucoup plus intéressant avec votre chevelure frisée qu'avec cette perruque plate. On peut encore voir assez de votre figure pour la reconnaître quand on est averti, et j'ai dit tout d'abord à Martha que j'étais frappé d'une certaine expression dans votre regard et dans votre sourire qui me rappelait son frère.

Je fus invité à commencer un morceau sans attendre la jeune demoiselle absente, qui pourrait facilement m'entendre par la porte restée ouverte. Je jouai pendant dix minutes environ avant que ma sœur et ma grand'mère rentrassent.

— Vous pouvez garder le jeune homme pour qu'il vous joue un autre air, Martha, observa ma grand'mère, et je vais vous envoyer Jane en passant par sa chambre.

Jane était la femme de chambre de ma sœur, et sa chambre était contiguë. Ma chère grand'mère, en présence de Marie Warren, lui donna en effet l'ordre de venir aussitôt qu'elle eut quitté la chambre; néanmoins, Jane ne parut pas. Je continuai de jouer tant que je crus que je pouvais être encore entendu, et alors je laissai ma flûte. En un clin d'œil, Patt fut dans mes bras, où elle resta quelque temps, fondant en larmes, mais paraissant goûter un bonheur inexprimable.

— Ah! Hugh, quel déguisement pour visiter votre propre maison! dit-elle aussitôt que ses sanglots lui permirent de parler.

— Aurais-je pu venir autrement?... Vous connaissez l'état du pays. Vous savez quels fruits excellents produit aujourd'hui notre arbre si vanté de liberté. Le propriétaire de la terre ne peut visiter son bien qu'au risque de sa vie.

Martha me serra dans ses bras pour me prouver qu'elle me comprenait; puis nous nous assîmes côte à côte sur un petit divan, et nous nous mîmes à parler de mille choses dont il était naturel qu'un frère et une sœur qui s'aimaient si tendrement eussent à s'entretenir après cinq années d'absence. Ma grand'mère s'était si bien arrangée, qu'elle nous avait mis à l'abri de toute interruption pendant une heure. Pour les autres, ils pouvaient s'imaginer que Patt m'avait renvoyé au bout de quelques minutes.

— Aucune des autres jeunes filles n'a le moindre soupçon de votre véritable nom, dit Martha en souriant lorsqu'elle m'eut fait la question et les réponses que notre situation explique. Je suis étonnée qu'Henrietta n'ait rien deviné, car elle se flatte d'une grande pénétration. Elle est dans les ténèbres tout autant que les autres.

— Et miss Marie Warren, la jeune demoiselle qui vient de quitter la chambre, n'a-t-elle pas quelque *petite* idée que je ne suis pas un ménétrier allemand ordinaire ?

— Non, Hugh, répliqua-t-elle, elle vous prend pour un ménétrier allemand *peu commun*, pour un *artiste*. Comment Marie en est-elle venue à penser que vous êtes deux gentilshommes allemands ruinés

— Quoi ! miss Marie Warren nous fait? réellement l'honneur de penser ainsi ?

— Elle vous fait cet honneur, car elle nous l'a dit aussitôt qu'elle est venue à la maison. Henrietta et Anne se sont fort égayées de toutes les idées qui leur viennent à propos du grand incognito de mademoiselle Warren. Elles vous appellent Huzag von Geige.

— Vous aimez les Warren ?

— De tout mon cœur, père et fille. Le premier est précisément ce que doit être un ministre ; son éducation et son intelligence en font l'égal de tout homme bien élevé, et sa simplicité est celle d'un enfant.

On a beaucoup parlé de la nécessité où se trouverait peut-être M. Warren de se retirer et d'abandonner Saint-André depuis qu'il a prêché contre la convoitise. Tous les antirentiers disent, m'a-t-on appris, qu'il a voulu les désigner, et qu'ils ne veulent pas le souffrir. Je serais pour mon compte bien affligée de me séparer de Marie, et autant de voir partir son père.

Martha changea le sujet de la conversation. Nous parlâmes de nos petites affaires particulières, et elles se rattachaient à des objets de peu d'importance.

— A qui donc, Hugh, est destinée cette belle chaîne ? me demanda Patt en riant. Je vois maintenant le colporteur, et je comprends qu'il la conserve pour celle qui deviendra votre femme. Mais quelle sera cette femme ? S'appellera-t-elle Henrietta ou Anne ?

— Et pourquoi ne pas me demander aussi si elle s'appellera Marie ? Pourquoi omettre une de vos compagnes quand vous désignez les deux autres? Sois franche avec moi, Martha, et dis-le-moi sans détour, a-t-elle un prétendant favorisé?

— Quoi! parlez-vous donc sérieusement? s'écria ma sœur en riant. Mais pour vous tirer de peine je vous répondrai : Je ne lui en connais qu'un. C'est le squire Seneky Newcome, ainsi qu'on l'appelle ici, le frère de la charmante Opportune, qui se réserve aussi pour vous.

— Et ce sont d'aussi décidés antirentiers qu'homme ou femme du pays.

— Ce sont des *Newcomites* décidés, et cela veut dire que chacun prêche pour son saint. Vous ne le croiriez peut-être pas? eh bien! Opportune se donne réellement des airs de supériorité avec Marie Warren!

— Et comment Marie Warren prend-elle une telle impertinence?

— Comme une jeune personne bien élevée doit le faire, tranquillement et sans avoir l'air de s'en apercevoir. Mais il y a quelque chose de vraiment intolérable à voir une Opportune Newcome essayer de prendre le pas sur une demoiselle de la bonne compagnie.

Enfin, épuisés tous deux par l'excès de notre émotion, nous nous assîmes de nouveau côte à côte, et nous nous prîmes à pleurer à chaudes larmes. Ces larmes, après un tel effort, étaient peut-être nécessaires pour nous rendre le calme, et nous les laissâmes prudemment couler.

Comme l'heure du dîner approchait pour la compagnie, nous en prîmes congé bientôt après, non sans avoir reçu d'aimables et pressantes invitations de venir visiter le Nest avant de quitter la contrée. En nous éloignant de la maison, nous nous dirigeâmes du côté de la ferme, non sans nous arrêter dans la plaine pour jeter un regard autour, et contempler une scène si chère à tous deux par les souvenirs qu'elle nous rappelait, les liens nombreux qui nous y attachaient, et par nos propres intérêts. Mais j'oublie que ceci est aristocratique. Le propriétaire n'a pas le droit d'éprouver de tels sentiments que la liberté raffinée de notre législation réserve aujourd'hui aux seuls tenanciers.

CHAPITRE XII.

Il n'est pas nécessaire de raconter en détail tout ce qui se passa à la ferme pendant notre seconde visite. Miller nous reçut très-amicalement, et nous offrit un lit si nous voulions passer la nuit chez lui. Cette grande affaire, un lit, nous a donné plus de tracas que toute autre chose dans le cours de notre pérégrination.

Lorsque nous nous fûmes entendus avec Miller, Josh Brigham me suivit vers la petite prairie située en face de la maison, et où je m'étais rendu pour considérer aux rayons d'un soleil couchant le spectacle champêtre que j'avais devant les yeux, et dès le début il trahit par son langage la nature de ses soupçons.

— Le vieux (il désignait ainsi mon oncle Ro) doit avoir beaucoup de montres d'or sur lui, dit-il, pour qu'il tienne tant à coucher seul. Le commerce de ces objets exige beaucoup de précautions, j'imagine, en certains pays.

— Ya, il être quelquefois dancheroux ; mais il ne pouvait l'être dans ce si pon pays.

— Mais alors, pourquoi ce vieux bonhomme prend-il tant de précautions pour se réserver une petite chambre à lui tout seul, et vous relègue-t-il dans le grenier? Nous autres manouvriers, nous n'aimons pas le grenier, où l'on étouffe en été.

— En Allemagne, ein homme il afre touchours ein lit, répondis-je pressé d'en finir sur ce sujet.

— Ah! c'est vrai, cela! Ma foi, chaque pays a ses coutumes, je suppose. L'Allemagne est une contrée bien aristocratique, je trouve.

— Ya. Il y afre encore beaucoup de lois et de coutumes fantales en Allemagne.

— Eh bien! ami, j'arriverai tout de suite au point principal. Mais jurez-moi d'abord que vous ne me trahirez pas.

— Ya, ya, ché gomprends. Chéchureque ché ne vous trahirai pas; c'être pon.

— Mais levez la main, allons! De quelle religion êtes-vous?

— Chrétien, cela il va sans tire. Ché ne boux pas être un chuif. Nein, nein, ché suis un très-mauvais ghrétien.

— Mais vous devez être quelque chose de plus qu'un chrétien, je suppose ? Dans le pays, nous appelons cela n'être d'aucune religion. De quel rite êtes-vous ?

— Rite ! Pien ; ché ne gombrends pas. Qu'est-ce que c'être un rite ?

— Oui ; quelle religion patronisez-vous ? Partagez-vous les opinions de ceux qui se tiennent debout ou de ceux qui se mettent à genoux ? N'adoptez-vous ni l'une ni l'autre ?... Il y en a qui pensent qu'il vaut mieux se coucher pour prier, parce que, de cette manière, on a moins de distractions.

— Ché ne grombrends pas. Mais laissons là la rellichion, et fenir au point que vous afez dit.

— Oui ; voici l'affaire. Vous êtes Allemand, et ne pouvez aimer les aristocrates ; par conséquent, j'ai confiance en vous. Cependant, si vous me trahissez, vous ne ferez plus de musique ni ici ni ailleurs ! Si vous voulez vous faire Indgien, vous en aurez demain la meilleure occasion qui se puisse trouver.

— Eine Indgien. Quel plan cela me fera-t-il d'être un Indgien ? ché pense qu'il vaut mieux être ein plane en Amérique.

— Ah ! je veux dire seulement un Indgien antirentier. Le salaire est bon et il n'y a pas grand'chose à faire, et puis nous avons toutes sortes d'avantages dans les magasins, et aux environs dans les fermes. C'est la loi qu'un Indgien doit obtenir sans résistance tout ce dont il a besoin, et nous nous arrangeons pour avoir beaucoup de besoins. Si vous voulez venir au meeting, je vous dirai comment vous me reconnaîtrez.

— Ya, ya ; cela être pon. J'irai à leur meeting, certainement. Où afre-t-il lieu ?

— En bas, dans le village. La convocation nous est arrivée ce soir, et nous serons tous au lieu du rendez-vous demain à dix heures.

— Il y afre-t-il un pataille pourquoi fous fous réunissez si ponctuellement et afec tant t'arteur ?

— Une bataille ! Seigneur, non ! Qui a envie de se battre ? Je voudrais bien le savoir. Nous sommes presque tous réunis contre les Littlepage, et il n'y a ici de leur famille que deux ou trois femmes. Demain nous aurons un grand orateur antirentier.

— En quoi?

— Un orateur; un homme qui fait des discours sur l'antirentisme, vous comprenez; qui parle sur la tempérance, l'aristocratie, le gouvernement, ou sur toute autre espèce de griefs. N'avez-vous pas d'orateurs en Allemagne?

— Ya, ya. Il y afra des orateurs dans les universités; peaucoup, peaucoup.

— Ah! Nous, nous en avons d'universels et de particuliers; c'est selon les besoins. Demain nous en aurons un qu'on dit être le plus violent qu'on ait encore vu dans cette affaire. Vous verrez que notre cause fera des progrès dans ce meeting, et qu'il y aura quelque chose de décidé pour le pays. Nous voulons en finir une bonne fois. Le peuple se lève; et ce que le peuple veut il faut qu'il l'ait. Du reste, nous fondons les plus grandes espérances sur cet orateur, qui est bien payé pour venir.

— Et qui baie lui? est-ce l'Etat?

— Non; nous n'en sommes pas encore là. Il y en a qui pensent que l'Etat devra les payer par la suite. Quant à présent, les tenanciers sont taxés à tant de dollars, selon le prix de leur fermage. On a tant par acre, et ainsi on obtient l'argent nécessaire. Nous, nous avons un but, et quand les gens ont un but, ils y marchent ensemble avec persévérance. Nous ne dirons pas ouvertement tout ce que nous voulons et tout ce que nous prétendons faire. Il y en a qui soutiennent que personne ne doit posséder plus de mille acres de terre; d'autres pensent que la nature a marqué elle-même la limite à cet égard, et qu'un homme ne doit prendre de terre que ce qu'il lui en faut pour satisfaire ses besoins.

— Et quel être fotre obinion?

— Je n'ai pas d'avis déterminé. Je veux une bonne ferme, et voilà tout. J'aimerais qu'elle fût pourvue de bâtiments commodes, et que les terres n'en fussent pas épuisées par la culture : je tiens à ces deux points. Mais qu'elle ait quatre cent acres ou quatre cent cinquante, ou même cinq cents, je n'y tiens guère, et je serai accommodant. Je m'attends bien à des disputes à la fin, quand on en viendra au partage, mais ce n'est pas moi qui les soulèverai. J'espère que j'aurai mon tour pour les magistratures du pays et pour quelques autres avantages; et pour qu'on se souvienne de moi de suite à cet égard, je m'arrangerai d'une ferme quelconque du parc Littlepage. J'aimerais mieux cependant en avoir une dans la grande vallée que voilà, ou partout ailleurs; mais, en somme, je ne me préoccupe pas de ces détails.

— Et que foulez-vous bayer à M. Littlepage bour cette... vous foulez choisir?

— Cela dépend des circonstances. Les avis sont partagés sur cette question. Les uns veulent qu'on paye quelque chose, parce que cela leur semble plus conforme à la loi; les autres préféreraient qu'on ne payât pas du tout. Les premiers soutiennent qu'on doit payer simplement le principal des premiers fermages. Mais comme de semblables affaires doivent se traiter grandement, les partisans de ce système sont d'avis que Littlepage devrait accepter cinquante dollars, et donner en échange le contrat de propriété d'une ferme de cent acres.

— Et quelle pourrait être la moyenne valeur d'une ferme de cent acres sans le bayal? demandai-je.

— De deux mille cinq cents à trois mille dollars.

— Alors fous pensez cher Littlepage defoir accepter cinquante dollars pour ein pien qui faut teux mille cinq cents? Cela semple très-choli.

— Vous oubliez le loyer qui a été payé pendant longtemps, et les améliorations faites par le tenancier. A quoi une ferme serait-elle bonne sans le travail qu'on y fait?

— Ya, ya, ché gomprends. Et à quoi pon travail sans la terre pour faire lui!

C'était là une question un peu imprudente à poser à un homme aussi soupçonneux et aussi perverti que Joshua Brigham. Le drôle me lança un regard en dessous et plein de défiance. Mais avant qu'il eût le temps de répondre, Miller, pour lequel il éprouvait une crainte salutaire, l'appela pour lui ordonner de veiller sur les vaches.

J'avais donc trouvé l'occasion d'entendre un ouvrier à mes gages développer l'opinion qu'il se faisait des droits que je pouvais élever sur la possession de mon propre domaine. Je ne vis plus Joshua Brigham ce jour-là; car il eut la permission de quitter la ferme à la chute du jour. Tout le monde était dans son lit à neuf heures; et si j'en juge par moi-même, tout le monde dormait. Avant de nous dire bonsoir, cependant, Miller nous dit un mot du meeting du lendemain, et de l'intention où il était de s'y rendre.

CHAPITRE XIII.

Le lendemain matin on déjeuna de bonne heure, et aussitôt après il fut facile de voir que la famille faisait ses préparatifs de départ. Ce n'était pas seulement Miller, mais sa femme et sa fille qui avaient l'intention de descendre au Petit Nest. Tom Miller se proposait d'ailleurs de nous offrir à mon oncle Ro et à moi une sorte de voiture à un cheval fort à la mode en Amérique, où elle est en quelque façon nationale et qu'on appelle *dearborn*, tandis qu'il conduirait sa femme, Kitty et un serviteur jusqu'au Petit Nest, dans une voiture à deux chevaux mieux appropriée à un tel fardeau. Toutes choses étant ainsi disposées, nous quittâmes tous la ferme de compagnie au moment où l'horloge placée à l'entrée du bâtiment principal frappait neuf heures. Je conduisais moi-même notre cheval; c'était du moins le mien en effet, car tous les instruments agricoles qui étaient à la ferme m'appartenaient.

Nous trottâmes pendant un certain temps derrière l'autre voiture, causant de tout ce qui nous passait par l'esprit. La distance que nous avions à parcourir était d'environ quatre milles, et le commencement du meeting, qui était la grande affaire de la journée, avait été fixé à onze heures. Nous n'avions pas par conséquent besoin de nous presser; j'aimai donc mieux laisser marcher notre bête à sa guise et avancer lentement que de me hâter pour arriver une heure ou deux avant le moment du rendez-vous. Miller et sa famille nous dépassèrent, et nous les perdîmes bientôt de vue; car ils désiraient passer le plus de temps possible au village.

La route naturellement nous était parfaitement connue à mon oncle et à moi; et ne l'eût-elle pas été, à vrai dire, que nous ne courions aucun danger de nous égarer, car nous n'avions qu'à suivre la direction générale de la large vallée au travers de laquelle elle est tracée. Et puis Miller n'avait pas manqué de nous répéter que nous devions passer devant deux églises, ou une église et une maison de meeting, dont les clochers étaient visibles pendant la plus grande partie du trajet et servaient de signaux indicateurs.

La route entre Nest House et le Petit Nest, le hameau, est rustique et aussi agréable qu'on peut l'espérer dans un pays où le paysage n'est animé ni par la vue des eaux ni par la perspective des montagnes. Nos paysages de New-York sont rarement vastes, ou plutôt ils ne le sont jamais, si on les compare aux vues magnifiques que l'on rencontre en Italie, en Suisse, en Espagne et dans les plus belles parties de l'Europe; mais nous en possédons beaucoup auxquelles il ne manque qu'un peu plus de perfection dans les ornements que l'art y a apportés pour être véritablement très-agréables.

Nous approchions alors de l'église de Saint-Andrew et du presbytère avec sa glèbe contiguë au cimetière. Il y avait eu de grandes améliorations faites autour de ce presbytère depuis que je ne l'avais vu. On y avait planté des arbrisseaux; on avait réparé les clôtures; le jardin était bien tenu et cultivé avec soin; les champs paraissaient fertiles, et tout indiquait qu'il y avait là de nouveaux maîtres et une nouvelle direction.

— Ah! voici la voiture de M. Warren à sa porte! s'écria mon oncle quand nous passâmes devant le presbytère. Est-ce qu'il a aussi l'intention d'aller au village dans une circonstance comme celle-ci?

— Il n'y a rien de plus probable, Monsieur, si Patt l'a dépeint sous ses véritables traits, répondis-je; elle m'a dit qu'il avait déployé beaucoup d'activité pour réprimer l'esprit de convoitise qui fait de si rapides progrès à la ville, et qu'il avait même prêché avec beaucoup de fermeté, quoiqu'en termes généraux, contre les principes funestes au nom desquels se soulèvent les populations. L'autre ministre, dit-on, recherche la popularité : il prêche et il prie en faveur des antirentiers (1).

Nous n'en dîmes pas davantage, et bientôt nous entrâmes dans un grand bois qui fait partie de la forêt vierge. Ce bois, qui avait plus de mille acres de superficie, s'étendait en descendant des hauteurs

(1) Peut-être devons-nous placer ici un mot à cause de nos plus jeunes lecteurs. Ce que dit Cooper peut parfaitement être vrai, quoiqu'au premier abord cela semble invraisemblable. Du moment où chacun interprète la Bible à sa façon, est-il étonnant que chacun le fasse selon son degré de science, d'intérêts mis en cause? Oui, sur les plus graves questions même, de simple morale, des divergences innombrables et capitales doivent se produire dans le protestantisme. Et pourquoi, au contraire, dans l'Église catholique, n'a-t-on jamais vu, ne voit-on rien de pareil? Pourquoi le plus humble vicaire de village pense-t-il sur le même point vraiment religieux absolument de la même manière que tous les vicaires, tous les curés, tous les évêques du monde entier? C'est que tous reconnaissent une autorité suprême, une autorité divine qui condamne toute erreur, tranche toute controverse. (Note des Éditeurs.)

sur des terrains accidentés et sans valeur, et avait été épargné par la cognée en vue des besoins futurs. Il m'appartenait cependant, et ce qui pourra paraître singulier, on tirait un des plus graves chefs d'accusation portés contre moi et mes ancêtres, de ce que nous avions *refusé de le donner à bail*. Le fait est que l'intérêt seul de la population nous avait engagés à n'y pas consentir.

Nous avions près d'un mille de forêt à traverser avant de rentrer dans la campagne, et un mille et demi de plus environ pour gagner le hameau. Nous avions à peu près atteint le milieu du bois, et nous nous trouvions dans un endroit d'où l'on ne pouvait apercevoir aucune maison. Notre vue devant et derrière était bornée à six ou huit perches par les jeunes arbres, lorsqu'un sifflement faible, perçant, et semblable à celui des voleurs, frappa notre oreille. Je dois avouer qu'à ce bruit j'éprouvai une impression fort désagréable, car je me rappelais la conversation de la soirée précédente. Je vis bien, en voyant le soubresaut soudain de mon oncle et le geste instinctif qu'il fit pour chercher un pistolet absent, qu'il se croyait lui-même sur le point de tomber dans les mains des Philistins.

Une demi-minute suffit pour nous apprendre la vérité. J'avais à peine arrêté le cheval, pour regarder autour de moi, qu'une bande d'hommes, tous armés et déguisés, sortit en file des massifs du bois, et se rangea sur la route de manière à l'intercepter. Nous avions en face de nous six « Indgiens » portant un rifle, une poire à poudre et une poire à plomb, et qui semblaient prêts à livrer bataille. Leur déguisement était extrêmement simple : il consistait en une sorte de blouse de calicot sans ceinture et de larges pantalons, qui les enveloppaient entièrement. La tête était couverte d'une espèce de masque aussi de calicot, auquel on avait pratiqué des ouvertures pour les yeux, le nez et la bouche, et qui complétait leur uniforme.

Nous fûmes arrêtés par un des hommes de la bande qui s'empara de la bride.

— Sago, sago! s'écria un homme qui paraissait être le chef, et que je désignerai ainsi. Il parlait de sa voix naturelle, quoiqu'en affectant la prononciation indienne. Comment vous aller? comment vous aller? D'où venir, eh? Où aller, eh? Que dire aussi : Pour la rente ou contre la rente?

— Nous être teux Almands, répliqua l'oncle Ro dans son jargon le plus forcené.

Et ce qu'il y avait de ridicule à voir deux hommes qui parlaient la même langue recourir au même moyen pour se tromper me frappa si vivement, qu'il s'en fallut peu que je n'éclatasse de rire au nez des drôles. Nous être teux Almands qui allons pour entendre cin homme qui tefoir parler sur les rentes et pour fendre tes montres. Fouloir vous ajoter cine montre, pons chentlomans?

Quoique les gaillards sussent sans aucun doute qui nous étions, ou du moins qui nous passions pour être, et eussent été probablement avertis de notre approche, ils prirent à l'amorce; il y eut de leur part un assentiment général, et ils se livrèrent à un gai pow-wow (danse indienne) qui nous fit connaître la joie avec laquelle ils accueillaient notre proposition. En une minute la bande nous entoura, augmentée encore par huit ou dix gredins qui sortirent des massifs voisins.

On abandonna à lui-même au milieu de la route le cheval, bien aise de se reposer, et l'on nous montra le tronc d'un arbre tombé près de là, en nous faisant signe d'y poser notre boutique portative. Une douzaine de montres passèrent en un instant entre les mains d'un égal nombre de ces faux sauvages, qui manifestèrent la plus vive admiration à l'aspect de ces bijoux resplendissants. Tandis que se passait cette scène, moitié jouée et moitié naïve, le chef me fit signe de m'asseoir à l'extrémité de l'arbre, et gardé par un ou deux de ses compagnons, il commença à me questionner de la manière suivante :

— Faites attention à dire la vérité... Celui-ci « Rayon de l'Éclair, » dit-il plaçant la main sur sa poitrine pour m'ôter sans doute toute envie de tromper un guerrier qui portait un titre si imposant. Pas bon de lui mentir... Savoir toute chose avant de la demander : la demander seulement pour tendre piège... Quoi faire ici, eh?

— Nous fenir pour voir les Indgiens et les chens tans ce village, que nous leur fendions nos montres.

— Cela tout bien sûr? Pouvoir crier : « A bas la rente? » eh?

— Cela être très-facile. « A bas la rente, » eh!

— Vraiment, Allemand! eh? Vous pas espion? vous pas envoyé ici par gouverneur, eh? Le propriétaire pas payer vous, eh?

— Que bourrais-je esbionner? Ici il n'y afre rien à esbionner que des hommes avec des figures de calicot. Qué poufez-fous craindre du gouverneur? Ché pense le gouverneur grand ami aux antirentiers.

— Non quand nous prenons ce moyen. Alors envoyer des gens à cheval et des gens à pied après nous. Je pense bon ami aussi quand lui ose.

— Que veut-il? cria un des hommes de la bande dans un aussi bon anglais que celui de tous les paysans anglais. S'il est notre ami, pourquoi a-t-il envoyé de l'artillerie et de la cavalerie à Hudson? et pourquoi a-t-il amené le Grand-Tonnerre devant ses cours informales?

Il n'y avait pas lieu de se tromper sur cet épanchement de ses sentiments, et Rayon de l'Éclair en pensa ainsi; car il murmura quelques mots à l'oreille d'un homme de la tribu, qui prit par le bras 'Indgien trop bien instruit de la langue anglaise, et il l'emmena grognant et exhalant sa mauvaise humeur, semblable au bruit sourd du tonnerre qui gronde à l'horizon quand l'orage a passé sur nos têtes. Quant à moi, je fis pendant ce temps quelques réflexions profitables sur la destinée inévitable de ceux qui essayent de servir à la fois Dieu et le diable. Dans cette question de l'antirentisme, un gouverneur n'a qu'un parti à prendre : défendre la loi et réprimer la violence.

— Que veut-il? grommela l'Indgien puriste aussi longtemps que je pus l'entendre. Aussitôt qu'il fut éloigné, Rayon de l'Éclair continua son interrogatoire, quoiqu'un peu vexé du ton peu dramatique de cette interruption.

— Sûrement pas espion, eh? Sûrement gouverneur pas envoyer lui, eh? Sûrement venir pour vendre montres, eh?

— Ché fenir comme ché dire à vous bour foir si montres beuvent être fendues, et non pour le gouverneur. Je n'afre chamais vu cet homme.

Comme tout cela était vrai au fond, ma conscience se sentait à l'aise pour tout ce qu'il pourrait y avoir d'équivoque dans mes paroles.

— Que pensent gens-là-bas des Indgiens, eh! que disent gens de l'antirentisme, eh?

— Les uns ils disent oui, et les autres nein. Chacun il pense comme il lui plait.

A ce moment un coup de sifflet partit de la route, ou plutôt partit du bois, et tous les Indgiens tressaillirent. Chacun remit loyalement la montre qu'il était en train d'examiner, et en moins d'une demi-minute nous nous trouvâmes seuls assis sur le tronc d'arbre. Ce mouvement fut si soudain, que nous hésitâmes un instant sur le meilleur parti qui nous restât à prendre. Mon oncle cependant replaça sa marchandise dans sa boîte, tandis que j'allai vers le cheval, qui était parvenu à se débarrasser de sa têtière, et paissait tranquillement le long de la route. Une ou deux minutes s'étaient à peine écoulées, quand le bruit du trot d'un cheval et des roues d'une voiture nous annonça l'approche d'un *dearborn*. Quand il se dégagea d'un rideau d'arbres, formé par un détour de la route, je m'aperçus qu'il contenait le révérend M. Warren et sa fille.

La route étant étroite, et notre équipage en occupant le milieu, il n'était pas possible aux nouveaux venus d'aller plus loin jusqu'à ce que nous eussions dégagé le chemin, et le ministre s'arrêta à l'endroit où nous nous tenions.

— Bonjour, *gentlemen*, nous dit cordialement M. Warren. Est-ce que vous jouez un morceau de Hændel pour les nymphes de ces bois? ou vous occupez-vous à réciter des églogues?

— Ni l'un ni l'autre, herr pastor, nous afts rencontré des pratiques, qui tiennent de nous quitter, répondit l'oncle Ro, qui certainement jouait son rôle avec un parfait *aplomb*, et en imitant son personnage avec la vraisemblance la plus bouffonne. *Guten tag, guten tag.* Herr pastor, est-ce qu'il va au village?

— Nous y allons. J'apprends qu'il doit y avoir là un meeting de ces hommes égarés appelés antirentiers, et que quelques-uns de mes paroissiens doivent s'y trouver. Je crois que dans une telle occasion il est de mon devoir de me rendre au milieu de mon troupeau particulier et de leur donner quelques bons avis à l'oreille. Voilà ce qui m'engage à être témoin d'une scène qu'autrement je fuirais de grand cœur.

C'est un pénible spectacle pour moi, continua M. Warren, que de voir des hommes qui, en obéissant à leur propre cupidité, se croient inspirés par l'amour de la liberté. Le mouvement antirentiste est véritablement une suggestion du père du mal, rien n'est plus évident.

Ces paroles rendaient notre position très-difficile. Nous approcher de M. Warren pour lui donner un avertissement, et à la suite de cet avis changer le sujet de la conversation, c'eût été nous trahir nous-mêmes, et nous exposer à un sérieux danger. Au moment où le ministre parlait ainsi, je vis la tête masquée de Rayon de l'Éclair sortir du milieu de quelques petits pins qui s'élevaient un peu en arrière de la voiture, dans une position d'où on ne perdait pas une syllabe de ce que nous disions. Je craignis de rien faire par moi-même, et je m'en fiai à l'expérience de mon oncle. Vit-il le chef prétendu, je l'ignore; mais il laissa la conversation suivre son cours, et prit le parti d'incliner vers la défense de l'antirentisme comme celui qui, sans produire aucun mal, pouvait assurer notre salut.

M. Warren parut à la fois étonné et offensé d'un langage auquel, en effet, il ne pouvait pas s'attendre. La grossièreté que mon oncle avait affectée dans ses manières réussit parfaitement auprès des Indiens; mais elle détruisit presque la bonne opinion que le ministre avait d'abord conçue de notre caractère, et bouleversa les idées qu'il s'était formées de notre bonne éducation et de nos honorables principes. Ce n'était cependant pas le moment des explications; car au moment précis où mon oncle finissait de parler, on entendit un sifflement aigu, et quarante ou cinquante Indiens, criant et sautant, sortirent de leur retraite, et couvrirent en un instant la route dans toutes les directions autour de nos voitures.

Marie Warren poussa un petit cri à cette scène inattendue, et je vis son bras serrer celui de son père par une sorte de mouvement involontaire, comme si elle eût voulu le protéger contre tous les dangers. Bientôt elle parut se rassurer; et à partir de ce moment, son caractère prit une énergie, un courage et une intrépidité que je n'aurais jamais attendus d'une personne dont l'aspect était si timide et les instincts si véritablement doux.

Nous nous vîmes bientôt tous M. Warren et Marie, mon oncle et moi, au milieu d'un groupe de cinquante Indiens à peu près qui occupaient le milieu de la route.

CHAPITRE XIV.

Tout cela fut exécuté avec une rapidité qui nous laissa à peine le temps de réfléchir. Il y eut cependant un moment où deux Indgiens assistèrent Marie Warren pour la faire descendre de la voiture, et où mon incognito courut un grand danger. Comme je m'aperçus que la jeune demoiselle était traitée avec une considération particulière, je parvins à me contenir; toutefois, je fis en silence un petit mouvement, et je me trouvai assez près d'elle pour lui adresser une parole ou deux d'encouragement. Mais Marie ne s'occupait que de son père, et ne craignait rien pour elle-même. Elle ne vit que lui, ne trembla que pour lui, n'espéra que pour lui.

— Qu'ai-je fait pour être ainsi arrêté sur la grande route par des hommes armés et déguisés contrairement à la loi? demanda le ministre aussitôt que le calme qui succéda à l'agitation lui permit de parler; c'est là une entreprise audacieuse et illégale dont vous pourrez avoir à vous repentir.

— Pas prêcher maintenant, répondit Rayon de l'Eclair; le prêche bon dans l'assemblée, pas bon sur la route.

— Une admonition et une remontrance peuvent toujours être utiles à des hommes qui ont médité et accompli le crime.

Il était évident que la calme sévérité du ministre, secondée sans aucun doute par l'opinion qu'on avait de l'élévation de ses sentiments, produisait une vive impression sur la troupe, car les deux hommes qui avaient jusque-là continué à tenir ses bras les lâchèrent, et un petit cercle se formait autour de lui.

— Si vous voulez élargir le cercle, mes amis, continua M. Warren, et me faire de la place, je vous parlerai ici même, et je vous ferai connaître les raisons pour lesquelles je trouve que votre conduite doit être...

— Non, non, pas prêcher ici, interrompit précipitamment Rayon de l'Eclair; aller au village, aller à l'assemblée. — Alors prêcher là. — Deux prêcheurs alors. — Amener voiture et le placer dedans. — En avant! en avant! le chemin libre.

M. Warren n'opposa aucune résistance, et se laissa placer dans la voiture de Miller, à côté de mon oncle. Ce fut alors seulement qu'il pensa à sa fille. M. Warren se leva, et, lui adressant un sourire d'encouragement, lui recommanda d'être calme, l'assura qu'il n'avait rien à craindre, et l'engagea à monter dans sa propre voiture et à retourner chez elle, lui promettant de la rejoindre aussitôt qu'il aurait accompli au village ce qu'il croyait être son devoir.

— Il n'y a personne pour conduire le cheval, mon enfant, que le jeune Allemand, votre nouvelle connaissance. Mais la distance est bien courte; et s'il veut bien me rendre ce service, il peut revenir au village avec la voiture aussitôt qu'il vous aura déposée en sûreté à votre propre porte.

Marie Warren était habituée à une grande déférence pour les opinions de son père. Elle en donna une preuve en me permettant de la reconduire dans la voiture.

La moitié d'eux environ précédait le véhicule qui portait leurs prisonniers, le reste suivait, sauf quatre qui marchaient de chaque côté pour prévenir toute évasion. Il n'y eut aucune dispute et peu de discours. Les ordres étaient plutôt donnés par signes que de vive voix.

— Miss Marie, miss Warren, lui dis-je avec timidité et hésitation; car je me défiais de l'impétuosité de mes propres sentiments, je ne suis pas ce que je parais être; la vérité est que je ne suis pas un musicien ambulant.

Le tressaillement et le regard plein d'alarme de ma compagne furent éloquents et naturels. Ses mains étaient encore appuyées sur les rênes, et elle tira celles-ci avec tant d'impétuosité qu'elle arrêta tout à coup le cheval : je vis qu'elle se disposait à sauter à terre, comme si elle eût pensé qu'il n'était plus convenable pour elle de rester auprès de moi.

— N'ayez aucune crainte, miss Warren! dis-je aussitôt, et, je le crois, avec assez d'émotion pour inspirer quelque confiance; vous ne penserez pas plus mal de moi en apprenant que je suis un de vos compatriotes au lieu d'être un étranger, et un gentleman au lieu d'un musicien de grande route. Je ferai tout ce que vous m'ordonnerez, et je vous défendrai au péril de ma vie.

— C'est un événement si étrange, si extraordinaire! Tout le pays paraît sens dessus dessous! Je vous en prie, Monsieur, si vous n'êtes pas celui que vous avez jusqu'ici prétendu être, qui êtes vous?

— Je suis un homme qui admire votre amour filial et votre courage, et qui vous honore pour ces deux vertus. Je suis le frère de votre amie Martha, je suis Hugh Littlepage.

Marie Warren lâcha les rênes, et la chère enfant, se tournant à moitié sur le coussin de la banquette, me regarda avec un muet étonnement.

J'enlevai ma casquette et ma perruque après cela, et je laissai tomber autour de ma figure mes boucles abondantes.

Marie poussa un léger cri de surprise en me regardant, et la pâleur mortelle de son visage fit place à une extrême rougeur. Ses lèvres s'ouvrirent pour laisser échapper un sourire, et je pensai qu'elle était un peu rassurée.

— M'avez-vous pardonné, miss Warren? demandai-je, et voulez-vous me reconnaître pour le frère de votre amie?

— Mais Martha, mais madame Littlepage sont-elles informées de votre véritable nom?

— Toutes deux. J'ai eu le bonheur de recevoir les embrassements de toutes deux, ma grand'mère et ma sœur; vous avez été emmenée hier hors de la chambre par la première, afin que je pusse rester seul avec l'autre.

— Je comprends tout maintenant. Oui, je trouvais en effet cela singulier, bien que la pensée ne me vînt pas qu'il pût y avoir jamais aucune inconvenance dans une démarche de madame Littlepage. Bien chère Martha! comme elle jouait bien son personnage, et comme elle a admirablement gardé votre secret!

— C'est indispensable. Vous voyez l'état du pays, et vous comprendrez qu'il serait imprudent à moi de me montrer sans déguisement, même sur mon propre domaine. J'ai un contrat en bonne forme qui m'autorise à visiter toutes les fermes qui nous environnent, pour y surveiller mes intérêts; mais je doute qu'il fût sûr d'en visiter une seule, maintenant que l'esprit de révolte et de convoitise fait de si nombreux ravages.

— Reprenez votre déguisement tout de suite, monsieur Littlepage, dit Marie avec vivacité, pas un instant de retard, pas un instant!

Je lui obéis. Marie regarda cette opération, dont le spectacle l'intéressa et l'amusa à la fois; et je m'imaginai qu'elle fut aussi contrariée que moi-même lorsque cette roide et horrible perruque eut repris ses fonctions.

— Suis-je aussi bien arrangé qu'à notre première rencontre, miss Warren? Ai-je repris l'aspect d'un musicien ambulant?

Je ne vois aucune différence.

— Mon déguisement est donc parfait? J'avais espéré qu'en me cachant à mes ennemis, il me laisserait quelque chose qui aiderait mes amis à me reconnaître.

— Il permet, il permet. Maintenant que je sais qui vous êtes, je retrouve très-facilement dans vos traits une ressemblance parfaite avec votre portrait placé dans la galerie de famille au Nest.

Je sentis pourtant le besoin de consulter une dernière fois ma compagne sur ce qui nous restait à faire. Marie m'écouta avec une anxiété visible, et ses idées semblaient incertaines.

— Si une pensée ne m'arrêtait, répondit-elle après un moment de réflexion, j'insisterais pour suivre mon père.

— Et pour quelle raison changez-vous ainsi de dessein?

— Serait-il prudent à vous, monsieur Littlepage, de vous aventurer de nouveau au milieu de ces hommes déguisés?

— Ne vous occupez pas de moi, miss Warren. Vous voyez que j'ai déjà été parmi eux sans être découvert, et c'est bien mon intention de les rejoindre, quand bien même je devrais d'abord vous déposer chez vous. Décidez vous-même.

— Eh bien! je veux accompagner mon père. Ma présence peut le préserver de quelque indignité.

Sans perdre de temps je repris la route du village, laissant le cheval marcher de son pas tranquille, car je n'étais pas pressé le moins du monde de quitter ma belle compagne.

Je lui expliquai les raisons de mon retour récent et inattendu, la manière dont ce retour s'était effectué, et les motifs pour lesquels j'avais pris un déguisement. Je lui dis quelque chose de mes intentions pour l'avenir, et de la disposition où j'étais de résister jusqu'à la fin à toute entreprise que l'on oserait tenter contre mes droits, soit que je dusse repousser la violence de la populace, soit que je dusse combattre les projets pervers des hommes qui prenaient part au gouvernement.

Marie Warren montra un courage et une intelligence qui me surprirent: elle exprima la pensée que les classes persécutées de ce pays ne devaient compter que sur elles-mêmes pour reconquérir leurs droits en invoquant les principes mêmes à l'aide desquels on espérait les leur arracher.

— Mais, s'écria-t-elle au bout de quelques instants en interrompant son discours, voici la bande des Indgiens qui entre dans la ville avec ses prisonniers. Quel est votre compagnon, M. Littlepage? Est-ce un homme à vos gages, destiné à vous assiter?

— C'est mon oncle lui-même. Vous avez souvent entendu parler, j'imagine, de M. Roger Littlepage?

Marie se mit à rire. Après un moment de silence, se tournant vers moi :

— Et moi et mon père, nous avons pu vous prendre l'un pour un colporteur et l'autre pour un musicien ambulant !

Je profitai de l'occasion pour inviter la jeune fille à rester calme et à ne concevoir aucune crainte au sujet de son père. Je lui fis observer qu'il était peu probable qu'on se portât à aucune violence contre un ministre de l'Evangile, et lui montrai que, dans un village où était rassemblée maintenant une si grande foule, il était impossible qu'il ne rencontrât pas des amis chauds et dévoués. Je l'autorisai ensuite ou plutôt je l'engageai à apprendre à M. Warren nos véritables noms, et les raisons de notre travestissement. Je m'en fiais, du reste, à l'intérêt que la jeune fille prenait à notre salut, et je lui laissai le soin de recommander le secret à son père de son propre mouvement. Notre entretien se terminait comme nous entrions dans le hameau.

Marie Warren se hâta de chercher son père pendant que je prenais soin du cheval. Je l'attachai aux barreaux d'une clôture toute bordée, sur un long espace, de chevaux et de voitures que l'on avait rangés sur le côté de la route. Il y avait deux ou trois cents de ces voitures alignées devant les façades ou pressées dans les remises des deux auberges ; leurs propriétaires d'ailleurs ne s'embarrassaient guère si ces équipages arrêtaient les piétons, gênaient l'accès aux portes, détruisaient les barreaux des grilles, ou encombraient les jardins et les pâturages, ils ne se préoccupaient que de caser leurs chevaux et leurs véhicules de la manière la plus commode pour eux.

Je fus étonné de rencontrer au Petit-Nest, dans une semblable occasion, presque autant de femmes que d'hommes. Quant aux Indgiens, après avoir escorté M. Warren jusqu'au village, comme s'ils avaient voulu lui faire savoir qu'ils étaient là, ils le relâchèrent tranquillement et lui permirent d'aller où il voudrait. Marie n'eut pas de peine à le retrouver, et je la vis bientôt à son côté, qui paraissait s'entretenir avec Opportune et son frère Seneca ; aussitôt je descendis la grande route après avoir mis le cheval en sûreté. Les Indgiens eux-mêmes restèrent un peu éloignés. Mon oncle était au milieu d'eux, non à titre de prisonnier, car il était évident que personne ne soupçonnait son véritable nom, mais en qualité de colporteur. Les montres étaient de nouveau en évidence, et la moitié de la troupe semblait occupée à faire ses emplettes, bien que quelques-unes d'entre eux me parussent inquiets et en défiance.

Un étranger eût difficilement compris le caractère de ce meeting en observant les allures et les manières de ceux qui étaient venus y assister. Les hommes armés et déguisés se tenaient en corps, il est vrai, et se distinguaient un peu du peuple; mais beaucoup de gens qui faisaient partie de celui-ci s'arrêtaient pour parler aux personnages masqués, et semblaient être en de très-bons termes avec eux. Sans doute un philosophe, homme d'État de l'autre hémisphère, n'eût pas pu voir sans surprise le peuple tolérant ainsi des hommes qui foulaient ouvertement aux pieds une loi que le peuple lui-même avait faite.

Enfin la cloche sonna, et la foule commença à se porter vers la maison d'assemblée. Cette construction n'était plus celle qui avait été élevée dans le principe; c'était un édifice beaucoup plus prétentieux. On y avait fait beaucoup de concessions aux opinions du jour.

Nous y entrâmes tous, hommes, femmes et enfants; l'oncle Ro, M. Warren, Marie, Seneca, Opportune, tout le monde enfin, les Indiens exceptés. Pour quelque raison sans doute qui se rattachait à leur politique, ces sauvages restèrent dehors jusqu'à ce que tout l'auditoire se fût placé et eût fait silence. L'orateur se tenait sur une espèce d'estrade qui avait été élevée pour remplacer l'ancienne; c'était une chaire incommode et laide à voir. Il était assisté de chaque côté par deux ministres de je ne sais quelle confession; qu'il me suffise de dire que M. Warren n'en faisait pas partie. Lui et Marie avaient pris place tout près de la porte et sous la galerie. Je vis que le recteur était mal à son aise au moment où le prédicateur et ses deux acolytes montèrent en chaire et parurent sur l'estrade. Enfin il se leva, et, suivi de Marie, il quitta tout à coup le temple. En un instant j'étais à côté d'eux, car je craignais qu'une indisposition fût la cause de ce brusque départ. Heureusement à ce même instant toute l'assistance se leva comme un seul homme, et un des ministres commença sur le champ une prière.

CHAPITRE XV.

Comme je savais que Marie avait dû faire connaître à son père mon véritable nom, je n'hésitai pas, comme j'aurais dû le faire sous mon déguisement d'emprunt et sous mon nom supposé, à sortir à leur suite pour leur demander si je pouvais leur rendre quelque service. Je n'ai jamais vu de physionomie qui exprimât plus vivement le chagrin et l'embarras que celle de M. Warren quand je m'approchai de lui. Son émotion était si visible, que je craignis d'être importun en m'approchant de lui. Il se dirigea lentement, ayant Marie à son côté, vers une maison située de l'autre côté de la rue, et dont les habitants étaient probablement sortis. Là, il prit un siège, Marie en prit un autre à côté de lui; je m'avançai, et je me tins debout devant lui.

— Merci, monsieur Littlepage, dit le ministre avec un regard si affligé qu'il était presque égaré, car Marie m'a dit qui vous êtes; je vous remercie de cette attention, Monsieur; cela va passer, je sens que je vais mieux, et je vais être capable de me maîtriser.

Il n'en dit pas davantage sur le motif de sa douleur; mais Marie m'en a depuis expliqué la cause.

Il est certain que M. Warren, en agissant sous l'impulsion de sentiments véritablement chrétiens, perdit une grande partie de son influence et se fit beaucoup d'ennemis. Il se passa quelques minutes avant qu'il eût repris toute sa sérénité. Enfin, s'adressant à moi, il me parla avec sa douceur et sa bienveillance ordinaires, et me complimenta sur mon retour, tout en exprimant la crainte que mon oncle Ro et moi n'eussions été imprudents en nous jetant ainsi dans la gueule du lion.

— Votre déguisement sans doute est parfait, puisque vous avez pu tromper vos parents les plus proches; toutefois soyez prudent, même à l'amitié... Mais le mouvement qui se fait autour de la maison d'assemblée semble nous dire que la véritable affaire de la journée est sur le point de commencer, et nous ferons bien de rentrer dans le temple.

— Ces hommes déguisés nous surveillaient de la façon la plus désagréable et la plus inquiétante! dit Marie Warren.

Que nous fussions surveillés cependant, cela devint évident par la conduite de quelques-uns des Indigènes quand nous nous dirigeâmes vers l'édifice. Ils avaient quitté leur première position, et ceux qui étaient placés le plus près de nous se parlaient à l'oreille. On n'adressa cependant la parole ni à M. Warren ni à Marie, qui purent sans aucune avanie rentrer dans la maison d'assemblée ; mais deux drôles de cette gentilhommerie de mascarade se placèrent devant moi, abaissèrent leurs rifles en travers de mon chemin, et m'empêchèrent d'avancer.

— Qui vous? me demanda à brûle-pourpoint l'un d'eux ; où aller, d'où venir?

Ma réponse était prête, et je pense qu'elle fut faite avec assez de fermeté.

— Ché fenir t'Allemagne et ché aller tans le Koroh, comme on dire dans mon pays, ce qu'on appelle maison t'assemblée ici.

Quelle eût été la suite de ce dialogue, il n'est pas facile de le dire. Mais la voix élevée et déclamatrice du prédicateur se fit précisément entendre en ce moment ; il commençait son discours. C'était, à ce qu'il paraît, le signal pour la tribu de faire un certain mouvement, car les deux gaillards qui m'avaient arrêté se retirèrent en silence. Cependant les sacs de calicot s'approchèrent l'un de l'autre comme pour se communiquer leurs soupçons. Le chemin était libre devant moi, j'en profitai, et j'entrai ; je me frayai un passage au travers de la foule, et j'allai m'asseoir à côté de mon oncle.

Je n'ai ni le temps ni l'envie d'analyser ce morceau d'éloquence. L'orateur était abondant, ampoulé et rien moins que logique. Non-seulement il se contredisait lui-même, mais il était en contradiction avec les lois de la nature. Lorsqu'il eut épuisé les généralités de son sujet, et qu'il sentit la nécessité d'entrer plus directement en matière, il ouvrit le feu sur la famille de Littlepage du ton le plus déclamatoire. Qu'avaient-ils jamais fait en faveur du pays, demanda-t-il, pour être les seigneurs de la terre? Naturellement quelques services qui avaient un caractère public, et que les Littlepage pouvaient se vanter d'avoir rendus au pays, furent passés sous silence. Tout le monde sait que le peuple entend bien rarement la vérité.

Mais mon intérêt fut bien plus vivement éveillé lorsque l'orateur en vint à parler de moi-même. Il n'arrive pas souvent qu'un homme rencontre l'occasion qui alors se présentait à moi de voir faire sous ses yeux la peinture de son propre caractère, et d'entendre expliquer les motifs de ses actions les plus intimes. En premier lieu, l'auditoire apprit que le « jeune Littlepage » n'avait jamais rien fait pour cette terre, qu'avec orgueil et comme un noble considérable de l'Europe il appelait son « domaine. » Beaucoup d'entre vous, mes concitoyens, peuvent montrer leurs mains calleuses, et rappeler les soleils dévorants sous lesquels vous avez ouvert le sillon dans le sein de ces belles campagnes. Voilà vos titres à la propriété de ces fermes. Mais Hugh Littlepage a-t-il jamais travaillé un seul jour de sa vie? (Dix minutes avant il avait représenté les « journées de travail » comme une indignité que ne pouvait subir un homme libre.) Non, concitoyens, il n'a jamais eu cet honneur, il ne l'aura jamais, jusqu'à ce que, par une juste division de sa propriété, je me trompe, de ce qu'*il appelle* sa propriété, vous le réduisiez à la nécessité de labourer la terre pour recueillir les biens de la terre nécessaires à sa subsistance.

» Où est-il ce Hugh Littlepage au moment où je parle? A Paris, où il dissipe le fruit de vos durs travaux, pour se conformer aux meilleures traditions de l'aristocratie. Il vit au sein de l'abondance, ses vêtements sont somptueux, sa table est succulente, tandis que *vous* et les *vôtres* vous buvez la sueur de vos fronts. Une cuiller d'étain et une fourchette à deux branches ne seraient pas assez bonnes pour un pareil homme! Non, mes chers paysans! il faut qu'il ait une cuiller d'*or* pour quelques-uns de ses mets; et, sans doute vous aurez de la peine à vous l'imaginer, vous, fermiers républicains, simples, sans prétentions comme vous êtes, et pourtant cela n'en est pas moins vrai, il faut qu'il ait des fourchettes d'*argent!* Concitoyens, Hugh Littlepage ne voudrait pas mettre son couteau dans sa bouche, comme nous le faisons vous et moi en mangeant, comme des républicains simples et sans prétention doivent le faire dans le monde entier; cela l'étranglerait. Non; il prend des fourchettes d'*argent* pour toucher ses lèvres sacrées! » L'orateur en ce moment essayait de se faire applaudir; mais il échoua complètement. Les hommes de Ravensnest avaient été accoutumés pendant toute leur vie à voir les Littlepage dans la condition sociale qu'ils occupaient; et après tout, on ne trouvait pas plus extraordinaire que nous eussions des fourchettes d'argent qu'on ne trouvait singulier que les autres eussent des cuillers du même métal. Le prédicateur eut assez de finesse pour s'apercevoir qu'il avait fait fausse route, et il se retourna d'un autre côté.

Il dirigea ses attaques contre nos titres de propriété. « De qui émanent-ils? demanda l'orateur. Du roi d'Angleterre? Le peuple a conquis le pays sur ce souverain, et s'est assis à sa place. Et maintenant n'est-ce pas un principe incontestable en politique qu'aux vainqueurs appartiennent les dépouilles? Si Hugh Littlepage veut avoir un « domaine, » comme il s'exprime, qu'il s'adresse au peuple, qu'il le serve, et qu'il attende que le peuple lui en donne un.

» Chers concitoyens, dit-il en terminant, un grand mouvement se prépare. « En avant! » voilà le cri auquel il nous faut marcher. Déjà nos pensées s'élèvent sur les ailes de la lumière, et nos corps se meuvent avec une rapidité presque égale, emportés par la vapeur. Bientôt nos principes le devanceront les uns et les autres, et nous entrerons dans ce glorieux jour de réforme universelle, d'amour, de vertu et de charité, dans ce jour où le nom odieux de rente ne frappera plus nos oreilles, où chaque homme pourra s'asseoir sous son propre pommier, sous son cerisier, ou même sous son figuier.

» Je suis démocrate, oui, démocrate. Glorieux nom! j'en suis enivré! Il est mon orgueil, ma gloire, ma vertu. Que le peuple seul commande, et tout ira bien. S'il blesse l'Etat, il se blesse lui-même, car il est l'Etat. Or, y a-t-il un homme assez fou pour se blesser lui-même? L'égalité, voilà mon axiome. »

Mais je ne puis pas suivre ce fou prétentieux plus longtemps. Il y avait en lui en effet presque autant du fou que du fripon, bien qu'au total il semblât posséder une plus forte dose de cette dernière vertu. Son discours dura plus de deux heures, et lorsqu'il fut terminé, le président se leva — trois Américains ne sauraient se réunir pour discuter sur n'importe quoi sans avoir un président et un secrétaire, — et invita celui qui voudrait examiner l'affaire à un autre point de vue à prendre la parole. Je n'avais jamais éprouvé une tentation si vive de parler en public. Mon premier mouvement fut de jeter ma perruque, de monter à la tribune en mon propre nom, et de montrer qu'on n'avait dit que de misérables lieux communs. Bien que je n'eusse aucune habitude de parler en public, je pense même que j'aurais pu m'acquitter facilement de cette tâche; et je communiquais tout bas ma pensée à mon oncle, qui se préparait au moment même à faire cette besogne à ma place, lorsque ces mots : « Monsieur le président! » partis d'un autre point le devancèrent. En regardant autour de moi je reconnus tout de suite la figure de Hall, cet ouvrier intelligent que nous avions rencontré à Mooseridge quand nous venions au Nest. Je m'assis aussitôt, content de voir la cause en d'aussi bonnes mains.

Cet orateur commença avec une grande modération de langage et de gestes, et la conserva pendant toute la durée de son discours. Son élocution, son accent et ses pensées portaient naturellement l'empreinte de ses habitudes et de ses relations; mais son bon sens et ses principes honorables étaient évidemment des dons d'en haut. On retrouvait dans ce seul individu une plus fidèle image de son Créateur que dans cinquante hommes ordinaires. Ses idées étaient claires et ses démonstrations solides. Comme il était bien connu dans le voisinage et généralement estimé, il fut écouté avec la plus profonde attention, et parla comme un homme qui ne craignait ni le goudron ni les plumes. Si de semblables opinions avaient été exprimées par un homme élégamment vêtu et étranger, ou même par moi, qui avais un si grand intérêt dans la question, la plupart d'entre elles auraient été immédiatement signalées comme aristocratiques et comme intolérables.

Hall commença par rappeler qu'il était connu de tout son auditoire, et que chacun savait qu'il n'était pas propriétaire. Simple mécanicien, homme de labeur comme beaucoup d'entre eux, il n'avait aucun intérêt particulier qui fût différent de l'intérêt général. Cet exorde était un petit hommage rendu au préjugé, car la raison est la raison et le droit est le droit, de quelque part qu'ils viennent. « Moi aussi, je suis démocrate, dit-il ensuite; mais je ne comprends pas la démocratie comme elle a été dépeinte par le précédent orateur. Je le dirai franchement à ce gentleman : s'il est démocrate je ne le suis pas, et si je suis démocrate il ne l'est pas.

» Quant à tout ce bruit qui s'élève contre l'aristocratie, je ne le comprends pas. Hugh Littlepage a précisément autant de droits à faire ce qui lui plaît que moi-même à me conduire à ma guise. Le gentleman lui reproche de se servir de cuillers d'or et de fourchettes d'argent : eh bien! qu'importe? Je suis persuadé que le gentleman lui-même trouve commode un couteau d'acier et une fourchette de fer, et qu'il n'a aucune objection à présenter contre une cuiller d'argent ou au moins d'étain. Mais maintenant il y a des gens qui se servent de fourchettes de bois, ou qui ne se servent pas de fourchettes du tout, et qui s'estiment heureux de pouvoir acheter des cuillers de corne. Ces gens-là peuvent appeler le gentleman lui-même aristocrate. Si je n'aime pas à manger mon dîner avec un homme qui se sert d'une fourchette d'argent, il n'y a personne dans le pays qui puisse m'y contraindre; mais si, d'un autre côté, le jeune M. Littlepage n'aime pas un compagnon qui chique du tabac, comme je le fais moi-même, on doit le laisser libre de suivre son inclination.

» Et puis, la doctrine qui consiste à dire qu'un homme en vaut un autre peut être considérée à des points de vue différents. Un homme doit jouir des mêmes droits généraux qu'un autre homme, je suis prêt à l'accorder. Si mon fils n'a pas hérité de la propriété de Malbone Littlepage, en compensation le fils de Malbone Littlepage n'héritera pas de la mienne. Nous sommes sur le pied d'égalité à cet égard. Quant au payement des fermages que quelques personnes trouvent si rigoureux, que deviendraient-elles si elles n'avaient ni maison pour habiter ni fermes pour utiliser leurs bras? Il y a des gens qui veulent acheter des maisons et des fermes, personne ne peut les en empêcher pourvu qu'ils aient de l'argent, et s'ils n'en ont pas, peut-on s'attendre à ce que d'autres leur en fournissent en se dépouillant de leur propre bien?... »

Ici l'orateur fut interrompu par une clameur soudaine, et les Indgiens se précipitèrent en foule dans l'intérieur de l'église, afin de repousser tout l'auditoire devant eux. Hommes, femmes et enfants sautèrent par les fenêtres, qui n'étaient qu'à une petite distance du sol tandis que d'autres s'échappèrent par les portes latérales, car les Indgiens ne s'étaient introduits que par l'entrée principale. En moins de temps qu'il n'en faut pour le dire, l'assemblée avait été presque tout entière dispersée.

CHAPITRE XVI.

En une ou deux minutes le tumulte s'apaisa, et une scène singulière s'offrit à nos yeux. Il y avait encore dans le temple quatre groupes séparés, placés derrière les Indgiens, qui occupaient la nef principale.

« Continuez votre discours, » dit froidement le président à un de ces antirentiers à paradoxe qui n'avait rien de commun avec les Indgiens, quoiqu'il les connût presque tous, et comme je l'ai appris depuis, les soulfat de sa bourse. A ce moment Seneca Newcome montra son nez à une des portes latérales, en se tenant aussi loin que possible des « hommes déguisés et armés, » mais curieux de savoir ce qui allait se passer.

Quand à Hall, il se conduisait avec un admirable sang-froid. Il savait sans doute que ses premiers auditeurs s'étaient rassemblés sous les fenêtres, et qu'il n'aurait qu'à élever la voix pour en être facilement entendu. A tout événement, il parla plus haut, et continua comme si rien ne l'avait interrompu.

« J'étais sur le point de dire un mot, Monsieur le président, sur les deux dispositions de notre nature qui m'ont semblé, à moi du moins, se cacher principalement au fond des arguments du prédicateur. Ce sont ces deux dispositions qu'il a paru à Dieu lui-même si important de réprimer, qu'il en a fait l'objet de deux commandements exprès. Il nous a commandé de ne pas voler, et il nous a commandé de ne pas convoiter le bien d'autrui ; preuve suffisante que le droit de propriété est sanctionné par l'autorité divine, et qu'il est investi d'un privilège sacré. Il s'ensuit que le peuple, dans le sens ordinaire de ce mot, n'est pas omnipotent, comme quelques-uns le supposent ; il y a quelque chose de plus puissant que le peuple, après tout : ce sont les principes ; et si nous nous emportons jusqu'à déchirer nous-mêmes... »

Il fut impossible d'en entendre un mot de plus. Cette idée que le peuple n'est pas omnipotent n'était pas de nature à trouver faveur dans cette partie de la population qui croit former exclusivement le peuple. Les paroles de M. Hall sonnèrent aux oreilles de ses auditeurs comme un véritable blasphème. Ceux qui s'étaient placés sous les fenêtres donnèrent des signes de mécontentement, tandis que la bande qui remplissait la nef se mit à hurler et à vociférer avec une exagération qui tenait de la caricature. Il semblait que toute délibération devait être terminée ce jour-là.

Hall ne parut ni surpris ni embarrassé. Il essuya tranquillement son front et se rassit, laissant danser au milieu de l'église les Indgiens, qui agitaient leurs rifles et leurs couteaux de manière à intimider un homme moins ferme. M. Warren entraîna Marie au dehors, bien qu'il se fît un mouvement qui semblait destiné à l'arrêter. Mon oncle et moi nous les suivîmes, car les cris et le tapage étaient véritablement insupportables. Le président, le secrétaire et les deux ministres de l'Évangile gardèrent leurs sièges sur l'estrade sans montrer la moindre émotion et sans recevoir la moindre insulte.

Mon oncle me rappela, et je pense qu'il était disposé à porter secours à Hall, qui, énergiquement protégé par les deux ou trois amis qui ne l'avaient pas quitté de toute la journée, se dirigeait de notre côté, entouré d'une troupe d'Indgiens hurlant et menaçant. Toute cette horde ne ressemblait pas mal à une meute de chiens de village se jetant sur un chien étranger qui s'est aventuré au milieu d'eux.

Les blasphèmes et les invectives remplissaient l'air; on faisait retentir aux oreilles du pauvre Hall une imputation que, sans doute, il entendait pour la première fois; on l'accusait d'être un aristocrate et un agent payé des aristocrates. Le vigoureux et loyal forgeron paraissait d'ailleurs tout à fait indifférent à ces injures; il savait bien qu'on ne pouvait lui rien reprocher, ni une action, ni une pensée, qui justifiât une semblable accusation.

— Qui a donné à Hugh Littlepage sa terre? demanda un des hommes de la bande sans déguiser sa voix, suffisamment modifiée d'ailleurs par le capuchon qui couvrait sa tête.

— Vous savez bien vous-même qu'il la tient du roi.

— Il n'en a jamais labouré un acre! hurla un autre, si c'était un bon ouvrier, un honnête homme comme vous, Tim Hall, nous ne nous plaindrions pas; mais vous savez bien qu'il n'en est pas ainsi, c'est un prodigue et un aristocrate.

— Je sais que les mains calleuses ne font pas l'honnête homme, pas plus que les mains douces ne font le coquin, répondit Tim Hall avec fermeté. Quant aux Littlepage, ce sont des gentlemen dans toute l'étendue du mot, et qui l'ont toujours été; leur parole encore aujourd'hui vaut un contrat, tandis que la signature de beaucoup de ceux qui crient contre eux n'aurait aucune valeur.

Je fus reconnaissant et véritablement touché de ce bon témoignage, dont, je crois, nous étions dignes, rendu à notre caractère par un des hommes les plus intelligents de sa classe dans notre pays. L'envie, la convoitise et la méchanceté peuvent calomnier à leur aise; mais l'homme honnête reconnaît l'homme honnête.

— Je crains qu'ils ne soient capables de faire quelque outrage à ce noble garçon, murmurai-je à l'oreille de mon oncle.

— Si ce n'était la mortification d'avouer notre déguisement, je ne découvrirais immédiatement, et je tâcherais de le dégager, me répondit-il ; mais cela ne se peut pas maintenant. Un peu de patience, et observons ce qui va suivre.

— Du goudron et des plumes ! s'écria une voix du milieu des Indgiens. Goudronnons-le et emplumons-le !

— Il faut le tondre et le renvoyer chez lui, répondirent d'autres voix.

— Tim Hall est passé à l'ennemi, ajouta l'Indgien qui lui avait demandé de qui je tenais mes terres.

Il me sembla que je reconnaissais cette voix ; et lorsque j'en eus entendu encore deux ou trois fois le son, je fus frappé de l'idée que c'était celle de Seneca Newcome. Que Seneca fût antirentier, ce n'était un secret pour personne ; mais que lui, avocat, eût l'imprudence de commettre le crime de félonie, c'était ce dont il était permis de douter. Exciter les autres à se rendre coupables d'un tel méfait, était autre chose ; mais s'en rendre coupable lui-même paraissait plus invraisemblable. Résolu à surveiller le personnage dont je me défiais, je cherchai quelque moyen de le reconnaître : une pièce ou plutôt une pointe dans le calicot venait à mon aide, car en regardant les autres hommes de la bande, je vis que cette pointe avait été ajoutée accidentellement, et qu'elle avait été cousue à ce seul costume, probablement pour suppléer à l'insuffisance de l'étoffe.

Pendant une minute ou deux, le tumulte continua. Les Indgiens semblaient irrésolus ; ils paraissaient en même temps craindre de mettre à exécution leurs menaces contre Hall et ne pas vouloir lui rendre la liberté. Au moment même où nous nous attendions à quelque chose de sérieux, l'orage s'apaisa, et un calme inespéré lui succéda. Comment cela arriva-t-il ? je ne l'ai jamais su. Probablement un ordre fut transmis aux Indgiens par quelque signal qui n'était connu que d'eux seuls ; mais le résultat en fut prompt. La foule s'ouvrit autour de Hall, et le courageux ouvrier en sortit sans encombre en s'essuyant le front. Il paraissait échauffé par la colère ; il ne s'éloigna pas cependant, et resta, au contraire, près de la bande, toujours assisté de ses deux ou trois amis.

Mon oncle Ro, réflexion faite, pensa qu'il était plus sage de ne pas montrer trop d'empressement à quitter le village, et quand j'appris que M. Warren partageait son avis et s'était pour le moment retiré dans la maison de l'un de ses paroissiens, je me rangeai à la même opinion. Aussi, pendant que le colporteur faisait une nouvelle exhibition de ses montres, je rentrai au milieu de la foule, mêlée d'Indgiens et d'autres habitants, pour voir le plus possible et pour recueillir les bruits qui se répandaient. Le cours de mes explorations me conduisait par hasard près du masque dans le déguisement duquel j'avais remarqué la pièce dont j'ai parlé : je le touchai au coude, et l'invitai à venir un peu à l'écart avec moi dans un lieu où notre conversation ne pourrait pas être entendue.

— Comment vous pouvoir être un Indgien, qui êtes ein chentleman? lui demandai-je de l'air le plus naïf que je pus prendr.

Le tressaillement qui accueillit ma question me convainquit que j'avais touché juste, et j'eus à peine besoin de confirmer mon soupçon. S'il m'était resté cependant quelque doute, il eût été bientôt dissipé.

— Pourquoi demander cela à un Indgien? me répondit l'homme à la pièce de calicot.

— Pien. Cela poufoir être pon, et cela poufoir être pas pon, squire Newcome; mais cela poufoir pas être pon pour quelqu'un qui connaître vous comme ché connais vous. Aussi dites-moi gomment poufez-vous être un Indgien?

— Ecoutez, dit Seneca de sa voix naturelle, et évidemment très-troublé de ma découverte; vous ne devez à aucun prix faire connaître qui je suis. Cette affaire de déguisement est une affaire délicate, et la loi pourrait... c'est-à-dire... vous ne gagneriez rien à révéler ce que vous savez; mais, comme vous dites, je suis gentleman et homme de loi, et il serait désagréable pour moi d'avoir été surpris habillé de cette façon et jouant l'Indgien.

— Ya, ya, ché gombrands. Chentleman pas devoir faire choses semblables, et pas aimer être raillé. Voilà tout.

— Oui, voilà tout, comme vous dites; ainsi prenez garde à ce que vous direz à cet égard. Eh bien! puisque vous m'avez découvert, c'est à moi de régaler. Que prendrez-vous?

Cette offre certainement n'était pas fort élégante pour un gentleman et un homme de loi; mais comme elle appartenait à l'école dont faisait partie M. Newcome, je craignis qu'il ne fût imprudent de laisser deviner que j'appartenais à une école différente. J'affectai donc de paraître satisfait, je lui répondis que je prendrais ce qu'il voudrait, et il me conduisit dans une boutique où l'on vendait toutes sortes de marchandises, qui était tenue par son frère, et dans l'exploitation de laquelle j'appris plus tard qu'il avait un intérêt. Là, il m'offrit généreusement un verre de wiskey; et je m'arrangeai pour le répandre sous la table, afin de n'être pas étranglé. Cette petite supercherie fut adroitement exécutée, et j'évitai ainsi les soupçons qu'eût pu éveiller un refus de boire de la part d'un Allemand.

Je remarquai que bien peu de gens buvaient même parmi les Indgiens, bien que ceux-ci commençassent à circuler librement au milieu de la foule et dans les boutiques. Seneca me quitta aussitôt qu'il pensa s'être assuré ma discrétion par son verre de wiskey, et je m'arrêtai en regardant autour de moi pour voir comment se comportaient les Indgiens. Un gaillard attira particulièrement mon attention, dont la conduite peut être considérée comme le spécimen de celle de beaucoup de ses camarades.

Je remarquai bientôt qu'Orson Newcome, le frère de Seneca et son associé, paraissait désirer d'avoir aussi peu de rapports que possible avec aucun des Indgiens. Aussitôt que l'un d'eux entrait dans sa boutique, il avait l'air d'être mal à son aise. Si, au contraire, un Indgien en sortait, ses traits prenaient l'expression du contentement. Je pensai d'abord qu'Orson agissait ainsi sous l'impression de ses propres sentiments, et ne prenait aucun soin de cacher le dégoût que lui inspiraient des tentatives aussi audacieuses et aussi illégales. Mais je découvris bientôt mon erreur et la véritable cause de la répugnance que soulevait en lui la présence d'un Indgien.

— Indgien a besoin de calicot pour chemise, dit un de ces dignes fripons d'une manière très-significative à Orson, qui d'abord feignit de ne pas l'entendre.

La demande fut réitérée cependant d'un ton plus significatif encore, et alors l'étoffe fut placée sur le comptoir avec une mauvaise volonté visible.

— Bon, dit l'Indgien après avoir examiné la qualité; coupe pour l'Indgien vingt yards (vingt mètres environ); bonne mesure, entendre bien!

Le calicot fut coupé avec une sorte d'obéissance désespérée, les vingt yards furent pliés, enveloppés et remis à la pratique, qui plaça froidement le paquet sous son bras, et dit en se retournant pour quitter la boutique :

« Au compte de... à bas la rente. »

La mauvaise humeur d'Orson n'était plus pour moi un mystère

Je ne restai pas longtemps dans la boutique, et je me mis bientôt à la recherche de M. Warren et de Marie pour savoir si je pouvais leur rendre quelque service. Le père me remercia, et m'apprit qu'il était sur le point de quitter le village. Déjà beaucoup de personnes, me dit-il, commençaient à s'en aller, et parmi elles, Hall, une de ses vieilles et de ses plus estimables connaissances, et qu'il avait invité à dîner au presbytère. Il nous invita à imiter leur exemple, ajoutant qu'il y avait parmi les Indgiens des étrangers qui pourraient s'attarder à boire.

Aussitôt je me mis à la poursuite de mon oncle, qui avait vendu la plupart de ses bijoux et toutes ses montres, hors une, car la modicité de ses prix lui faisait de nombreuses pratiques; il ne gagnait jamais, et même il perdait quelquefois, de sorte qu'il quitta la place avec la réputation du *plus raisonnable* colporteur en bijouterie qui eût jamais paru dans le pays.

La route commençait à être occupée par une longue suite de voitures qui reconduisaient chez elles les personnes qu'elles avaient amenées pour entendre le discours du prédicateur. Comme c'était la première occasion que j'eusse rencontrée depuis mon retour de voir un tel spectacle, j'examinais avec attention les différents groupes qui passaient, afin de les comparer à ce que je connaissais. Il y a même dans les grandes villes d'Amérique un certain air de rusticité qu'on ne retrouve pas dans les capitales de l'ancien monde; mais la campagne américaine est moins grossière qu'en aucun pays du monde que je connaisse, l'Angleterre seule exceptée. Quant aux femmes, cette vérité était frappante. On aurait aperçu à peine chez une cet air de rudesse, d'ignorance et de brutalité qui révèlent une condition dégradée et une vie de labeurs pénibles. Tous ces paysans paraissaient être à leur aise. Une courte conversation qui s'engagea entre mon oncle et deux robustes cultivateurs, qui, pendant quelque temps, conduisirent leurs chevaux au pas à notre côté, rendra mieux que tout autre discours l'impression produite sur moi par les scènes qui m'entouraient.

— Vous êtes Allemands, je crois? dit en commençant le plus âgé, un homme à cheveux gris, qui était un de mes tenanciers, du nom de Holmes, et que nous connaissions bien tous deux; Allemands des vieux pays, j'entends?

— Ya. Nous être des fleux pays. Il y a plen loin d'ici.

— Oui, je le crois bien. J'ai entendu parler souvent de ces pays. Est-ce qu'on y connaît aussi le système des propriétaires fonciers?

— Ya, il y afre là des brobriétaires fonciers gomme tans le monde entier, ché suppose, et les tenanciers aussi.

— Ah! et quels sont leurs projets à cet égard? Les pauvres gens pensent-ils à s'en débarrasser?

— Nein. Gomment bourraient-ils s'en déparrasser? C'être la loi, vous poufez voir, et ce qui être la loi devoir être fait.

— Voyons, dit à son tour l'autre paysan au garçon, nommé Tubbs, tenancier sur mon domaine, et qui appartenait à la nouvelle école, c'est-à-dire au parti du mouvement, dont les adeptes font plus de lois qu'ils n'en respectent. Voyons, voilà Hugh Littlepage, il est du même sang et de la même chair que mon voisin Holmes ou moi-même, ni meilleur ni pire; oui, je consens à accorder qu'il n'est pas pire, bien que sous certains rapports nous pourrions, je crois, prétendre à l'emporter sur lui, mais j'accorde qu'il n'est pas pire. Chacun de nous paye la rente à ce Littlepage pour une ferme de cent acres. Cette terre, nous la labourons, nous la moissonnons, nous la travaillons de nos propres mains, des mains de nos fils, et peut-être encore d'ouvriers payés; et encore il faut que nous servions chaque année une rente de cinquante dollars à ce jeune étourdi de Hugh Littlepage, et cet argent, il le reçoit et il le dissipe comme il lui plaît, dans une vie de débauche, car nous n'ignorons pas cela. Eh bien! cela est-il juste, je le demande? et n'est-ce pas là un état de choses peu convenable pour un pays républicain?

— Et vous pensez le cheune Littlepage il dissipe son argent tans une fie de dépauche à l'étranger?

— C'est évident; c'est ce qu'on dit dans tout le pays; et j'ai vu un homme qui en connaît un autre dont une connaissance a fait le voyage de Paris. Eh bien! il a dit aux gens de son voisinage qu'un jour qu'il se tenait à la porte du palais du roi, il a vu les deux Littlepage entrer pour payer le « tribut à César » comme cela s'appelle vous savez; et on m'a assuré que tous ceux qui vont voir un roi doivent s'agenouillere et lui baiser la main, quelques-uns prétendent même l'orteil. Savez-vous comment cela se passe dans les vieux pays?

— Cela n'être pas comme vous dites. J'afre vu des rois plus de temi-tinzaine, et pas avoir vu s'agenouiller et baiser leurs mains, excepté tans certaines circonstances. Ché ne pas pouvoir entendre toudjours ce qui est frai dans ce pays.

— Je n'en sais rien; je n'y suis pas allé pour le voir; je l'ai entendu dire. Mais pourquoi payerions-nous une rente au jeune Littlepage pour qu'il la dépense dans la dissipation?

— Pien; et supposez que fos foisins feuillent savoir ce que vous faites de fos tollars après que vous aurez fendu votre porc ou votre pœuf pour foir si vous les embloyez confenablement. Cela serait-il liperté?

— Pourquoi donc un autre se permettrait-il de se mêler de mes affaires? On ne parle que du gros poisson, et ce n'est que de lui que l'on s'occupe dans de semblables sujets.

— Alors, les chens ils font Hugh Littlepage un cros poisson par enfie et confoitise: n'est-ce bas cela?

— Ecoutez-moi; vous penchez vers les principes monarchiques et les idées dans lesquelles vous avez été élevé; suivez mon conseil, et abandonnez ces opinions-là aussitôt que vous pourrez, car elles ne seront jamais populaires dans ce pays-ci.

— *Populaire!* Combien le sens de ce mot s'est étendu avec le temps! Pour les deux tiers de la population déjà il est synonyme de « justice ». *Vox populi, vox Dei.*

Aussitôt que Tubbs nous eut donné ce prudent avis, il appliqua un coup de fouet sur les reins de son cheval, qui prit le trot et nous laissa derrière suivre l'allure la plus rapide que nous pûmes obtenir de la bête de Tom Miller.

CHAPITRE XVII.

Mon oncle garda le silence quand les deux tenanciers nous eurent quittés; mais je voyais bien à sa physionomie qu'il sentait l'absurdité du discours qu'il venait d'entendre. Nous étions à un mille de la forêt lorsque nous vîmes huit Indgiens se dirigeant au galop vers un chariot qui marchait derrière nous, et qui contenait un autre de mes tenanciers avec son fils aîné, garçon de seize ans; son père l'avait conduit au meeting comme à une école, et c'était un genre de sollicite la paternelle dont le mérite était fort contestable. J'ai dit qu'il y avait huit Indgiens, mais il n'y avait que quatre chevaux, et chaque animal portait deux cavaliers. Les chefs de ce groupe n'eurent pas plus tôt atteint la voiture dont j'ai parlé, qu'elle fut arrêtée, et que son propriétaire reçut l'ordre de descendre à terre. Le gaillard était antirentier prononcé, mais il obéit de fort mauvaise grâce à cette injonction, et sans doute il n'eût pas obéi du tout s'il n'y avait pas été aidé par la douce violence qu'exerça à son égard ce petit détachement de son *corps d'armée*. L'enfant fut bientôt déposé sur la grand'route; mais deux des hommes déguisés et armés montèrent dans les places vacantes, prirent le galop, et nous dépassèrent en un instant, en faisant un signe d'adieu au propriétaire du véhicule, qu'ils consolaient de sa mésaventure en lui criant : « Indgien en avoir besoin! Indgien bon garçon, vous savez. »

Le pauvre homme mis si brutalement à pied le *savait-il* ou l'ignorait-il, je ne puis le dire. Nous poursuivîmes notre chemin en riant; mais notre amusement ne se termina pas là. Avant d'atteindre le bois, nous trouvâmes Holmes et Tubbs également sur la grand'route. Les deux autres preux montés *en croupe* les avaient aussi débarrassés de leur équipage en leur disant : « Portez cela sur le compte des Indgiens. » Nous apprîmes dans la suite que cette pratique était très-répandue. Le propriétaire apprenait peu de jours après que son cheval et sa voiture avaient été laissés secrètement devant quelque taverne à une petite distance de sa résidence, et il allait les chercher. Quant au vieux Holmes, il se livrait aux transports d'une honnête indignation lorsque nous arrivâmes près de lui, tandis que Tubbs paraissait soucieux et mécontent, comme s'il avait pensé que des amis méritaient un traitement plus doux.

— Qu'est-ce qu'il y a? s'écria l'oncle Ro, qui pendant tout ce temps ne pouvait qu'à grand'peine s'empêcher de rire; qu'y a-t-il maintenant?

— Où peut être fotre pelle waggon et fotre figoureux jeval?

— C'est trop fort; oui, c'est vraiment trop fort, dit Holmes en grognant. Est-ce bien moi qui suis ici, à plus de soixante-dix ans, la durée de la vie d'un homme. — Ne m'ont-ils pas laissé là, sur la grand'route, comme un sac de pommes de terre, à quatre milles de ma maison! C'est trop fort!

— Oh ! cela n'... une picatille ; que serait-ce donc si on sous avait chaté hors de fotre ferme ?

— Je le sais ! je le sais ! je comprends ! Tout cela c'est pour la bonne cause, pour renverser l'aristocratie, et rendre les hommes réellement égaux, comme la loi veut qu'ils le soient. Mais voilà qui est véritablement beaucoup trop fort.

— Et fous, fous si fieux !

— Soixante-seize ans comme un jour ; je ne puis plus avoir longtemps à vivre, et mes jambes s'affaiblissent. Oui, la Bible dit que la vie de l'homme est limitée à soixante-dix ans, et je ne contredirai jamais la Bible.

— Et que tit la Piple de fouloir prendre le pien de fotre voisin ?

— Elle s'élève avec indignation contre une semblable conduite ! Oui, il y a beaucoup de choses semblables dans ce bon livre. Je le sais bien ; car je l'ai souvent entendu dire, et je l'ai lu moi-même depuis soixante-dix ans. Elle a pour une telle conduite des malédictions terribles. Je le dirai aux Indgiens la première fois qu'ils voudront me prendre ma voiture. Il y a une Bible contre de tels excès.

Holmes forçà le pas en jetant sur notre voiture des regards attentifs, comme s'il se fût efforcé de se maintenir à côté de nous. Craignant que nous ne prissions le trot et que nous le laissassions en route, le vieux bonhomme continua la conversation.

— Nous revenons maintenant du Petit-Nest, où nous sommes allés pour assister à un meeting antirentiste ; mais je n'ai aucune haine contre Hugh Littlepage, non pas plus que s'il n'était pas mon propriétaire ! Tout ce que je lui demande, c'est ma ferme à des conditions qui me permettent d'y vivre moi et mes garçons après moi. Il serait bien cruel et bien oppressif de la part des Littlepage de nous refuser ce coin de terre que nous avons fécondé de notre travail depuis trois générations.

— Mais vous afre eu aussi la ferme pendant trois générations.

— Ah ! le travail fait la compensation de la terre, reprit Tubbs à son tour. Si mon voisin Holmes, que voilà, a eu la ferme pendant quarante-cinq ans, de même la ferme a profité de son travail pendant quarante-cinq ans. Vous pouvez compter que le gouvernement et la législature comprennent tout cela.

— S'ils le combrennent, répondit l'oncle Ro en mettant son cheval au trot d'un coup de fouet, ils sont tonc à la hauteur de leurs émirentes positions. C'est un précieux avantage pour un pays d'avoir les grands gouverneurs et les grands législateurs.

Là-dessus nous continuâmes notre route, laissant les voisins Holmes, Shabbakuk, Tubbs, le gouverneur et la législature pêle-mêle sur la grand'route avec leur commune morale, leur sagesse, leur logique et leur philosophie. Mon oncle Ro secoua la tête, et ne put s'empêcher de rire beaucoup en pensant à l'absurdité de tout ce qui venait de se passer.

Nous perdîmes bientôt de vue Holmes et Tubbs, et nous entrâmes dans le bois. J'avoue que je m'attendais à chaque instant à rencontrer Hall dans les mains des Indgiens ; car tous les mouvements de cette bande sauvage me paraissaient dirigés contre lui. Nous ne vîmes rien de tel cependant, et nous avions presque atteint la limite septentrionale de ce canton de forêts, lorsque nous retrouvâmes les deux voitures qui avaient été si cavalièrement enlevées à leurs propriétaires, et les deux chevaux de selle qui les accompagnaient. Tout cela était rangé sur le côté de la route, et confié à la garde d'un seul Indgien, de manière à nous faire croire que nous approchions d'un lieu intéressant.

Mon oncle et moi, en nous dirigeant sur ce point, ne doutions pas que nous ne dussions être arrêtés de nouveau. Non-seulement toutefois on nous laissa le chemin libre, mais on nous permit de passer sans nous adresser même une question. Tous les chevaux étaient couverts d'écume, ce qui indiquait assez qu'ils avaient été menés bon train, et cependant rien n'indiquait aucun désordre, si ce n'est la sentinelle isolée. Nous n'eûmes pas à nous plaindre d'un geste ou d'un mot de la part de ce drôle, et nous continuâmes d'avancer en marchant l'amble favori et tranquille du cheval de Tom Miller, jusqu'à ce que nous nous fussions assez approchés des lisières du bois pour découvrir la campagne qui s'étendait devant nous. Là, nous pûmes observer certains mouvements, qui, je l'avoue, me donnèrent un peu d'inquiétude.

Au milieu des bouquets d'arbres qui bordaient la grand'route et dont j'ai déjà parlé, j'entrevis dans l'ombre quelques-uns des Indgiens qui évidemment étaient disposés pour une embuscade. Ils pouvaient bien être en tout une vingtaine, et il devenait clair que ceux qui s'étaient emparés des voitures voulaient se hâter de rejoindre cette petite troupe pour la renforcer. Cette observation me confirma dans l'idée que nous allions être arrêtés. Il n'en fut rien. Nous franchîmes l'embuscade sans être inquiétés, comme nous avions dépassé les voitures et les chevaux, bien que la bande ne pût ignorer que nous l'eussions aperçue. Nous poursuivîmes donc, et bientôt nous nous trouvâmes en rase campagne.

Nous ne fûmes pas longtemps cependant sans avoir l'explication de ce mystère. Des hauteurs qui bornaient l'horizon à l'ouest, un peu à notre gauche, descendait un chemin sur lequel nous découvrîmes un rassemblement, qui, d'un pas rapide, se dirigeait de notre côté. Au premier aspect, je pris ces hommes pour un détachement d'Indgiens; mais, après avoir regardé avec plus d'attention, je m'assurai qu'il était composé d'Indiens, ou de véritables Peaux-Rouges. La différence entre les deux est énorme, comme tout Américain le reconnaîtra sans peine. Mais beaucoup de mes lecteurs ne seront pas fâchés sans doute que je leur donne à cet égard une courte explication. Il y a « Indiens et Indgiens. »

L'Indgien est un blanc qui, en vue d'un but coupable et contraire aux lois, est obligé de voiler sa figure, et de prendre un déguisement pour accomplir ses mauvais desseins. L'Indien est un homme rouge qui n'éprouve ni crainte ni honte à se montrer sous sa véritable forme à ses ennemis aussi bien qu'à ses amis. Le premier est l'agent de démagogues malintentionnés, à la solde des mécontents et des envieux, qui se moque de la vérité et de la justice, en prétendant qu'il travaille à faire triompher l'esprit de nos institutions, lui qui déshonore ces institutions, et qui s'en défie; l'autre ne sert que ses propres intérêts, et ne craint rien. L'un se cache, et méconnaît les devoirs imposés aux peuples civilisés, tandis que l'autre, quoique sauvage, est au moins fidèle à ses propres traditions.

Nous avions sous les yeux, on ne pouvait en douter, un parti de seize ou dix-huit véritables aborigènes. Il n'est pas rare de rencontrer un Indien ou deux parcourant le pays en vendant des paniers en branches de genêts, dont les progrès du luxe rendaient d'ailleurs l'usage tous les jours plus rare; de voir, dis-je, un Indien ou deux en compagnie d'une ou deux squaws. Mais il est maintenant tout à fait extraordinaire de rencontrer dans le cœur de l'État un véritable guerrier armé du rifle et du tomahawk, tels qu'étaient ceux que nous voyions descendre si rapidement. Mon oncle Ro n'était pas moins étonné que moi, et il poussa jusqu'à l'embranchement des deux chemins pour attendre l'arrivée des étrangers.

— Ce sont de véritables Peaux-Rouges, Hugh, et d'une grande tribu, s'écria mon oncle, qui, s'approchant toujours, pouvait voir de mieux en mieux ceux qui nous préoccupaient. Guerriers de l'Ouest, sans aucun doute ; ils ont un homme blanc à leur suite. Que peut vouloir faire une semblable troupe à Ravensnest?

— Peut-être les antirentiers veulent-ils agrandir leurs projets, et marcher contre nous en ralliant à eux les véritables enfants de la forêt. Ils prétendent sans doute nous intimider.

— Qui pourraient-ils intimider, si ce n'est leurs propres femmes et leurs enfants?... Mais les voilà qui viennent, et nous pouvons leur parler.

Ils arrivaient en effet. C'étaient seize Peaux-Rouges de la plus belle apparence, comme nous en voyons quelquefois passer parmi nous réunis en corps, qui vont gagner leurs prairies éloignées ou qui en reviennent, car l'homme blanc a déjà chassé l'Indien, avec les ours, les élans et les rennes, au-delà des forêts de l'Amérique, et dans ses plaines sans bornes.

Lorsque les Indiens s'engagèrent dans la route où nous nous étions arrêtés, tout le rassemblement s'arrêta avec une courtoisie marquée, comme pour savoir si nous avions l'intention de leur parler. Le premier de la bande, qui en était également le plus vieux, car il avait au moins soixante ans, fit un signe de tête, et nous salua dans les termes accoutumés :

— Sago! sago
— Sago! dit mon oncle
— Sago! ajoutai-je à mon tour.
— Comment allez? continua l'Indien, qui, comme nous nous en aperçûmes alors, parlait anglais. Comment appelez ce pays?
— Vous êtes à Ravensnest. Le village du Petit-Nest est à environ un mille et demi, de l'autre côté de ce bois.

L'Indien se retourna alors, et de sa voix creuse et gutturale communiqua ce renseignement à ses compagnons. Il fut bien reçu, car il leur apprenait qu'ils étaient arrivés au terme de leur voyage. Une courte conférence s'ensuivit, remplie par quelques remarques brèves et sentencieuses, lorsque le vieux chef se retourna encore de notre côté. Je l'appelle chef, et cependant il était évident que la troupe tout entière était composée de chefs. On les reconnaissait à leurs médailles, à leur belle tournure, à leur démarche calme et pleine de dignité, pour ne pas dire de majesté. Vêtus d'un léger costume d'été, ils portaient le mocassin et les guêtres, etc., la chemise de calicot, ou une mince couverture qui enveloppait la partie supérieure de leur corps, à la manière dont on peut supposer que les Romains portaient leur toge. Tous étaient armés du rifle, du tomahawk brillant et nettoyé avec soin, et du couteau à gaine. Chacun était également muni de sa corne et de son sac à balles, et quelques-uns des plus jeunes s'étaient ornés, pour relever leur long trajet. Aucun d'eux cependant n'était peint.

— C'est ici Ravensnest, ch? parlant assez impérativement, mais, du reste, avec une politesse convenable.

— Comme je vous l'ai dit. Le village est situé de l'autre côté de ce bois. La maison qui lui a donné son nom est à un mille et demi d'ici, dans une direction contraire.

Ces paroles furent également traduites, et elles provoquèrent une satisfaction peu sensible, mais générale.

— Quelques Indgiens dans les environs, ch? demanda le chef en accompagnant sa question d'un regard rapide qui nous surprit.

— Oui, répondit mon oncle; il y a là des Indgiens. Il y a un parti sur la lisière du bois, là, à trente pas de vous, dans ce moment.

Ce fait fut communiqué avec une extrême volubilité aux auditeurs qui en écoutaient le récit d'un air avide, et il produisait une vive sensation sur le groupe. Toutefois cette émotion se manifesta, comme c'est la coutume parmi les aborigènes de cette partie du monde, avec calme, avec réserve, et avec une froideur qui touchait à l'indifférence. Cette nouvelle, cependant, éveilla parmi les hommes rouges un intérêt beaucoup plus vif que s'ils avaient appris la présence, de l'autre côté du bois, d'une ville comme Londres, et nous nous amusions à en faire la remarque. Les enfants, comme on sait, prennent la plus vive part à tout ce qui concerne les enfants : de même ces enfants de la forêt semblaient concevoir la joie la plus cordiale à la pensée de ces voisins inattendus, frères des mêmes mœurs et de la même race, car ils ne doutaient pas qu'il en fût ainsi. Après quelques vives paroles échangées entre eux, le vieux chef, dont le nom était Feu-de-la-Prairie, s'adressa encore une fois à nous.

— Quelle tribu, ch? Connaître la tribu?

— Ils s'appellent Indgiens antirentiers. C'est une nouvelle tribu dans ces contrées, et l'on n'en fait pas grand cas.

— Mauvais Indiens, eh ?

— Je le crains. Ils ne sont pas assez honnêtes pour se peindre. Ils portent des chemises sur leur figure.

Une nouvelle conférence longue et animée suivit ce dialogue. On doit supposer qu'une tribu portant le nom d'antirentiers était restée jusqu'alors inconnue aux sauvages de l'Amérique. La première notion qu'ils obtenaient sur son existence éveilla naturellement une vive curiosité, et nous fûmes bientôt invités par les Peaux-Rouges à leur indiquer le chemin qui leur permettrait de joindre cette tribu extraordinaire. C'était aller un peu plus loin que mon oncle ne l'avait prévu ; mais il n'était pas homme à battre en retraite lorsqu'il s'était une fois lancé dans une entreprise. Après un moment de réflexion, il leur fit un signe d'assentiment. Nous mîmes alors pied à terre, nous attachâmes le cheval de Tom Miller à un arbre de la route, et, devenus les guides de nos nouveaux frères, nous partîmes à la recherche de la grande tribu des antirentiers. Nous n'avions pas parcouru la moitié de la distance qui nous séparait du bois, que nous rencontrâmes Holmes et Tubbs, qui ayant obtenu une place dans une autre voiture, avaient ainsi atteint l'endroit où la leur était arrêtée, en avaient repris possession, et étaient maintenant sur la route de leur demeure, poursuivis par la crainte qu'un nouveau caprice de leurs alliés les rejetât à pied sur le grand chemin. Ce véhicule était, le nôtre excepté, le seul qui fût encore sorti du bois, les propriétaires d'une vingtaine d'autres ayant mieux aimé rester en arrière jusqu'à ce que le meeting entre les tribus fût terminé.

— Que signifie tout cela, je vous prie ? s'écria le vieil Holmes aussitôt que nous nous approchâmes de lui, tirant le cheval par la bride pour engager la conversation. Est-ce que le gouvernement envoie de vrais Indiens contre nous pour soutenir la cause des propriétaires ?

C'était, pour un antirentier, porter un jugement bien dur et bien peu charitable sur la conduite du gouverneur.

— Pien. Ché ne sais pas, répondit mon oncle. Ceux-ci frais hommes rouches, et ceux là-bas sont frais Indgiens, foilà tout. Ce que fiennent faire ces guerriers, dans ce moment-ci, fous boufez le leur demander si fous foulez le savoir.

— Il ne peut pas y avoir d'inconvenance à le leur demander. Je ne suis pas du tout intimidé par des Peaux-Rouges. J'en ai vu souvent, et mon père les a combattus dans son temps, comme il me l'a dit plus d'une fois. Sago! sago!

— Sago! répondit Feu-de-la-Prairie avec sa politesse accoutumée.

— D'où venez-vous, vous autres hommes rouges, et où pouvez-vous aller comme cela?

— Venir du couchant; été voir Grand-Père à Washington; aller chez nous. — Telle fut sa sentencieuse réplique.

— Mais comment avez-vous fait pour passer par Ravensnest?... Je crains que le gouverneur et ses bonnes pratiques d'Albany ne soient pour quelque chose là-dedans, Shabbakuk!

Je ne sais ce que pensait Shabbakuk en cette matière, car il ne jugea pas convenable de répondre. Son penchant bien connu à se mêler de tout était probablement contenu par la présence de ces véritables Peaux-Rouges.

— Je vous demande pourquoi vous avez pris par ce chemin? continua Holmes en répétant sa question. Si vous êtes allés à Washington, et si vous avez trouvé le Grand-Père chez lui, pourquoi ne vous en retournez-vous pas par la route par laquelle vous êtes venus?

— Venir ici pour trouver Indien,... N'y a-t-il pas Indien ici?

— Des Indiens? Nous en avons d'une certaine espèce, beaucoup plus qu'on en aurait besoin. De quelle couleur sont les Indiens que vous cherchez?... Sont-ils de la race des Pâles Visages, ou sont-ils rouges comme vous-même?

— Chercher homme rouge. Lui vieux maintenant comme cime d'un chêne desséché. Vent souffler dans ses branches, jusqu'à ce que feuilles tomber toutes.

— Par saint George! Hugh, murmura mon oncle, ces Peaux-Rouges sont à la recherche de Susquesus.

Et alors, oubliant tout à coup l'importance qu'il y avait pour lui à conserver son jargon anglais en présence des deux habitants de Ravensnest qui l'écoutaient, et surtout de Shabbakuk Tubbs, il se retourna un peu imprudemment pour un homme de son âge vers Feu-de-la-Prairie, et lui répondit avec vivacité :

— Je puis vous aider dans votre recherche. Vous voulez voir un guerrier des Onondagos qui a quitté sa tribu depuis cent étés, un homme rouge très-renommé pour son adresse à trouver son chemin dans la forêt, et qui ne voudrait jamais goûter à de l'eau de feu. Son nom est Susquesus.

Jusqu'à ce moment, le seul homme blanc qui accompagnât cette troupe singulière — je dis singulière au moins dans cette portion de l'Etat de New-York — était resté silencieux. C'était un interprète ordinaire, qui avait été envoyé avec les Indiens pour le cas où ils auraient besoin de ses services. Mais, un peu plus familier avec les formes de la vie civilisée que ceux qu'il était chargé de conduire, il avait prudemment retenu sa langue jusqu'à ce qu'il vît qu'il pouvait être de quelque utilité. Nous apprîmes dans la suite que l'agent subalterne qui avait accompagné les chefs à Washington avait profité du désir exprimé par eux de saluer en passant le Chêne-Flétri et encore debout, comme ils appelaient poétiquement Susquesus dans leurs divers dialectes, — il y avait en effet des aborigènes de plusieurs tribus, — pour rendre visite à ses amis dans le Massachusetts. Sa présence en effet n'était pas indispensable dans ce pèlerinage, qui n'avait pour motif qu'une sorte de piété confraternelle.

— Vous avez raison, observa l'interprète. Ces chefs ne viennent pas pour voir aucune tribu ; mais il y a parmi eux deux des anciens Onondagos, et leurs traditions parlent d'un chef appelé Susquesus, qui a survécu à tout, excepté à ce souvenir, qui a abandonné son peuple il y a bien longtemps, bien longtemps, et qui a laissé derrière lui un grand renom de vertu ; c'est là ce qu'un homme rouge n'oublie jamais.

— Et tous ces guerriers ont fait un détour de cinquante milles pour rendre cet hommage à Susquesus ?

— Tel a été leur désir, et j'ai demandé la permission au bureau de Washington afin qu'ils pussent le réaliser. Il en coûte à l'Oncle Sam (*Uncle Sam*, nom populaire du gouvernement américain, manière plaisante d'interpréter les initiales *U. S. United States*, Etats-Unis) cinquante ou cent schellings de plus qu'il n'en aurait coûté autrement ; mais une telle visite fera aux guerrriers de l'Ouest pour un million de dollars de bien. Il n'y a pas d'hommes qui honorent plus que les Peaux-Rouges la loyauté et la justice, bien que ce soit une justice à leur mode.

— Je suis sûr que l'Oncle Sam n'a fait que ce qui était équitable, et qu'il se conduira toujours ainsi envers ces gens-là. Susquesus est un de mes vieux amis, et je vais vous conduire vers lui.

— Eh! qui êtes-vous, vous? demanda Holmes, dont la curiosité était mise sur une nouvelle piste.

— Qui suis-je?... Vous allez savoir qui je suis, répondit l'oncle Ro en ôtant sa perruque par un geste rapide que je m'empressai d'imiter. Je suis Roger Littlepage, naguère encore fidéicommissaire de ce domaine, et celui que voilà est Hugh Littlepage, son propriétaire.

Le vieux Holmes ne manquait pas de courage à beaucoup d'égards, d'une bien meilleure étoffe au fond que le vil, sale et bavard démagogue assis à ses côtés. Mais à cette découverte, il resta muet d'étonnement. Il regarda mon oncle, puis il me regarda, après quoi il porta un regard de détresse et d'interrogation sur Shabbakuk.

Quant aux Indiens, malgré leur sang-froid ordinaire, un « ho! » unanime s'échappa de leurs poitrines lorsqu'ils virent deux hommes se scalper ainsi eux-mêmes pour ainsi dire.

L'oncle Ro était animé, et ses mouvements eurent quelque chose de tout à fait théâtral quand il enleva d'une main sa casquette et de l'autre sa perruque, le bras qui contenait cette dernière tendu dans la direction des Indiens. Comme un homme rouge se rend rarement coupable d'une grossièreté, à moins qu'il ne fasse sérieusement son métier de sauvage, il est possible que le Chippewa vers lequel était étendu le bras qui portait la perruque ait pris ce mouvement pour une invitation que lui faisait mon oncle d'examiner ce singulier objet. Toujours est-il qu'il la prit poliment de sa main, et en un clin d'œil tous les sauvages furent groupés autour d'elle, parlant beaucoup, mais bas, et avec tous les signes d'une extrême surprise. Ils étaient tous chefs, ai-je dit, et ils modéraient leur étonnement. S'ils avaient été des hommes de basse condition, il est à peu près certain que la perruque eût passé de main en main, et eût été essayée sur une douzaine de têtes déjà rasées et toutes prêtes à la recevoir.

CHAPITRE XVIII.

Cette scène fut interrompue par le vieil Holmes, qui cria à son compagnon de ce ton criard dont il avait l'habitude :

— Voilà un grand malheur, Shabbakuk; nous n'obtiendrons jamais le renouvellement de nos baux après cette aventure.

— Personne ne peut le dire, répondit Tubbs en poussant un hem ! vigoureux, comme s'il était déterminé à soutenir impudemment son personnage, et peut-être bien que le gentleman ne sera pas fâché d'arranger l'affaire. Il est défendu par la loi, si je ne me trompe, à tout le monde, de se montrer déguisé sur les routes, et les deux squires Littlepage, vous le remarquerez, voisin Holmes, sont bien au milieu de la route : et ils étaient tous deux déguisés il n'y a qu'une minute.

— C'est vrai. Pensez-vous qu'on puisse tirer parti de cette circonstance ? Il ne faut faire que des démarches qui nous profitent.

Shabbakuk fit un autre « hem ! » regarda derrière lui comme pour s'assurer de ce qu'étaient devenus les Indiens ; car il était clair qu'il ne voyait pas avec plaisir les Indiens « bon teint » devant lui, et il répondit :

— Nous pourrons obtenir nos fermes, voisin Holmes, si vous consentez, comme j'en ai l'intention moi-même, à être raisonnable dans vos prétentions, pourvu que le squire Littlepage veuille bien consulter ses propres intérêts.

Mon oncle ne daigna pas répondre ; mais sachant bien que nous n'avions rien fait pour nous exposer à nous voir appliquer le dernier statut, il retourna vers les Indiens en leur renouvelant l'offre de leur servir de guide.

— Les chefs désirent beaucoup savoir qui vous êtes, et comment il se fait que vous avez une double chevelure, dit l'interprète en souriant à la façon d'un homme qui pour sa part savait parfaitement ce que c'était qu'une perruque.

— Dites-leur que ce jeune gentleman est Hugh Littlepage, et que je suis son oncle. Hugh Littlepage est le propriétaire de la terre que vous voyez autour de vous.

La réponse fut communiquée aux Indiens, et nous attendîmes l'effet qu'elle produirait sur eux. A notre grande surprise, quelques-uns d'entre eux se groupèrent autour de nous. Il était évident qu'ils nous témoignaient à tous deux de l'intérêt et du respect.

— Les droits d'un propriétaire foncier paraissent mieux compris parmi ces sauvages, que personne n'a instruits, que parmi nos tenanciers, Hugh, dit mon oncle. Mais voilà le vieux fripon de Holmes et son ami Shabbakuk qui retournent dans le bois. Nous pouvons avoir une mauvaise affaire sur les bras avec leurs Indgiens.

— Je ne le pense pas, Monsieur. Je ne crois pas qu'il y ait assez de courage dans cette tribu-là pour qu'elle ose se mesurer avec celle-ci. En général, un homme blanc vaut un Peau-Rouge, mais il est permis de croire que des chefs comme ceux-ci ne seraient pas embarrassés d'une troupe deux fois aussi nombreuse de coquins de la race des drôles qui sont cachés là-bas.

— Mais pourquoi les chefs nous témoignent-ils un si vif intérêt? demanda mon oncle à l'interprète. Est-il possible que notre titre de propriétaires de ce domaine nous attire autant de marques de respect?

— Pas du tout, pas du tout! Ils savent assez bien, il est vrai, faire la différence entre un chef et un homme du commun, répondit-il, et vingt fois, en traversant le pays, ils m'ont exprimé l'étonnement qu'ils éprouvaient de voir tant d'hommes de rien remplir parmi les Visages Pâles les fonctions de chefs; mais ils ne rendent aucun hommage à la richesse. Le premier parmi eux c'est celui qui est le plus brave sur le sentier de la guerre ou le plus sage devant le feu du conseil. Ils honorent encore ceux qui comptent parmi leurs ancêtres des hommes illustres, et qui ont rendu des services à la patrie.

— Mais ils semblent aussi trahir un sentiment inaccoutumé et extrême de considération pour nous. Peut-être ils ont été étonnés de voir des gentlemen dans un pareil costume?

— Seigneur! Monsieur, quelle attention peuvent faire aux habits des hommes habitués à voir, la plupart du temps, les chefs des factoreries et des forts vêtus de peaux d'animaux? Ils savent qu'il y a des jours de fête et des jours de travail; des moments pour porter les vêtements communs, des moments pour se parer de plumes et se peindre. Non, non, s'ils vous considèrent avec tant de déférence, il faut l'attribuer à leurs traditions.

— Leurs traditions! que peuvent-elles avoir de commun avec nous? Nous n'avons jamais eu rien à démêler avec les Indiens.

— Cela peut être vrai pour vous, et peut l'être aussi pour vos pères; mais il n'en est pas de même de quelques-uns de vos ancêtres. Hier, après être arrivés au lieu où nous devions passer la nuit, deux des chefs, le petit homme que vous voyez avec une double plaque sur la poitrine, et celui-ci qui commence à vieillir et qui a été scalpé, comme vous pouvez le voir au sommet de sa tête, se mirent à rappeler quelques-unes des embûches dressées par leur tribu, qui autrefois habitait le Canada. Le vieux chef raconta les aventures d'un sentier de guerre qui conduisait hors du Canada, au delà des grandes eaux, au dessous d'un établissement où ils espéraient conquérir un grand nombre de scalpes, et où, au contraire, ils en perdirent un plus grand nombre. Ils y rencontrèrent, à ce qu'il paraît, le loyal Onondago, comme ils l'appellent, en même temps qu'un Yankee, propriétaire du sol sur lequel ils combattaient, et auquel ils donnent un nom qui ressemble un peu au vôtre. C'était, selon leurs traditions, un guerrier d'une grande bravoure et d'une grande adresse. Ils supposent que vous êtes son descendant, et c'est pour cela qu'ils vous honorent ; voilà tout.

— Quoi ! est-il possible que des hommes à ce point dépourvus de culture conservent des traditions aussi exactes?

— Hélas! si vous pouviez entendre ce qu'ils disent entre eux des fables qu'on leur lit quelquefois dans les livres des Pâles Visages, vous apprendriez l'importance qu'ils attachent à la vérité. Ils savent tout ce qui concerne vos ancêtres, et même ils savent quelque chose de ce qui vous regarde, si vous êtes le gentleman qui garde auprès de lui, dans un wigwam, le loyal Onondago ou le Chêne-Flétri, comme ils l'appellent, et qui lui fournit le feu et les aliments.

— Est-il possible? Quoi ! l'on parle de cela, on le sait même parmi les sauvages de l'Ouest?

— Il vous plaît de les appeler sauvages, répliqua l'interprète, un peu offensé d'entendre un terme semblable appliqué à ses meilleurs amis et à ses fidèles compagnons. Certainement ils ont des habitudes à eux ; mais les Visages Pâles en ont aussi. Mais les mœurs indiennes ne sont pas aussi sauvages qu'on le croit, lorsqu'on s'est familiarisé avec elles. Je fus bien longtemps, je me le rappelle aujourd'hui, avant de pouvoir m'accoutumer à voir un guerrier scalper son ennemi ; mais, en y pensant un peu, et en cherchant à comprendre l'esprit de cet usage, j'ai fini par le trouver parfaitement juste.

Je marchais devant mon oncle, car nous nous étions remis en route pour gagner le bois, mais je ne pus m'empêcher de me retourner, et de lui dire en souriant :

— Ainsi, il paraît qu'on retrouve encore ailleurs que dans la législature « l'esprit des choses. » Voilà « l'esprit du scalpe, » comme nous avons « l'esprit des institutions. »

Hélas! Hugh, et « l'esprit du mal, » qui n'est que le nom profane du dernier. Mais il est peut-être bon de ne pas nous approcher du bois davantage. Les Indgiens, comme je vous l'ai dit, ajouta-t-il en se retournant vers les chefs, sont dans ces bouquets d'arbres en face, et ils sont armés. Je vous laisse vous mettre en rapport avec eux comme il vous plaira. Ils sont environ au nombre de vingt.

L'interprète informa les Indiens de ce qui venait d'être dit. Ceux-ci eurent ensemble une conférence très-animée, qui dura un moment ; puis Feu-de-la-Prairie lui-même arracha une branche à l'arbre le plus voisin, l'éleva en l'air, s'avança près du couvert, et appela à haute voix dans un ou dans quelques-uns des dialectes qu'il connaissait. Je vis par le mouvement des branches qu'il y avait des hommes dans ce fourré ; mais on ne fit aucune réponse. Il y eut un des sauvages qui laissa percer, de la façon la plus évidente, l'impatience que lui inspiraient de tels procédés. C'était un vigoureux chef iowa, aux formes athlétiques, nommé en anglais Cœur-de-Pierre, et comme nous l'apprîmes dans la suite, très-renommé pour ses exploits guerriers. Il était toujours fort difficile de l'arrêter quand il y avait quelque espérance de scalper ; et dans ce moment même il se contenait moins que les autres, parce qu'il ne se trouvait dans la troupe aucun membre supérieur de sa tribu. Lorsque Feu-de-la-Prairie eut appelé deux ou trois fois en vain la bande qui se trouvait sous les arbres, Cœur-de-Pierre s'avança, prononça quelques mots d'un ton résolu et impétueux, et termina son appel par un cri fort significatif, pour ne pas dire effrayant. Ce cri fut répété par la plupart des Indiens, puis tous se dispersèrent à droite et à gauche, se glissant vers le fourré semblables à des serpents plutôt qu'à des hommes. Arrivés là, ils plongèrent leurs regards dans l'intérieur du bois, et en un clin d'œil ils y eurent tous pénétré. En vain l'interprète les avait rappelés, en vain il les avait engagés à se souvenir du lieu où ils étaient, et les avait avertis qu'ils pourraient par une telle conduite déplaire à leur Grand-Père de Washington ; Feu-de-la-Prairie resta seul à sa place, exposé aux coups que l'ennemi, en face duquel il croyait être, pourrait diriger contre lui. Ils se précipitent comme une meute de chiens qui ont trouvé une piste, et que le fouet des chasseurs ne peut plus arrêter.

— Ils espèrent trouver des Indiens, dit l'interprète de l'air d'un homme découragé, et il n'y a pas moyen de les faire revenir Il ne peut pas y avoir par ici d'ennemis de leurs tribus, et si le sang coule, l'agent sera profondément contrarié. Il n'y aurait pas grand mal si c'était une bande de ces fripons de Sauks et de Renards... et ce serait un bonheur de s'en défaire; mais ici, c'est bien différent, et je voudrais bien que rien de semblable ne fût arrivé.

Mon oncle et moi nous n'en entendîmes pas davantage, nous nous lançâmes en avant sur la grand'route, et nous pénétrâmes dans le bois, où nous fûmes bientôt rejoints par Feu-de-la-Prairie, qui, s'imaginant, au mouvement qu'il nous voyait faire, que tout allait bien, poussa lui-même un cri capable de nous démontrer que, s'il était resté silencieux, ce n'était pas sans motif. La route faisait un coude à l'endroit où elle entrait dans le bois, et comme elle était bordée par les arbres dont j'ai déjà parlé, on comprend que nous ne pouvions rien voir de ce qui se passait avant d'avoir atteint le tournant, où s'étaient arrêtés toutes les voitures qui revenaient du village. Quand nous arrivâmes à ce point de la route, un spectacle étrange s'offrit tout à coup devant nos yeux dans toute sa magnificence.

La déroute d'une grande armée n'aurait pas été plus pittoresque. La route était remplie d'une multitude de voitures en pleine retraite, pour me servir d'une expression militaire, ou, pour parler d'une façon plus vulgaire, à la débandade. Tous les fouets étaient en jeu, tous les chevaux couraient à bride abattue; la moitié des visages étaient retournés de notre côté, et les femmes répondaient par des cris d'alarme aux cris de guerre des sauvages. Quant aux Indgiens, ils avaient instinctivement quitté les bois, en toute hâte, comme s'ils avaient voulu se déployer en rase campagne. Quelques-uns avaient grimpé dans les équipages, s'entassant parmi les femmes et les filles de ces vertueux et honnêtes cultivateurs qui s'étaient rassemblés ce jour-là même pour chercher le moyen de me chasser de mon bien. Mais pourquoi insister sur cette scène bizarre, puisque les exploits de ces Indgiens, pendant les six dernières années, ont surabondamment prouvé qu'ils n'excellent qu'à prendre la fuite. Ce sont des héros quand une douzaine d'entre eux peut assaillir un homme pour le goudronner et l'emplumer. Ils vont même jusqu'au meurtre dans l'occasion, quand ils peuvent planter cinq ou six balles dans le corps de chacune de leurs victimes. La poltronnerie de ces misérables devrait inspirer pour eux un dégoût général. Le chien qui n'a de courage que pour chasser en meute n'est, après tout, qu'un mâtin. En moins de temps qu'il n'en faut pour l'écrire, la route devint complètement libre; mon oncle, moi et Feu-de-la-Prairie nous en restions complètement maîtres, et ce dernier poussa un « Ho! » significatif lorsque le dernier char disparut dans un tourbillon de poussière.

Un moment s'était à peine écoulé quand notre tribu ou nos tribus, pour mieux dire, descendirent sur la route, et se rassemblèrent au lieu où nous nous étions arrêtés. La victoire n'avait pas coûté une goutte de sang, mais elle avait été complète. Non-seulement les Indiens avaient mis en déroute complète ces Indigens vertueux et opprimés par l'aristocratie, mais ils avaient capturé deux modèles précieux de vertu et d'oppression, représentés par deux héros de la bande. La contenance des captifs était si expressive et faisait si bien deviner l'état de leur âme, que Cœur-de-Pierre, entre les mains duquel ils étaient tombés, non-seulement sembla dédaigner de les scalper, mais n'avait pas même pris la peine de leur enlever leurs armes. Ils se tenaient là comme des paquets de calicot, semblables à des enfants dans leur maillot. On aurait vainement cherché sur leurs traits la moindre trace de cette fierté d'hommes libres dont leur parti fait tant de bruit; mais leurs jambes, affranchies de toute entrave, étaient leur protection en *dernier ressort*. Mon oncle alors prit un certain ton d'autorité, et ordonna à ces drôles de retirer leurs déguisements. Autant aurait valu commander aux chênes et aux érables qui nous entouraient de se dépouiller de leurs feuilles avant que la saison fût venue; aucun des deux ne voulut obéir.

L'interprète cependant, dont le nom indien traduit en anglais signifiait Mille-Langues, garda dans une occasion comme celle-ci un silence bien surprenant si l'on réfléchit au nom qu'il portait. S'avançant vers un des prisonniers, il commença à le désarmer, puis il lui enleva son capuchon de calicot, et découvrit la figure penaude de Brigham, l'ouvrier envieux et cupide de Tom Miller. Les « Ho! » qui s'échappaient de la poitrine des Indiens témoignaient la surprise qu'ils éprouvaient de voir sortir de ce capuchon non-seulement un Visage Pâle, mais une figure beaucoup plus pâle que d'habitude. Mille-Langues aimait la raillerie, comme tous les hommes de la frontière, et dans ce moment il commença à comprendre l'état du pays. Posant la main sur la tête de Josh, il dit tranquillement :

— S'il faut dire la vérité, je crois qu'on ferait en Iowa plus de cas de ce scalpe qu'il ne vaut. Mais voyons ce que nous avons ici.

Et faisant comme il avait dit, l'interprète s'empara du capuchon de l'autre captif ; mais il ne put réussir à le lui enlever sans éprouver une résistance désespérée. Cependant il y parvint avec l'aide de l'un des jeunes chefs, qui s'avança pour l'assister. Je prévis le dénoûment de cette scène, car j'avais depuis longtemps reconnu la pièce de calicot. Mais grande fut la surprise de mon oncle lorsqu'il vit apparaître la figure bien connue de Seneca Newcome.

Seneca, ou, pour le nommer comme il s'appelait lui-même, Seneky, parut fort désappointé lorsqu'il émergea de son capuchon de calicot, et la réalité répondait parfaitement aux apparences. Seneky était alors en proie à une agitation mêlée de rage et de honte. La première dominait, et comme cela n'arrive que trop fréquemment dans les désastres produits par les guerres, au lieu d'attribuer sa capture au malheur des circonstances, au courage des ennemis, ou à quelque faute dans ses propres manœuvres, il cherchait à atténuer sa disgrâce en aggravant l'infortune de son camarade. Véritablement la manière dont ces deux coquins s'abordèrent aussitôt qu'ils se virent débarrassés de leurs sacs me rappelait deux coqs mis en liberté à trois pieds l'un de l'autre ; si ce n'est qu'aucun de nos deux bélîtres ne chanta.

— Tout cela est votre faute à vous, chien poltron ! dit Seneky presque furieux, car la honte lui avait fait monter le rouge au visage ; si vous n'étiez pas tombé sur moi, et si vous ne m'aviez pas renversé dans votre hâte de fuir, j'aurais pu faire ma retraite, et je serais en sûreté avec les autres.

Cette attaque parut trop forte à Joshua ; elle était si grossière et si violente, pour ne pas dire si injuste, qu'il trouva le courage d'y répondre. En effet, comme nous l'avons su depuis, c'était Newcome, qui, dans son empressement à battre en retraite, venait lui-même de tomber. Et Brigham, bien loin d'être la cause de sa chute, l'avait seulement empêché de se relever en se laissant choir sur lui. C'est dans cette situation peu noble qu'ils étaient venus au pouvoir de leurs ennemis.

— Je ne vous demande rien, squire Newcome, répondit Joshua d'une voix et d'un ton très-fermes, votre caractère est bien connu dans tout le pays.

— Que voulez-vous dire par mon caractère, qu'avez-vous à dire contre moi ou contre mon caractère? demanda l'homme de loi d'un air de chevaleresque défi ; je voudrais bien voir un homme qui pourrait dire quelque chose de mon caractère !

Cette réponse était assez jolie, si l'on réfléchit surtout que le gaillard venait d'être surpris en flagrant délit de félonie. Il est vrai qu'on devait, je le suppose, passer par-dessus cette difficulté au point de vue de la morale, puisqu'il avait été pris en défendant les droits de l'homme et « l'esprit des institutions. » Ce défi toutefois poussa à bout la patience de Brigham, qui, une fois assuré qu'il ne courait pas grand danger d'être scalpé, se retourna vers Seneca, et s'écria nonseulement avec colère, mais avec une animosité évidente :

— Vous êtes un joli ami du pauvre monde et du peuple, s'il faut dire vrai, n'est-ce pas ? Tous ceux qui ont besoin d'argent dans le pays savent bien que vous êtes un gredin d'usurier.

Le dernier mot était à peine prononcé que le poing de Seneky s'appliqua sur le nez de Brigham, et en fit couler le sang à flots. Mon oncle Ro pensa qu'il était temps d'intervenir, et il gourmanda avec dignité l'avocat furieux.

— Pourquoi m'appelle-t-il un gredin d'usurier ? alors ! répondit Seneky encore rouge de colère ! Je ne le supporterai de personne.

— Eh quoi ! quel préjudice peut vous porter une semblable accusation, monsieur Newcome ; vous êtes membre du barreau, vous devez connaître les lois de votre pays, et il est inutile de vous apprendre que le tribunal de votre Etat a décidé que le nom d'usurier n'est pas une insulte! Quelques honorables membres de ce corps éclairé semblent même penser, au contraire, que c'est un titre à l'estime et aux félicitations de ses concitoyens. J'ai honte pour vous, monsieur Newcome; j'ai vraiment honte pour vous.

Mon oncle jugea convenable de mettre un terme à cette scène ; et sans daigner entrer dans une explication, il informa Mille-Langues qu'il était prêt à conduire tous ses chefs dans le lieu où ils désiraient aller.

— Quant à ces deux Indgiens, ajouta-t-il, leur capture ne nous fera pas grand honneur, et maintenant que nous savons qui ils sont, ils peuvent être repris quand on voudra par les députés shérifs et par les constables. Ces drôles ne valent pas la peine que nous nous en embarrassions.

Les chefs donnèrent leur assentiment à cette proposition, et nous quittâmes le bois en bon ordre, laissant sur le champ de bataille

Peneky et Joshua. Comme nous l'avons appris plus tard, nous n'eûmes pas plus tôt tourné le dos que le dernier sauta sur son camarade, et le rossa jusqu'à ce qu'il lui eût fait avouer qu'il était non-seulement un usurier, mais un gredin d'usurier par-dessus le marché.

Après avoir donné quelques indications à Mille-Langues, mon oncle et moi nous remontâmes dans notre voiture et continuâmes notre route, laissant les Indiens derrière nous. Le rendez-vous était au Nest. Nous avions décidé que nous nous y rendrions immédiatement, et que nous reprendrions notre véritable rang. En passant devant le presbytère, nous prîmes le temps de nous y arrêter et d'y entrer pour nous informer de l'état de M. et de miss Warren. Grande fut ma joie en apprenant qu'ils avaient poursuivi leur chemin jusqu'au Nest, où ils devaient dîner. Cette nouvelle, on le devine, ne fut pas pour nous un motif de ralentir le pas du cheval de Tom Miller, ou plutôt de mon cheval. En une demi-heure, nous traversâmes la campagne et nous nous arrêtâmes devant notre porte. On se rappellera que nos perruques avaient été laissées par nous entre les mains des Indiens comme choses qui ne devaient plus nous être utiles. Malgré notre costume, nous fûmes reconnus aussitôt que nous nous présentâmes sans cette chevelure d'emprunt, et un cri éclata aussitôt dans la maison et dans la compagnie. M. Hugh est de retour! Je fus touché, je l'avoue, des témoignages d'amitié que je reçus de la part des domestiques et de quelques-uns des gens du dehors lorsqu'ils me virent de nouveau en bonne santé, sinon en bel équipage. Mon oncle fut également bien reçu, et il se passa quelques minutes pendant lesquelles j'oubliai tous mes ennuis et je me sentis parfaitement heureux.

Bien que ma grand'mère, ma sœur et Marie Warren sussent parfaitement ce que signifiait ce cri : M. Hugh est de retour! il fit sortir tout le monde sous le portique. M. Warren avait raconté des événements du jour tout ce qu'il en savait lui-même; mais ceux mêmes qui étaient dans le secret furent étonnés de nous voir ainsi revenir sans perruque et sans nous cacher. Quant à moi, je ne pus m'empêcher de remarquer la façon dont les quatre jeunes filles vinrent à notre rencontre. Ma sœur accourut pour m'embrasser, jeta ses bras autour de mon cou, et me donna six ou huit baisers sans s'arrêter. Puis miss Coldbrooke s'approcha avec Anne Marston appuyée sur son bras. Elles étaient satisfaites de me voir, et accueillirent mes salutations franchement et comme de vieilles amies, bien qu'il ne me fût pas difficile de voir que ma toilette ne leur agréait pas le moins du monde. Marie Warren se tenait un peu en arrière, souriant, rougissant et réservée. Mais je n'eus pas besoin de la regarder deux fois pour me convaincre que sa bienvenue n'était pas moins sincère que celle d'amis beaucoup plus anciens. M. Warren était joyeux de pouvoir nous saluer sans mystère, et de faire enfin connaissance avec ceux dont il avait attendu pendant trois ou quatre ans le retour, non sans inquiétude et sans espérance.

Quelques minutes suffirent pour donner les explications nécessaires, qui, à la vérité, avaient été déjà fournies en partie par les personnes mises dans le secret. Ma grand'mère et l'att nous invitèrent ensuite avec insistance à nous retirer dans nos anciennes chambres, et à revêtir un costume plus conforme à notre véritable position. Nous avions laissé derrière nous en partant une grande quantité de vêtements d'été, et notre garde-robe avait été visitée le matin même dans la pensée que nous pourrions bientôt en avoir besoin. Il ne nous fallut pas en conséquence beaucoup de temps pour changer. J'avais un peu plus d'embonpoint qu'à l'époque où j'avais quitté la maison; mais tous les vêtements étant fort larges, je n'eus aucune peine à m'habiller. Je trouvai là un bel habit bleu de grande tenue, des gilets et des pantalons *ad libitum*. Le prix des vêtements est, en Europe, si inférieur à ce qu'il est en Amérique, que les Américains qui en sont bien fournis n'en emportent qu'une très-petite quantité dans leurs voyages, et telle a été la règle constante de mon oncle pendant toute sa vie. Chacun de nous d'ailleurs avait ordinairement au Nest une provision d'habillements de campagne qui n'en sortaient jamais.

L'appartement de mon oncle et le mien étaient contigus et situés dans l'aile du nord de la maison, c'est-à-dire celle qui regardait le penchant de la prairie, la ravine boisée et le wigwam, ou la cabane du Loyal Onondago. Cette dernière était tout à fait en vue de la fenêtre de mon cabinet de toilette, où j'étais alors occupé à contempler les figures de ces deux bons vieillards qui se chauffaient au soleil selon leur habitude de tous les soirs, lorsqu'un coup frappé à la porte m'annonça l'entrée de John.

— Bonjour, John, mon ami, lui dis-je en riant, une perruque vous empêche donc de reconnaître vos anciens amis. Je vous remercie néanmoins pour la façon obligeante dont vous m'avez traité en ma qualité de musicien des rues.

— Je vous assure, monsieur Hugh, que vous pouvez toujours compter sur mes services dévoués, en quelque état que vous soyez pour me les demander. Je n'ai jamais été trompé d'une façon plus surprenante. Mais je pensais pendant tout le temps que vous ne deviez pas être tout à fait ce que vous paraissiez, et je l'ai dit à Kitty aussitôt que j'ai été en bas de l'escalier. Kitty, que je lui ai dit, ces deux colporteurs sont bien les deux colporteurs les plus polis que j'aie jamais vus dans le pays, et je serais bien étonné s'ils n'ont pas connu des jours meilleurs. Mais maintenant que vous avez pu voir les antirentiers de vos propres yeux, monsieur Hugh, qu'en pensez-vous? si je puis me permettre de vous faire cette question.

— Exactement ce que j'en pensais avant de les avoir vus. C'est un assortiment de drôles qui affectent de parler de liberté au moment même où ils font tout ce qu'ils peuvent pour faire tomber les lois dans le mépris, et qui prennent l'égoïsme pour le patriotisme... Mais ces deux vieux camarades Jaaf et Susquesus, que je vois là-bas, sont encore dans un parfait état.

— Certes, Monsieur, et ils se sont conservés de la façon la plus incroyable. C'étaient deux antiquités, comme nous disons en Angleterre, lorsque je vins dans ce pays-ci, Monsieur, comme des monuments des temps passés. Le nègre devient plus laid d'année en année, et c'est là le plus grand changement que je puisse apercevoir en lui, tandis que je crois, Monsieur, que l'Indien devient tous les jours plus beau. Il est, Monsieur, le vieux gentleman le plus beau que je connaisse.

— Susquesus est un magnifique spectacle, avec sa tête grise ou même blanchie, ses yeux pleins de feu, ses traits calmes, et la vive expression de sa physionomie, répondis-je; et Jaaf n'est pas une beauté. Comment ces vieilles bonnes gens-là s'arrangent-ils ensemble?

— Oh! Monsieur, ils se querellent un peu, c'est-à-dire le nègre cherche querell.. Mais l'Indien est trop au-dessus de lui pour faire attention à ce qu'il dit. Encore je ne dirai pas que Yop soit bien querelleur maintenant, car il a le plus grand respect possible pour son ami, mais il exagère tout à un point que vous ne sauriez imaginer. Du reste, il agit comme un nègre qu'il est.

— Ils n'ont manqué de rien, j'espère, pendant mon absence? a-t-on veillé avec soin à leur nourriture et aux autres commodités de la vie?

— Ne craignez rien, Monsieur, tant que madame Littlepage vivra! Elle a l'affection d'un enfant pour ces vieillards, et elle a pourvu à ce qu'il ne leur manque rien, autant que possible. Betty Smith, Monsieur, vous vous rappelez Betty, la veuve du cocher qui est mort pendant que vous étiez au collége, Monsieur; eh bien! Betty n'a pas fait autre chose pendant ces quatre années que de veiller sur ces deux bons vieux. Elle tient tout en ordre dans leur cabane, elle la lave deux fois par semaine, elle blanchit leur linge, fait le raccommodage, coud, fait la cuisine, et n'oublie rien de ce qui leur est nécessaire. Elle vit là tout près dans l'autre cottage, Monsieur, et elle a tout sous la main.

— Je suis bien content de tout cela. Ces deux braves gens poussent-ils toujours leur promenade jusqu'à Nest-House, John? Avant mon départ, nous recevions tous les jours la visite de chacun d'eux.

— Ils ont un peu perdu cette habitude, Monsieur. C'est encore le nègre qui vient le plus souvent. Dans la belle saison, on est sûr de le voir ici une fois ou deux par semaine. Il rôde dans la cuisine, où il se tiendra quelquefois pendant toute la matinée à raconter les histoires les plus extraordinaires. Ah! ah! ah! oh! oui, Monsieur, ce sont bien les histoires les plus extraordinaires qu'on ait jamais entendues!

— Que peut-il donc avoir à dire qui vous paraisse si amusant?

— A l'entendre, Monsieur, tout dans le pays va de mal en pis, et est bien inférieur à ce qui existait dans son jeune temps. Les dindons ne sont plus si gras, Monsieur, et les poules sont plus maigres, Monsieur, et le mouton n'est plus aussi gras, Monsieur; il en dit de cette force-là à la journée.

En parlant ainsi, John riait de tout son cœur, et cependant on pouvait voir que des comparaisons si peu à l'avantage de son temps ne lui plaisaient guère.

— Et Susquesus, dis-je à mon tour, partage-t-il l'esprit de dénigrement de son ami?

— Susquesus n'entre jamais dans la cuisine, Monsieur. Il sait que toutes les personnes distinguées et comme il faut entrent dans la maison par la grande porte, et il est trop bon gentleman pour s'y introduire par aucune autre. Non, Monsieur, je n'ai jamais vu Susquesus ni dans la cuisine ni dans l'office ; et madame Littlepage ne fait jamais dresser sa table ailleurs que dans la chambre d'en haut ou sous le portique lorsqu'elle veut le régaler de quelque bon morceau. Le vieux gentleman a aussi ce qu'il appelle ses traditions, Monsieur, et peut raconter beaucoup d'histoires des anciens temps ; mais elles n'ont rien à voir avec les dindons, les chevaux et les légumes, et avec toutes les autres bagatelles qui occupent tant le nègre Yop.

Après cette conversation je renvoyai John en le remerciant encore des égards qu'il avait eus pour le musicien ambulant, et je rejoignis mon oncle. Lorsque nous entrâmes dans le petit salon où toute la compagnie était réunie et nous attendait pour se mettre à table, une exclamation de plaisir échappa à tout le monde. Martha m'embrassa encore, déclarant que maintenant j'étais bien le véritable Hugh, que j'avais bien l'extérieur qu'elle s'était attendue à trouver dans son frère Hugh, qu'elle me reconnaîtrait maintenant pour Hugh, et mille autres enfantillages de cette sorte. Ma chère grand'mère vint à ma rencontre, elle sépara ma chevelure sur mon front, et elle me regarda fixement avec des larmes dans les yeux, car je lui rappelais son premier-né, mort, hélas ! si jeune. Quant aux autres dames, les deux héritières, pupilles de l'oncle Ro, étaient souriantes et bonnes, et paraissaient disposées à renouveler notre ancienne amitié. Marie Warren, encore une fois, se tenait en arrière ; mais je pus deviner à son regard modeste et à la rougeur qui couvrait ses joues qu'elle sympathisait au bonheur présent de son amie Martha aussi vivement qu'aucune des autres.

Avant de me mettre à table, j'envoyai un domestique à l'étage supérieur de la maison, avec l'ordre de surveiller la route, afin de m'annoncer l'arrivée de mes amis les Peaux-Rouges aussitôt qu'il les découvrirait. Il vint me dire qu'on les voyait s'avancer sur le grand chemin, et qu'ils atteindraient probablement notre porte avant une demi-heure. Ils s'étaient arrêtés, et mon messager prétendait voir au moyen de sa lunette qu'ils étaient en train de se peindre la figure et d'arranger leur toilette pour se préparer à l'entrevue qu'ils prévoyaient. Quand nous eûmes reçu ce renseignement, nous nous assîmes à table, pensant que nous serions prêts à recevoir les chefs aussitôt qu'ils arriveraient.

Notre dîner fut pour nous un moment plein de bonheur. Pendant ce temps l'état du pays, les projets de mes tenanciers, tout fut oublié et notre causerie fut animée par ces intérêts plus intimes et ces sentiments plus doux qui bien naturellement se présentaient à nos esprits dans une semblable occasion. A la fin ma chère grand'mère me dit en plaisantant :

— Vous devez avoir un instinct particulier pour découvrir les gens discrets, Hugh, car il aurait été impossible de choisir mieux son confident que vous l'avez fait ce matin en vous rendant au village.

Marie devint rouge comme un ciel d'Italie par un beau soir, et baissa les yeux pour cacher sa confusion.

— Je ne sais, grand'maman, s'il n'y avait pas de ma part plus de vanité que de discrétion, répondis-je ; car j'avoue que j'éprouvais une répugnance insurmontable à passer aux yeux de miss Warren pour un musicien des rues ordinaire.

— Oui-da, Hugh, interrompit l'espiègle Patt, je vous ai déjà dit que vous passiez à ses yeux pour un musicien des rues très-extraordinaire. Pour la vielle, elle n'en disait trop rien ; mais ce qui inspirait le mieux l'éloquence de miss Warren, c'était la flûte et la manière dont elle était jouée.

Le « Martha Warren » de Marie prononcé à voix basse, mais d'un ton de reproche, montrait que la charmante jeune fille commençait à être vraiment embarrassée ; et ma grand'mère, qui l'observait, eut recours pour détourner la conversation à un expédient à la fois adroit et aimable, tel que les femmes seules savent les trouver. Elle présenta tout simplement à M. Warren un plat de reines-Claudes, mais elle le fit de façon à changer le sujet de l'entretien.

Pendant tout le temps de ce repas je sentis avec certitude qu'il y avait quelque chose de secret et de mystérieux entre Marie Warren et moi, qui, pour échapper probablement à l'attention des autres, n'en était pas moins très-évident pour nous. Ce fait, j'en *sentais* l'existence. La rougeur de Marie, ses regards, qui ne s'arrêtaient jamais sur moi, et que pourtant je trouvais bien éloquents, disaient assez qu'elle avait conscience de notre mutuelle situation.

CHAPITRE XIX.

Au nombre des coutumes blâmables que nous avons empruntées à l'Angleterre, est celle que les hommes ont conservée à rester à table après les femmes. Mon oncle avait depuis longtemps essayé d'introduire dans notre petit cercle l'habitude, beaucoup plus polie et beaucoup plus digne de personnes bien élevées, de retenir les dames à table pendant un temps raisonnable, et de se retirer ensuite avec elles; mais c'est une rude tâche de « regimber contre l'aiguillon, » et des hommes qui pensent que c'est un devoir de la « bonne compagnie » de s'inviter tour à tour l'un chez l'autre pour boire, pour goûter les vins, pour parler de vin, et de lutter à qui offrira à ses hôtes les vins les plus recherchés, ne sauraient être facilement arrachés à cette importante préoccupation. On ne se rassemble plus pour boire sec, mais on se rassemble plus que jamais pour parler dru.

Nous sommes tellement disposés à imiter servilement les façons anglaises que peut-être, si l'on pouvait comprendre que même en Angleterre il passe pour fort grossier de disserter sur les vins servis à table, nous nous débarrasserions de cette pratique ridicule, grossière en Angleterre. Eh bien! oui, cela passe pour grossier, au moins dans la bonne compagnie, et je suis prêt à le maintenir pour l'avoir observé moi-même. Qu'un ou deux amis qui puisent en commun à la source bienfaisante de quelque dive bouteille disent un mot pour faire l'éloge de ses mérites, cela me semble assez naturel et assez convenable; personne ne peut raisonnablement trouver à redire à un tel témoignage de reconnaissance; mais je ne connais rien de plus révoltant que de voir vingt graves personnages rangés autour d'une table faire la besogne d'autant de dégustateurs jurés négociants en vins du Rhin, tandis que les joues de leur hôte, qui manœuvrent comme des siphons, ressemblent aux joues de Borée.

Lorsque ma grand'mère, dont les quatre brillantes jeunes filles suivirent aussitôt l'exemple, se leva et dit, comme c'était l'habitude parmi les personnes de l'ancienne école : « Eh bien! messieurs, je vous laisse à votre vin, mais n'oubliez pas, je vous prie, que vous serez les bienvenus dans le salon, » mon oncle lui prit la main et insista pour qu'elle ne nous quittât pas. Il y avait à mes yeux quelque chose d'extrêmement touchant dans les rapports affectueux qui régnaient entre mon oncle Ro et sa mère. Il était célibataire, elle était veuve; et ils avaient l'un pour l'autre une extrême tendresse. Il m'est arrivé bien souvent de le voir, quand nous étions seuls, s'approcher d'elle, lui frapper doucement sur les joues, et les baiser comme on aurait pu faire avec une sœur bien-aimée. Ma grand'mère accueillait toujours ces petites familiarités de la meilleure humeur et avec une émotion visible ; à son tour, je l'ai vue plus d'une fois venir vers « Roger, » ainsi qu'elle l'appelait toujours, et baiser son front chauve, de manière à montrer qu'elle conservait encore avec une certaine vivacité le souvenir du temps où elle le tenait tout petit enfant dans ses bras. Dans le moment dont je parle, elle se rendit à sa prière et reprit son siége ; les jeunes filles firent comme elle, aussi disposées à se rasseoir qu'elles l'avaient été à se lever. Alors, comme il doit sembler naturel, la conversation retomba sur l'état dans lequel nous avions trouvé le pays.

Mon oncle avait été amené par le courant de ses idées à expliquer à Martha ma sœur les causes qui avaient développé le luxe dans l'intérieur des familles américaines, bien que l'extérieur des habitations eût conservé toute sa simplicité. En attribuant cette apparente contradiction, disait-il, à l'oppression de la multitude qui oblige les gens riches à cacher leur bien-être, quelques écrivains de l'Europe, qui ne peuvent pas bien connaître la situation de notre pays, ont commis une grave erreur. L'intérieur de la maison est plus brillant, parce qu'il est plus particulièrement placé sous le contrôle de la femme; mais, ajouta-t-il en s'interrompant, voilà John qui est là tendant le cou sous le portique comme si nos frères rouges étaient proche.

Il en était en effet ainsi, et tout le monde se leva de table sans cérémonie pour aller à la rencontre de nos hôtes. Les dames avaient couru pour chercher leurs chapeaux, et nous n'avions que le temps de gagner la pelouse avant que Feu-de-la-Prairie, Cœur-de-Pierre et Mille-Langues arrivassent à cette espèce de trot qui distingue la marche des Indiens.

Bien que nous eussions changé de vêtements, mon oncle et moi, nous fûmes immédiatement reconnus et salués avec courtoisie par les principaux chefs. Alors deux des plus jeunes nous présentèrent gravement nos perruques; mais nous refusâmes de les recevoir, et nous priâmes les gentlemen qui les avaient gardées de nous faire l'honneur de les accepter comme des témoignages de notre estime particulière. Ils y consentirent de très-bonne grâce et avec un plaisir qu'ils ne purent dissimuler. Une demi-heure après j'observai que chacun des jeunes élégants de la forêt avait une perruque sur sa tête rasée, avec une plume de paon soigneusement attachée dans les mèches de cette chevelure factice. L'effet que produisait cette parure était tout à fait burlesque. Les jeunes dames s'en égayèrent surtout, mais je vis que les deux guerriers eux-mêmes regardaient autour d'eux comme pour réclamer l'admiration à laquelle ils croyaient avoir droit.

Les saluts ne furent pas plus tôt échangés, que les hommes rouges se mirent à examiner la maison, le coteau sur lequel elle était située, les prairies qui s'étendaient au-dessous et la campagne environnante. Nous supposâmes d'abord que l'étendue et la solidité de cette constructions les avaient frappés, en même temps qu'une certaine apparence de propreté et de bonne tenue qui n'est pas commune en Amérique, même dans le voisinage des maisons les mieux habitées; mais Mille-Langues nous détrompa bientôt. Mon oncle lui demanda pourquoi les Peaux-Rouges s'étaient séparés et s'étaient dispersés autour des constructions, regardant les uns d'un côté, les autres d'un autre, et tous très-évidemment et très-ardemment occupés, quoiqu'il ne fût pas facile de discerner ce qui les absorbait à ce point; et lui communiquant sa pensée, que peut-être leur attention était éveillée par l'aspect de ces bâtiments.

— Mon Dieu, non, Monsieur; je vous demande pardon, répondit l'interprète, ils se soucient autant de cette maison ou de toute autre que d'un fétu. Voici Cœur-de-Pierre en particulier, vous ne parviendriez pas plus à émouvoir ce chef en lui montrant des richesses, de vastes maisons, ou d'autres objets de même genre, qu'à faire remonter le Mississipi vers sa source. Lorsque nous sommes arrivés à la maison de l'oncle Sam à Washington, il a à peine daigné la regarder, et le Capitole n'a pas produit plus d'effet sur aucun d'eux que si c'eût été un wigwam un peu plus élégant, et même pas tant, car les Indiens sont grands amateurs de wigwams. Ce qui les préoccupe maintenant c'est qu'ils savent que le lieu où ils sont a été, il y a de cela environ quatre-vingt-dix ans, le théâtre d'une bataille dans laquelle a figuré le Loyal Onondago, et dans le parti contraire quelques guerriers de leurs propres tribus. Voilà tout ce qui les agite à ce point.

— Et que peut dire Cœur-de-Pierre avec tant de feu à ceux qui l'entourent? Pourquoi montre-t-il la plaine, le coteau et le ravin qui est là-bas derrière le wigwam de Susquesus?

— Oh! alors cela c'est le wigwam du Loyal Onondago! s'écria l'interprète en laissant éclater une émotion semblable à celle que pourrait manifester un homme auquel on montrerait tout à coup et sans qu'il s'y fût attendu le mont Vernon ou Monticello pour la première fois de sa vie. Eh bien! c'est quelque chose d'avoir vu *cela*; mais il sera encore bien plus intéressant de voir l'homme lui-même, car toutes les tribus des Hautes-Prairies sont pleines du bruit de son nom et de son histoire. Il n'y a pas un Indien, depuis le temps de Tamenund lui-même, qui ait fait autant parler de lui que Susquesus, le Loyal Onondago, si ce n'est peut-être Temnithe; mais ce qui occupe Cœur-de-Pierre dans cet instant, c'est un récit de la bataille dans laquelle le grand-père de son père a perdu la vie, sans pourtant perdre son scalpe. Il leur raconte maintenant qu'il a pu échapper à son malheur, et s'en réjouit comme descendant du héros. Ce n'est pas une grande affaire pour un Indien d'être tué en combattant; mais il attache beaucoup plus d'importance à n'être pas scalpé, ou même à ne pas être blessé quand il peut éviter cet affront. Maintenant il parle d'un jeune Visage Pâle qui a succombé et qu'il appelle Ami de la Ruse; maintenant il raconte les exploits d'un nègre qui, dit-il, se battait comme un démon.

— Toutes les personnes dont vous parlez nous sont aussi connues par nos propres traditions, s'écria mon oncle avec plus d'intérêt que je ne lui en avais jamais vu manifester, mais plus étonné de voir que les Indiens conservent en souvenir un précis d'événements d'aussi peu d'importance, passés depuis si longtemps.

— Ce n'est pas un événement de peu d'importance pour eux. Leurs batailles sont rarement livrées par des troupes nombreuses, et ils tiennent grand compte d'une escarmouche dans laquelle ont succombé des guerriers de renom. Ici Mille-Langues fit une pause d'une minute et écouta attentivement les discours des chefs, puis il reprit ses explications. Ils éprouvent une grande difficulté à se rendre compte de la maison, continua-t-il, tandisque tout le reste leur paraît simple. Ils comprennent parfaitement le rocher, l'emplacement des constructions elles-mêmes, le ravin là-bas et tous les autres objets qui nous environnent; tout excepté la maison.

— Je serais curieux de savoir, dit mon oncle, quelle peut être l'histoire de Susquesus. Il faut certainement qu'elle ne manque pas d'intérêt, pour qu'une troupe de chefs comme ceux-ci aient fait un si long détour afin de le visiter. Doit-on attribuer tant de respect à son grand âge?

— C'est là une raison, certainement; mais il y en a une autre bien plus importante et qui n'est connue que d'eux seuls. J'ai essayé souvent d'obtenir d'eux le récit de son histoire, mais je n'ai jamais pu y réussir. Aussi loin que me reportent mes souvenirs, j'ai entendu les Onondagos, les Tuscaroras et les autres Indiens des anciennes tribus de New-York, qui se sont depuis réfugiées dans les prairies, parler du Loyal Onondago, qui devait être déjà un vieillard quand je suis né. Depuis quelques années ils s'en occupent de plus en plus, et l'occasion se présentant si naturellement à eux de venir ici pour le voir, il y aurait eu un grand mécontentement dans toutes les contrées de l'Ouest, s'ils l'eussent négligée. Son âge est sans aucun doute une des principales causes de leurs hommages; mais il y en a une autre, quoique je n'aie jamais été capable de la découvrir.

— Cet Indien est entré en relation avec ma famille il n'y a pas beaucoup moins de quatre-vingt-dix ans. Il était avec mon grand-père Cornélius Littlepage à l'attaque de Ty, qui fut livrée par Abercrombie en 1758; et, sauf douze ou treize ans, il y a un siècle de cela. Je crois même que mon arrière-grand-père, Hermann Mordaunt, le connaissait déjà avant ce temps. Aussi loin que je puis me rappeler, c'était déjà un vieillard à cheveux blancs. Et nous supposons que lui et le nègre qui vit avec lui ont maintenant cent vingt ans bien comptés, sinon davantage.

— Un événement important dans la vie de Susquesus ou Sans-Traces, comme on l'appelait alors, est arrivé il y a environ quatre-vingt-treize hivers. Cela résulte pour moi de paroles que j'ai recueillies dans la conversation des chefs à différentes époques; mais quelle est la nature de cet événement? voilà ce qui m'est resté inconnu. Mais, quel qu'il soit, il a motivé la visite rendue au Chêne-Flétri tout autant que son grand âge. Les Indiens respectent les années; ils respectent aussi profondément la sagesse; mais ils préfèrent à tout le courage et la justice. Le nom de Loyal qu'ils donnent au vieillard a un sens caché qui se rattache aux événements.

Tous ces récits éveillaient au dernier point notre curiosité et non moins celle de ma grand'mère et de ses compagnes. Marie Warren surtout témoigna le vif intérêt qu'elle portait à l'histoire de Susquesus dans une courte conversation que nous eûmes en nous promenant ensemble devant la façade du portique, tandis que le reste de la compagnie épiait avec anxiété tous les mouvements des sauvages, encore fort animés dans leur conférence.

— Mon père et moi nous avons souvent vu les deux vieillards, et nous avons conçu pour eux un attachement profond, me dit cette jeune fille intelligente et naïve; l'Indien surtout a excité en nous une vive sympathie, car rien n'est plus noble que la délicatesse des sentiments d'affection qu'il conserve encore pour sa nation. On nous a dit qu'il reçoit souvent des visites des hommes rouges, ou au moins aussi souvent qu'il en vient dans le voisinage; et l'on ajoute qu'ils montrent toujours une grande déférence pour son âge et un grand respect pour son caractère.

— Je le sais, car j'ai souvent vu ceux qui lui rendent visite; mais ce ne sont ordinairement que de simples faiseurs de paniers, sorte de gens qui ne sont plus qu'à moitié sauvages, et qui ne conservent plus dans leur intégrité les signes caractéristiques d'aucune race. Voilà la première fois que j'entends parler d'un hommage aussi marqué que celui-ci.

A ce moment, Marie Warren rejoignait les autres jeunes filles; ma grand'mère me quitta avec un sourire, et je rejoignis mon oncle.

— L'interprète m'informe, me dit-il, que les chefs désirent faire dès ce soir leur première visite à la cabane. Heureusement la vieille ferme est abandonnée aujourd'hui, puisque Tom Miller a pris possession de la neuve, et j'ai engagé M. Mille-Langues à s'y établir tout le temps que la troupe et lui resteront ici. Il y a là une cuisine toute prête, et il n'y a qu'à y envoyer quelques ustensiles, c'est-à-dire un pot ou deux et cinquante bottes de paille pour monter leur ménage.

— Les accompagnerons-nous à leur demeure avant qu'ils fassent leur visite à Susquesus, ou après qu'ils l'auront faite?

— Avant, sans aucun doute. John a résolu d'aller en avant pour avertir l'Onondago de l'honneur qui lui est destiné, et pour l'aider à faire sa toilette ; car l'homme rouge ne se soucierait pas plus qu'un autre d'être surpris en négligé. Pendant ce temps-là, nous pouvons installer nos hôtes dans leur nouvelle résidence, et voir commencer les préparatifs de leur souper. Quant aux Indiens, nous n'avons rien à craindre de ce côté-là, j'imagine, aussi longtemps que nous aurons une forte garnison de leurs vrais sosies à portée de la voix.

Nous invitâmes alors l'interprète à conduire ses chefs à l'habitation qu'ils devaient occuper, et nous les précédâmes nous-mêmes en laissant les dames sur la pelouse. Nous étions arrivés à la saison des plus longs jours, et il était plus agréable de visiter la cabane pendant la fraîcheur du soir qu'à toute autre heure de la journée. Ma grand'-mère, avant que nous l'eussions quittée, donna des ordres pour qu'on attelât le cheval à sa voiture couverte, car elle voulait être présente à une entrevue qui, c'était l'opinion de tout le monde, ne pouvait manquer d'être intéressante.

Le bâtiment qui avait été alors préparé pour recevoir les Indiens avait bien un siècle, car il avait été élevé par mon ancêtre Herman Mordaunt, et c'était la première ferme de son domaine particulier.

Comme nous nous dirigions vers la vieille ferme, Miller vint de l'autre bâtiment à notre rencontre. Il avait appris que ses amis les colporteurs étaient, je ne dirai pas ses maîtres, bien que ce fût le terme exact, car il offenserait les oreilles républicaines de nos Amé-méricains, mais je dirai ceux qui le faisaient travailler ; aussi nous n'eûmes pas de peine à voir qu'il était fort embarrassé par le dilemme entre les deux termes duquel il se trouvait placé. Depuis un grand nombre d'années Miller et sa famille étaient à mon service ou à celui des miens. Il recevait un salaire fort généreux, comme tous les hommes de cette espèce lorsqu'ils ont le malheur de servir un misérable aristocrate, et plus élevé, sans aucun doute, que celui qu'ils auraient obtenu des Newcomes, des Holmes et des Tubbs : ajoutez à cela qu'il était traité avec plus de bonté en tout ce qui pouvait augmenter son bien-être Maintenant il lui suffirait de professer les principes des antirentiers pour avoir droit à la ferme où lui et ses pères avaient pendant longtemps dépensé tant de labeur. Peu importe, en effet, qu'on soit fermier ou aux gages du propriétaire, cela ne change pas les principes.

CHAPITRE XX.

Le soleil n'avait plus qu'une heure à rester sur l'horizon quand nous quittions les nouveaux cantonnements de nos frères rouges pour nous rendre à la cabane. A mesure que le moment approchait, il était facile de suivre sur les traits des Indiens les signes d'une émotion toujours croissante, mêlée, si nous ne nous trompions, d'une certaine crainte. Quelques-uns des chefs avaient retouché avec soin les bizarres dessins tracés et peints sur leurs visages, et qui rendaient leur aspect encore plus effrayant. Cœur-de-Pierre en particulier était remarquable par les enjolivements dont il s'était décoré. Quant à Feu-de-la-Prairie, il n'avait eu recours à aucun artifice pour dissimuler sa véritable couleur.

Comme la suite de mon récit m'obligera à rapporter des conversations qui ont eu lieu dans des langues ou des dialectes dont je ne sais pas littéralement un seul mot, il ne sera pas inutile de dire ici une fois pour toutes que j'obtins de Mille-Langues une traduction aussi fidèle que possible de tout ce qui s'était dit, et que je le mis aussi par écrit ou sur le lieu même ou immédiatement après mon retour au Nest. Ces explications peuvent être nécessaires pour empêcher quelques-uns de ceux qui liront ce livre de s'imaginer que j'aie rien inventé.

La voiture de ma grand'mère avait quitté la porte de notre maison quelques minutes avant que nous nous missions en marche. Notre départ toutefois n'eut pas lieu sans quelque cérémonial, et sans beaucoup d'attention pour le rang qu'occupait chacun de nous. Les Indiens marchent rarement dans un autre ordre que celui qui est nommé « file indienne, » c'est-à-dire sur un rang, chaque homme emboîtant le pas de son chef de file, et c'est un ordre semblable qui fut adopté dans cette occasion. Feu-de-la-Prairie ouvrit la marche, comme l'aîné des chefs et l'un des plus distingués dans le conseil. Cœur-de-Pierre était le second, et les autres suivaient rangés d'après certains droits de préséance qui n'étaient connus que d'eux. Aussitôt que la file fut formée, la marche commença. Mon oncle, l'interprète et moi-même nous marchions à côté de Feu-de-la-Prairie, tandis que

Miller, accompagné d'une demi-douzaine d'anciens de la ferme ou de la maison, fermait le cortége.

On se rappellera que John était allé à la hutte pour annoncer la visite qui se préparait. Il y était resté beaucoup plus longtemps qu'on ne l'avait prévu; mais lorsque la procession eut atteint la moitié environ de la distance qu'elle avait à parcourir, elle rencontra ce fidèle domestique qui revenait. Le digne garçon fit volte-face, et se plaça dans la file à mon côté, pour me rendre compte de son message tout en marchant avec la colonne.

— Pour dire la vérité, monsieur Hugh, dit-il, le vieillard était plus ému en apprenant le long voyage qu'avaient fait pour le voir cinquante Indiens....

— Dix-sept. Vous auriez dû dire dix-sept, John, c'est le nombre exact.

— Est-ce vrai, Monsieur? Eh bien! je déclare que je les croyais cinquante. J'avais pensé à ne parler que de quarante, Monsieur, mais j'ai craint de rester au-dessous de la vérité. Et pendant tout ce temps, John regardait par-dessus son épaule pour compter ces guerriers, qui se suivaient gravement. Enfin, convaincu de son erreur il reprit son rapport.

— Eh bien! Monsieur, je pense que vous avez raison, et j'ai amplifié un peu. Mais le vieux Sus était tout à fait ému, Monsieur, quand je lui ai parlé de la visite qu'on se proposait de lui faire, et je suis resté si longtemps pour aider le vénérable gentleman à s'habiller et à se peindre; car ce nègre, Yop, n'est pas plus utile maintenant, vous savez, Monsieur, que s'il n'avait jamais vécu dans la maison d'un gentleman. Ce devait être une terrible époque, Monsieur, que celle où la noblesse de New-York n'employait que des nègres à son service, Monsieur.

— Nous étions assez bien servis néanmoins, John, répondit mon oncle, Jaaf cependant n'a jamais été précisément valet de chambre, bien qu'il ait été l'homme de confiance de mon grand-père.

— Eh bien! Monsieur, s'il n'y avait eu à la hutte que Yop, Sus n'aurait jamais pu être habillé et peint d'une manière convenable pour la circonstance, mais j'espère que vous serez satisfait de l'état où vous allez le voir, car le vieux gentleman a très-bonne tournure à la mode indienne, vous savez, Monsieur.

— L'Onondago a-t-il fait quelques questions?

— Ah! vous savez comment cela se passe avec lui, monsieur Hugh; c'est un homme fort taciturne que Susquesus, et bien singulier surtout quand il a avec lui une personne capable d'entretenir la conversation. J'ai parlé moi-même la plupart du temps, Monsieur, comme je fais à peu près toutes les fois que je vais le voir. Les Indiens sont très-silencieux en général, je crois, Monsieur.

— Et qui a eu l'idée de cette toilette et de cette peinture? vous, ou l'Onondago?

— Ma foi, Monsieur, l'idée originellement est indienne, si je ne me trompe; mais dans ce cas-ci, elle est venue de moi. Oui, Monsieur, je lui ai suggéré cette pensée; cependant je ne prendrai pas sur moi de dire que S s n'y était pas un peu disposé de lui-même, même avant que je lui eusse fait part de mon sentiment.

— Avez-vous pensé à la peinture? interrompit l'oncle Ro; je ne me rappelle pas d'avoir vu Sans-Traces avec la figure peinte pendant les trente dernières années. Je lui ai demandé un jour de le peindre et de l'habiller; c'était vers l'époque de votre naissance, Hugh, et je me rappelle sa réponse aussi bien que s'il me l'avait faite hier.

— Lorsque les arbres cessent de porter des fruits, me dit-il en substance, les fleurs ne font que rappeler leur inutilité.

— J'ai entendu dire autrefois que Susquesus avait une grande réputation d'éloquence, même pour un Indien.

— Je me souviens, en effet, qu'il a eu cette réputation, mais je ne sais s'il la méritait. Dans l'occasion je l'ai entendu s'exprimer avec énergie dans l'anglais tronqué et incorrect dont il se sert, mais ordinairement il est simple et taciturne.

— Nous voici arrivés à la cabane, interrompit mon oncle Ro.

Nous y touchions en effet. La soirée était délicieuse; Susquesus avait pris place sur un tabouret, sur la pelouse qui s'étendait devant sa porte, et où il se trouvait un peu à l'ombre, protégé contre les rayons d'un soleil couchant, il est vrai, mais d'un soleil de juin. Jaaf s'était placé à côté de lui; il avait, sans nul doute, choisi la position qu'il croyait la mieux assortie à sa couleur et à son caractère. C'est encore un trait bien caractéristique de la nature humaine que tandis que le nègre affecte un grand mépris et une grande aversion pour l'homme rouge, l'Indien, de son côté, se croit pour l'intelligence bien supérieur à l'esclave domestique. Je n'avais jamais vu Susquesus dans un costume si magnifique que celui qu'il portait ce soir-là. Il était ordinairement vêtu à l'Indienne : les guêtres, le mocassin, la culotte et la couverture ou la chemise de calicot, selon la saison ; mais avant ce jour, il ne s'était jamais montré à moi avec ses ornements sauvages et sa peinture. Les premiers consistaient en deux médailles qui portaient les effigies l'une de Georges III et l'autre de son grand-père, et deux autres qui lui avaient été données par les agents de la république ; en deux grands anneaux suspendus à ses oreilles, et qui descendaient jusqu'à ses épaules, et en deux bracelets composés de dents qui me parurent d'abord avoir appartenu à un homme. Un tomahawk brillant et un couteau dans sa gaîne étaient suspendus à sa ceinture, tandis qu'un rifle d'une bonté souvent éprouvée était placé le long d'un arbre. Ces armes étaient là comme des emblèmes d'un passé glorieux, car celui qui s'en parait n'aurait pu donner une grande force à leurs coups. Le vieillard s'était peint avec un discernement peu commun pour un Indien. Il s'était contenté d'étendre une légère couche de couleur, qui rendait à ses yeux une partie de cet éclat d'autrefois, bien éteint aujourd'hui par l'âge. Aucun changement, du reste, n'avait altéré la simplicité propre et décente qui régnait dans la cabane et aux alentours, bien que Jaaf eût apporté, comme pour l'exposer au soleil, un de ses anciens habits de livrée et un chapeau retroussé, dans lesquels on me dit qu'il avait l'habitude de se montrer les dimanches et les jours de fête. C'étaient pour lui des témoignages de la supériorité d'un nègre sur un Indien.

Trois ou quatre bancs grossiers, qui faisaient partie du mobilier de la cabane, furent placés à peu de distance en face de Susquesus, et en demi-cercle, pour la réception de ses hôtes. Ce fut vers eux que se dirigea Feu-de-la-Prairie, suivi des autres chefs. Ils se rangèrent bientôt dans le cercle, mais pas un d'eux ne s'assit pendant une minute ou deux. Ils contemplèrent avec recueillement et respect le vieillard placé devant eux, qui porta aussi sur eux un regard assuré et également attentif. Puis, à un signal de leur chef, qui était toujours Feu-de-la-Prairie, tous les guerriers s'assirent. Dans cette nouvelle position cependant, ils ne rompirent pas le silence ; mais ils restèrent assis pendant au moins dix minutes, les yeux toujours fixés vers le Loyal Onondago, qui ne détournait pas non plus son regard de ses visiteurs. Ce fut pendant ce moment de silence que la voiture de ma grand'mère arriva. Elle s'arrêta précisément derrière le cercle de ces Indiens graves et attentifs, dont pas un ne tourna la tête pour connaître la cause du bruit qu'il avait entendu. Pas un ne proféra une parole. Ma chère grand'mère observait cette scène avec une attention profonde, tandis que les figures rayonnantes qui l'entouraient, exprimant avec éloquence une curiosité vive mêlée à des sentiments plus délicats et plus sympathiques, donnaient le spectacle aimable des charmes les plus attrayants dont la nature puisse revêtir l'humanité.

Enfin, Susquesus lui-même se leva avec une grande dignité dans les manières et sans aucun effort; puis il parla. Sa voix était un peu tremblante, je crois, mais c'était l'effet de l'émotion plutôt que de l'âge. Cependant, il était calme; la vieillesse n'avait rien retiré à l'enchaînement de ses pensées, à la clarté de son expression. Naturellement, c'est à Mille-Langues que je dois la traduction de son discours.

— Frères, dit en commençant Susquesus, vous êtes les bienvenus. Vous avez marché dans un sentier long, tortueux et pleins d'épines, pour venir trouver un vieux chef que depuis quatre-vingt-dix étés on croit avoir placé au nombre des exilés. Je regrette qu'un plus digne spectacle ne soit pas réservé à vos yeux à la fin d'un si long voyage. Je vous ferais plus large et plus droit le sentier qui conduit vers le soleil couchant, si je savais un moyen de réussir. Mais je ne le connais pas. Je suis vieux; le pin dans les bois est à peine plus vieux que moi. Les villages nombreux des Visages Pâles, au milieu desquels vous avez poursuivi votre route, n'ont pas la moitié de mon âge; j'étais né lorsque la race des blancs était encore comme le renne sur les montagnes, dispersée çà et là. Maintenant, ils sont comme les pigeons qui ont couvé leurs petits. Lorsque j'étais un enfant, mes jambes alertes ne pouvaient jamais me mener hors du bois et atteindre une clairière. Maintenant, mes vieilles jambes n'ont plus la force de me conduire dans les bois; ils sont trop éloignés. Tout a changé dans ce pays, tout, excepté le cœur de l'homme rouge. Celui-là est comme le roc que rien n'altère. Mes enfants, vous êtes les bienvenus.

Ce discours, prononcé de la voix creuse et rauque que donne la vieillesse, et que relevait encore le feu avec lequel l'improvisait une intelligence étouffée plutôt qu'éteinte, produisit une profonde impression. Un faible murmure d'admiration courut dans les rangs des Indiens, bien qu'aucun d'eux ne se levât pour répondre. Il semblait qu'ils attendissent qu'un temps suffisant se fût écoulé pour que la voix de la sagesse qu'ils venaient d'entendre eût pleinement pénétré leurs cœurs. Lorsque ce silence leur parut avoir duré assez longtemps, Feu-de-la-Prairie, chef plus célèbre encore dans le conseil que dans les combats, se prépara à répondre. Voici quel fut son discours.

— Père, vos paroles sont toujours sages, elles sont toujours vraies. Le sentier est long entre votre wigwam et nos villages ; c'est un sentier tortueux ; nous y avons trouvé bien des épines et bien des pierres. Mais tous les obstacles peuvent être surmontés. Il y a deux lunes, nous étions à une de ses extrémités ; maintenant, nous sommes à l'autre. Nous sommes venus avec deux entailles à nos bâtons : une entaille nous a avertis de nous rendre à la maison du Grand Conseil des Visages Pâles pour voir notre Grand-Père Visage Pâle ; l'autre entaille nous a dit de venir ici pour voir notre Grand-Père Rouge. Nous avons été à la maison du Grand Conseil des Visages Pâles ; nous avons vu l'Oncle Sam. Son bras est très-long, il atteint du lac salé, dont nous avons essayé de boire l'eau, mais dont l'eau est trop salée, à nos propres lacs, près du soleil couchant, ces lacs dont l'eau est douce. Nous n'avions jamais encore goûté de l'eau salée, et nous ne la trouvons pas bonne. Nous n'en goûterons plus. Ce n'est pas bien employer son temps que de venir de si loin pour boire de l'eau qui est salée.

L'Oncle Sam est un chef sage ; il a beaucoup de conseillers. Le conseil doit être un grand conseil quand il est réuni autour du feu du conseil. Il a beaucoup à dire. Ses paroles doivent avoir quelque chose de bon ; elles sont assez nombreuses. Nous avons pensé à notre Père Rouge en les entendant, et nous avons voulu venir ici. Nous y sommes venus. Nous sommes heureux de trouver encore vivant et bien portant notre Père Rouge. Le Grand-Esprit aime un Indien juste, et veille sur lui. A ses yeux cent hivers ne sont pas plus qu'un seul hiver. Nous le remercions pour nous avoir conduits par le long et tortueux sentier au bout duquel nous avons trouvé Sans-Traces, le Loyal Onondago. J'ai dit.

Un rayon de bonheur glissa sur les traits hâlés de Susquesus quand il entendit prononcer dans sa propre langue ce nom dont il était digne et qui n'avait pas frappé ses oreilles depuis un temps égal à la vie habituelle d'un homme. C'était un titre et un surnom qui à lui seul racontait l'histoire de ses rapports avec sa tribu. Et ni les années, ni la distance, ni de nouveaux spectacles, ni de nouveaux liens, ni les guerres, ni les querelles n'avaient pu lui faire oublier le plus léger des incidents qui se rattachaient à cette histoire sacrée pour lui.

Cette visite extraordinaire mécontentait beaucoup le nègre. Nous n'avions pas de peine à nous en apercevoir, mais aucun des hommes rouges n'y fit la moindre attention. Sus, qui était plus rapproché de lui, entendit sans doute ses plaintes, mais il ne détourna pas un seul instant ses regards des Indiens placés en face de lui. D'un autre côté, les visiteurs eux-mêmes ne parurent pas même s'apercevoir de la présence du nègre, quoiqu'en réalité ils la remarquèrent très-bien, comme la suite le prouva. En un mot, le Loyal Onondago était le point vers lequel se concentrait toute leur attention, et tous les autres semblèrent avoir été pendant tout ce temps mis en oubli.

Enfin il se fit un léger mouvement parmi les Peaux-Rouges, et un autre chef se leva. Cet homme était précisément celui qui avait la moins belle tournure dans toute la troupe. C'était le plus petit des Indiens; ses formes étaient amaigries et dépourvues de grâce; au moins, tant que son esprit était en repos, son aspect en général manquait de cette noblesse extérieure qui distinguait à un si haut point chacun de ses compagnons. Comme je l'ai appris depuis, cet Indien s'appelait *Vol-d'Aigle*, et c'était le caractère élevé de son éloquence qui lui avait valu ce nom. Dans cette circonstance, quoique son attitude fût sérieuse, et qu'il parût prendre intérêt à ce qui se passait, son esprit ne semblait pas agité par de profondes émotions. Un tel homme ne pouvait se lever pour parler sans provoquer une certaine sensation parmi ses auditeurs avides de l'entendre. On sait avec quel soin les hommes rouges en général se gardent de trahir leurs émotions. Nous pûmes voir cependant, lorsque Vol-d'Aigle fut debout, quelque chose qui ressemblait chez ses amis une à agitation contenue. L'orateur commença d'un ton calme, mais solennel; sa voix, d'abord creuse, grave et gutturale, prit bientôt des accents touchants et pathétiques, qui, à eux seuls, nous paraissaient d'une rare éloquence. En écoutant, il me sembla que jamais jusque-là la voix humaine n'avait possédé des séductions aussi irrésistibles. Sa diction était lente et grave, comme c'est l'habitude parmi les véritables orateurs.

— Le Grand-Esprit ne fait pas les hommes semblables, dit Vol-d'Aigle en commençant. Quelques-uns sont comme les saules qui se courbent sous la brise, et sont brisés par la tempête! D'autres sont des pins aux troncs élancés, aux branches rares, au bois tendre. Quelquefois, il y a un chêne parmi eux qui croît au milieu de la prairie, étendant ses branches au loin, et donnant un ombrage agréable. Ce bois est dur; il dure longtemps. Pourquoi le Grand-Esprit a-t-il mis tant de différence entre les arbres divers? Pourquoi le Grand-Esprit met-il une si grande différence entre les hommes? Il y a une raison à cela. Il la connaît, quoique nous l'ignorions. Ce qu'il fait est toujours bien.

J'ai entendu des orateurs, à nos feux de conseil, se plaindre que les choses fussent comme elles sont. Ils disent que la terre, et les lacs, et les rivières, et les pays de chasse appartiennent au seul homme rouge, et qu'on ne doit jamais voir ici de peau d'une autre couleur. Le Grand-Esprit a pensé autrement, et ce qu'il pense arrive. Les hommes sont de diverses couleurs. Il y en a qui sont rouges, et c'est la couleur de mon père; il y en a qui sont pâles, et c'est la couleur de mes amis. Il y en a qui sont noirs, et c'est la couleur de l'ami de mon père; il est noir, quoique l'âge change sa peau. Tout cela est juste; tout cela nous vient du Grand-Esprit, et nous n'avons pas à nous plaindre.

Mon père dit qu'il est très-vieux, que le pin dans les bois est à peine plus vieux. Nous le savons. C'est une des raisons pour lesquelles nous sommes venus le voir de si loin, bien qu'il y ait encore une autre raison. Mon père sait bien quelle est l'autre raison; nous le savons bien aussi, car cent hivers et cent étés n'ont pu nous la faire oublier. Les vieillards l'ont dite aux jeunes gens, et les jeunes gens, quand ils se sont avancés en âge, l'ont dite à leurs fils. De cette manière, elle est arrivée jusqu'à nos oreilles. Combien d'Indiens, pendant ce temps, ont vécu, sont morts, et sont oubliés! C'est le bon Indien qui vit le plus longtemps dans nos souvenirs. Nous voulons oublier qu'il y ait jamais eu des méchants dans nos tribus; nous ne voulons oublier jamais les bons.

J'ai vu bien des changements. Je ne suis qu'un enfant si vous me comparez à mon père; mais je sens dans mes os le froid de soixante hivers. Pendant tout ce temps, les hommes rouges ont fait leur chemin vers le soleil couchant. Quelquefois, je pense que je vivrai assez pour l'atteindre! Il doit y avoir une longue route pour y arriver; mais il va loin, l'homme qui ne s'arrête jamais. Allons-y donc! les Pâles Visages nous y suivront. Pourquoi tout cela? Je ne sais. Mon père est plus sage que son fils, et il peut sans doute nous le dire. Je m'assieds pour attendre sa réponse.

Malgré le calme des paroles de Vol-d'Aigle et la conclusion si inattendue par laquelle il avait terminé son discours, cette scène devenait profondément intéressante. La raison particulière pour laquelle ces hommes rouges étaient venus de si loin visiter Susquesus n'avait pas encore été révélée, comme nous l'avions tous espéré. Mais la profonde vénération que ces étrangers venus des déserts du fond de l'Ouest manifestaient pour notre vieil ami nous garantissait assez que nous n'avions pas à craindre de déception pour le moment où nous découvririons ce mystère. Comme de coutume, une pause suivit une courte allocution du dernier orateur; après quoi Susquesus se leva encore une fois, et parla :

— Mes enfants, dit-il, je suis bien vieux. Il y a cinquante automnes, les feuilles tombaient à ce moment; je pensai qu'il était temps pour moi de retourner aux Heureux Terrains de chasse de mon peuple, et de redevenir un Peau-Rouge. Mais mon nom ne fut pas appelé. On m'a laissé ici, seul au milieu des Visages Pâles, de leurs campagnes, de leurs maisons, de leurs villages, sans un seul être de ma couleur et de ma race pour m'entretenir avec lui. Ma tête était presque devenue blanche. Et à mesure que les ans s'accumulaient sur ma tête, mon esprit se reportait avec plus d'obstination vers le temps de ma jeunesse. Je commençai à oublier les batailles, les chasses et les longues courses qui remplissent l'âge mûr, et à penser aux choses que j'avais vues quand j'étais un jeune chef parmi les Onondagos. Chaque journée est maintenant un songe dans lequel je rêve du passé. Pourquoi l'œil de Susquesus voit-il si loin après cent hivers et plus encore? Personne peut-il le dire? Je ne pense pas. Nous ne comprenons pas le Grand-Esprit, et nous ne comprenons pas ses œuvres. Je suis ici où j'ai été pendant la moitié de mes jours. Ce grand wigwam est le wigwam de mes meilleurs amis. Quoique leur visage soit pâle tandis que le mien est rouge, nos cœurs sont de la même couleur. Je ne les oublie jamais; non, pas un d'eux! Je les vois tous, depuis le plus vieux jusqu'au plus jeune; il semble qu'ils soient de mon sang. Cela vient de l'amitié et de beaucoup de bons procédés. Ce sont tous les Visages Pâles que je vois; les hommes rouges occupent toutes les autres places devant mes yeux. Mon esprit est avec eux.

Mes enfants, vous êtes jeunes; soixante-dix hivers sont beaucoup pour un de vous. Il n'en est pas pas de même pour moi. Pourquoi j'ai été abandonné ici, seul, près des Terres de Chasses de nos pères, c'en est plus que je ne puis dire. Cela est ainsi, et cela est bien. Quelquefois on voit dans les champs des Visages Pâles un chêne flétri et isolé : je suis cet arbre. On ne l'a pas coupé parce que le bois n'en peut être d'aucun usage, et que la femme indienne elle-même n'aime pas à s'en servir pour faire la cuisine. Lorsque les vents soufflent, ils semblent souffler autour de lui. Il est fatigué de se tenir ainsi tout seul, mais il ne peut pas tomber. Cet arbre appelle la hache, mais aucun homme ne veut mettre la hache dans sa racine; son temps n'est pas venu. Ainsi en est-il de moi : mon temps n'est pas encore venu.

Enfants, mes jours sont des songes où je vois ma tribu. Je vois le wigwam de mon père. Il était le plus beau du village. Mon père était un chef, et le produit de sa chasse ne manquait jamais dans sa demeure. Je le vois encore revenir du sentier de la guerre avec de nombreux scalpes à son croc. Il avait des wampums (coquillages servant de monnaie) en abondance, et portait beaucoup de médailles. Les scalpes suspendus à son croc étaient quelquefois ceux d'hommes rouges, quelquefois ceux de Visages Pâles. Il les prenait tous lui-même. Je vois ma mère aussi : elle m'aimait comme la femelle de l'ours aime ses oursons. J'avais des frères et des sœurs, et je les vois aussi : ils rient, ils jouent, et paraissent heureux. Voilà la source où nous allions attendre les guerriers qui revenaient de la chasse ou des sentiers de la guerre. Toutes ces choses me paraissent douces. C'était un village des Onondagos, mon peuple ; et je les aimais déjà il y a cent vingt hivers. Je les aime maintenant encore comme s'il ne s'était pas écoulé plus d'un hiver et d'un été. L'esprit ne sent pas le passage du temps. Pendant cinquante saisons, j'ai peu pensé à ma nation, mes pensées étaient toutes à la chasse, aux sentiers de la guerre et aux querelles des Visages Pâles au milieu desquels je vivais; maintenant, je le répète, je pense beaucoup au passé et à mes jeunes jours. C'est un grand mystère que nous puissions voir si clairement des choses qui sont si éloignées. Et cependant il en est ainsi.

Enfants, vous demandez pourquoi les hommes rouges continuent à se diriger vers le soleil couchant, et pourquoi les Visages Pâles les suivent. Vous demandez si on atteindra jamais le lieu où le soleil se couche, et si les hommes pâles iront jusque-là pour labourer et pour bâtir, et pour abattre les forêts. Celui qui a vu ce qui est arrivé doit savoir ce qui arrivera : je suis bien vieux ; mais je ne vois rien de nouveau. Le jour ressemble au jour, les mêmes fruits mûrissent chaque été, et les hivers sont pareils ; l'oiseau bâtit plusieurs fois son nid sur le même arbre.

Mes enfants, j'ai vécu longtemps au milieu des Visages Pâles ; cependant mon cœur est encore de la même couleur que ma face. Je n'ai jamais oublié que je suis un homme rouge, je n'ai jamais oublié les Onondagos. Lorsque j'étais jeune, de belles forêts couvraient ces champs. Ici, et au loin, le daim et le renne couraient parmi les arbres, le chasseur seul pouvait les arrêter. Tout cela a changé! La charrue a épouvanté les animaux sauvages. Le renne ne se tiendra jamais là où il peut entendre le son de la cloche de l'église ; il ne sait pas ce que cela signifie. L'animal sauvage s'éloigne du bord, l'homme rouge conserve la piste, et le Visage Pâle n'est jamais loin derrière. Ainsi en a-t-il été depuis que les grands canots de l'étranger ont navigué pour la première fois dans nos eaux ; ainsi en sera-t-il jusqu'à ce qu'on ait atteint un autre lac salé au-dessous du soleil couchant. Lorsque l'autre lac sera découvert, l'homme rouge doit s'arrêter et mourir dans les campagnes où le rhum, le tabac et le pain sont en abondance, ou continuer sa marche dans le grand lac salé de l'Ouest, et s'y ensevelir. Pourquoi en est-il ainsi? Je ne puis le dire. Que cela ait été ainsi, je le sais ; que cela doive être ainsi, je le crois : il y a des raisons pour que cela soit ; nul autre que le Grand-Esprit ne peut dire quelles sont ces raisons!

Susquesus avait parlé avec calme et avec netteté, et Mille-Langues traduisait à mesure phrase par phrase. L'attention des auditeurs sauvages était si profonde, que je les entendais retenir leur respiration. Nous, hommes blancs, nous sommes si ardemment occupés de nous-mêmes et de nos intérêts passagers, nous regardons les autres races de l'espèce humaine comme si inférieures à nous, que nous avons rarement le temps ou la volonté de réfléchir sur les conséquences de nos propres actions. Cependant, comme la roue qui s'avance sur la grande route, nous écrasons avec indifférence bien des créatures inférieures dans notre marche. Il en a été ainsi avec les hommes rouges ; et comme le disait Sans-Traces, il continuera d'en être ainsi. Il sera entraîné jusqu'au lac salé de l'extrême Ouest, il faudra qu'il s'y plonge et y soit enseveli, ou qu'il revienne sur ses pas et meure au milieu de l'abondance.

Mon oncle Ro connaissait mieux les Indiens et leurs mœurs qu'aucun de nous, si ce n'est peut-être ma grand'mère. Elle avait vu, il est vrai, un grand nombre de ces sauvages dans les premières années de sa vie, et lorsque, toute jeune fille, elle habitait avec cet oncle qui avait reçu le sobriquet de « Porteur de chaîne » elle avait souvent entendu parler de Susquesus comme d'un Indien de grand renom, bien que déjà à cette époque éloignée il fût exilé. Lorsque notre vieil ami eut repris son siége, elle nous fit signe, à son fils et à moi de nous approcher de sa voiture, et elle nous parla du discours que nous venions d'entendre.

— Ce n'est pas ici une conférence d'affaires, nous dit-elle, mais une visite de cérémonie; demain probablement les étrangers feront connaître le véritable objet qui les amène. Tout ce qui vient de se passer jusqu'à ce moment se borne à des compliments, mêlés à un certain désir d'entendre les enseignements du sage. L'homme rouge n'est jamais pressé; l'impatience est à ses yeux une faiblesse, qu'il laisse à nous autres femmes. Eh bien! toutes femmes que nous sommes, nous pouvons attendre. Et en même temps quelques-unes de nous peuvent pleurer, comme vous voyez que c'est le cas pour miss Marie Warren.

Pendant cette petite scène, Feu-de-la-Prairie se leva de nouveau, et termina les cérémonies de cette visite préliminaire par une courte allocution.

— Père, dit-il, nous vous remercions; ce que nous venons d'entendre ne sera pas oublié. Tous les hommes rouges craignent ce Grand Lac Salé, situé sous le soleil couchant, et dans lequel cet astre, dit-on, se plonge chaque nuit. Ce que vous nous avez dit nous y fera penser encore plus souvent. Nous venons de loin et nous sommes fatigués. Nous allons aller maintenant à notre wigwam pour manger et pour dormir; demain matin, quand le soleil se sera élevé jusqu'ici, continua-t-il en montrant un point du ciel que le soleil atteignait alors, vers neuf heures, nous reviendrons et nous ouvrirons nos oreilles. Le Grand-Esprit, qui vous a épargné si longtemps, vous épargnera encore jusqu'à ce moment, et nous n'oublierons pas de venir; il nous est trop agréable d'être auprès de vous pour l'oublier. Adieu.

Les Indiens se levèrent alors ensemble, et se tinrent debout, re-regardant Susquesus pendant une minute dans un profond silence, puis ils s'éloignèrent d'un pas rapide; et suivant leur chef, ils regagnèrent leurs quartiers pour y passer la nuit. Comme le cortége s'engageait dans la route, un nuage passa sur la sombre physionomie de Sans-Traces, et de toute la journée on ne vit plus sur ses lèvres un sourire.

Il se leva tristement, et se rendit dans sa hutte de l'air d'un homme qui voulait rester seul avec ses pensées. Ma grand'mère ordonna à la voiture de se mettre en route, et tout le reste de l'assistance suivit à pied jusqu'à la maison.

CHAPITRE XXI.

Je passai cette nuit sous mon propre toit, entouré de ma famille. Quoique la nouvelle de ma présence fût généralement répandue dans le domaine et fût connue de tous ceux qui y avaient quelque intérêt, j'avoue que je ne m'inquiétai guère ni des antirentiers, ni des dangers qui pouvaient résulter pour moi de leur découverte.

Il était minuit passé quand je gagnai mon appartement; mais je ne me sentis pas la moindre envie de dormir. Tout, au loin ou près de moi, semblait enseveli dans le repos d'une nuit profonde; les troupeaux eux-mêmes, répandus dans les champs, s'étaient couchés pour dormir : car, ainsi que les hommes, ils aiment à suivre les lois de la nature, et se conforment aux alternatives du jour et de l'obscurité. John avait placé les flambeaux dans mon cabinet de toilette, et avait fermé les volets intérieurs. Pour moi, j'avais pris un siége près d'une fenêtre de la chambre à coucher; je n'étais éclairé que par la lumière de la lune, qui était alors sur le point de se coucher. Je méditais depuis une demi-heure ou depuis plus longtemps peut-être sur les événements de ce jour, lorsque je m'imaginai voir quelque objet en mouvement sur un sentier qui conduisait au village, mais qui était tout à fait distinct de la grande route. Ce sentier pouvait passer pour un chemin particulier, car il courait pendant au moins la distance d'un mille au travers de ma ferme et de mes terres, bordé de chaque côté sur une grande longueur par des clôtures, et tracé au milieu des taillis et des buissons de la clairière après qu'il avait parcouru la plaine. Il avait été pratiqué pour permettre à mon grand-père de se rendre à cheval dans ses champs, et n'était interterrompu ni par des portes ni par des barrières. De là il pénétrait dans la forêt dont j'ai déjà parlé, la traversait au moyen d'une coupe étroite, et nous offrait, pour aller au hameau, un chemin plus court d'un mille environ que la route ordinaire. Ce chemin était souvent fréquenté par les personnes qui s'éloignaient du Nest, ou qui y venaient à cheval, mais rarement par d'autres que les gens de la maison. Bien qu'il fût aussi vieux que l'édifice lui-même, il était peu connu du reste des habitants, car il ne plaisait pas au public, et l'on n'y rencontrait pas une seule habitation depuis Nest-House lui-même et le point où il regagnait la grande route au delà du bois et tout près du village.

A cette heure avancée de la nuit, une personne à cheval galopait sur ce sentier, et suivait les sinuosités nombreuses marquées par des clôtures. Quelquefois on la voyait distinctement; à de certains moments on la perdait de vue. La lune avait éclairé pour moi ce fantôme des reflets de sa lumière mystérieuse au moment où il sortait du bois, et je ne pouvais douter de la réalité de sa présence.

Je quittai ma chambre sur la pointe du pied et sans prendre de lumière, dans la crainte de réveiller la famille; car la lueur de la lune éclairait suffisamment les corridors. Je descendis aussi vite que possible à l'étage inférieur. Quelque rapide qu'eût été mon mouvement, une autre personne m'avait devancé, et je fus fort étonné quand j'atteignis la porte à laquelle le sentier aboutissait, et où les dames étaient depuis longtemps habituées à monter à cheval, et d'y trouver une femme la main sur la serrure massive, et comme prête à l'ouvrir pour quelque rendez-vous convenu. Ma surprise ne fit qu'augmenter lorsqu'en m'approchant je reconnus à la faible lueur qui pénétrait par une petite fenêtre pratiquée au-dessus de de la porte, qui? Marie Warren!

Certainement je tressaillis à cette rencontre inattendue, mais je ne pus découvrir si celle qui provoquait ce tressaillement éprouva rien de semblable à l'émotion qui m'agitait. Elle pouvait cependant avoir entendu mon pas quand je descendis l'escalier, et avoir eu le temps de se préparer à cette rencontre.

— Vous l'avez vue aussi, l'avez-vous vue, monsieur Littlepage, dit Marie en ayant soin de contenir les sons de sa voix, qui peut l'amener ici à une heure aussi avancée?

— Vous savez donc qui c'est alors, miss Warren? répondis-je.

— Certainement, répondit Marie avec assurance. Je ne peux pas, je pense, me tromper sur son véritable nom. C'est Opportune Newcome.

Ma main était sur la clef, et je la fis tourner dans la serrure. Un barreau de fer restait encore, je l'enlevai et nous ouvrîmes la porte. La personne que miss Warren m'avait nommée était en effet à quelques pas des degrés et se dirigeait vers nous. Elle montra quelque étonnement en nous trouvant là pour lui ouvrir la porte; mais elle entra précipitamment en regardant avec anxiété derrière elle, comme si elle craignait d'être suivie ou observée. Je la conduisis à la bibliothèque, j'allumai la lampe, et alors je me retournai vers mes deux compagnes silencieuses, en les regardant comme pour leur demander une explication.

Opportune était une jeune femme de près de vingt-six ans, elle hésita à s'expliquer, et les premiers mots qu'elle prononça ne furent rien moins que délicats et convenables dans la bouche d'une femme?

— Je regardais le paysage par ce charmant clair de lune, dit Marie, lorsque j'ai vu votre cheval sortir des bois et suivre le sentier. Comme vous arriviez au grand chêne, je vous ai reconnue, Opportune, et je suis accourue pour vous recevoir; car j'étais certaine que quelque événement extraordinaire pouvait seul vous amener ici à une heure aussi avancée.

— Oh! rien d'extraordinaire du tout, répondit miss Opportune nonchalamment. J'aime le clair de la lune aussi bien que vous, Marie, et je suis une cavalière infatigable, comme vous savez. Il m'est venu dans l'idée qu'il serait romantique de monter au Nest et de m'en retourner chez moi vers une ou deux heures du matin. Il n'y a rien de plus, je puis l'assurer.

Le sang-froid avec lequel cette fable fut débitée ne m'étonna pas; cependant je dois avouer que je ne fus pas assez niais pour en croire une syllabe. Nous nous étions tous assis devant une table qui occupait le centre de la pièce, Marie et moi tout près l'un de l'autre, et Opportune à une certaine distance. J'écrivis quelques mots sur un chiffon de papier pour prier Marie de me laisser seul avec notre visiteuse, et je les plaçai sous ses yeux de manière à ne pas exciter les soupçons de miss Newcome; je lui parlais en effet pendant tout ce temps de la nuit, du beau temps et de son cheval. Pendant que nous nous entretenions ainsi, miss Warren se leva et se retira doucement.

— Vous avez renvoyé Marie Warren, miss Opportune, remarquai-je.

— Seigneur! il n'y a pas grand mal à cela. J'ai l'habitude d'être seule avec des gentlemen, et je n'y attache pas d'importance. Mais sommes-nous bien seuls, monsieur Hugh, et tout à fait entre nous?

— Tout à fait, comme vous le dites. Vous n'avez pas fait cette longue promenade pour le simple plaisir de regarder la lune, miss Opportune; si vous vouliez me faire la faveur de m'indiquer votre véritable motif, je l'apprendrais avec plaisir.

— Mais si Marie écoutait par la serrure? observa Opportune tourmentée par un soupçon grossier; je ne voudrais pas pour beaucoup d'argent qu'elle entendît ce que je suis venue vous dire.

— Je ne pense pas qu'il y ait le moindre danger, répondis-je en me levant toutefois et en ouvrant la porte. Vous voyez qu'il n'y a là personne, et que nous pouvons causer en toute sécurité.

Opportune ne fut pas si facile à satisfaire. Elle était elle-même d'une curiosité insatiable, et elle avait de la peine à s'imaginer qu'une autre se laissât moins aller qu'elle-même à ce misérable penchant. Elle se leva donc, se rendit sur la pointe du pied dans le corridor, et examina tout par elle-même. Convaincue enfin que nous n'étions pas espionnés, elle revint dans la chambre, ferma doucement la porte, m'invita à m'asseoir, se plaça elle-même tout près de moi, et alors parut se disposer à me parler de l'affaire qui l'amenait.

— Cette journée a été terrible, monsieur Hugh! dit en commençant la jeune fille en laissant voir une tristesse qui, je n'en doute pas, était sincère. Qui aurait pu penser que ce jeune musicien c'était vous, et que le vieil Allemand marchand de montres était M. Roger? Je déclare que le monde me paraît être sens dessus dessous, et que personne ne sait plus s'il est à sa véritable place.

— C'était une folie peut-être, mais elle nous a permis de pénétrer des secrets importants.

— C'est précisément là la difficulté. Je vous défends autant que je peux; je dis à mes frères que vous n'avez rien fait qu'ils ne fissent eux-mêmes s'il y allait pour eux de la moitié d'une ferme, tandis que pour vous il s'agit de plus de cent.

— Vos frères se plaignent donc que je me sois montré déguisé aux antirentiers?

— Ils jettent les hauts cris, monsieur Hugh, et semblent hors d'eux-mêmes. Ils disent qu'il n'était pas généreux de venir de cette manière, et de leur voler leurs secrets. Je dis tout ce que je puis en votre faveur, mais des paroles n'ont pas beaucoup d'effet sur des hommes dans de semblables circonstances. Vous savez, monsieur Hugh, que j'ai toujours été votre amie depuis votre enfance, et que je me suis mise plus d'une fois dans l'embarras pour vous épargner des chagrins.

Opportune, en me faisant cette déclaration, que les faits ne justifiaient guère, parut aussi pénétrée et aussi confuse qu'il lui était possible de l'être.

— Vous êtes trop bonne, Opportune! répondis-je. Oui, j'ai toujours compté sur vous comme sur une amie, et je n'ai jamais douté que vous ne me défendiez quand je n'étais pas là pour me défendre moi-même.

— Oui, Seneky en particulier est dans des transes extrêmes, reprit-elle, et pour l'apaiser j'ai consenti à accourir ici moi-même à cette heure de la nuit pour vous faire savoir ce qui vous menace.

— C'est bien aimable à vous, Opportune; et n'auriez-vous pas mieux fait de me dire tout de suite ce dont il s'agit, et de vous retirer ici dans une chambre pour vous reposer après une course si pénible?

— Ce dont il s'agit, je vais vous le dire, car il est grand temps que vous le sachiez; mais quant au reste, il faut que je remonte à cheval, et que je m'en retourne au galop aussitôt que la lune sera couchée. Je dois coucher dans mon lit cette nuit. Naturellement vous et Marie Warren vous garderez le silence sur ma visite, puisque je ne suis venue que dans votre intérêt.

Je promis le secret en mon nom et en celui de Marie, et je pressai ma compagne de me faire part des renseignements qu'elle m'apportait de si loin. L'histoire fut bientôt dite, et elle était en effet assez inquiétante. J'appris une partie des faits de la bouche d'Opportune elle-même, et je puisai plus tard les autres à différentes sources toutes dignes de confiance. Voici ce dont il s'agissait.

Lorsque Seneca atteignit la bande des Indgiens et ses amis les antirentiers dans leur retraite précipitée vers le hameau, ses révélations produisirent une consternation générale. On sut alors que le jeune débauché de Paris était revenu dans son domaine, que pendant toute cette journée il s'était mêlé aux mécontents, qu'il avait appris beaucoup de leurs secrets, et avait probablement tenu note de quelques-uns des tenanciers dont les baux étaient sur le point d'expirer. Toutes ces nouvelles étaient par elles-mêmes assez mauvaises, et cependant ce n'était pas le pire de l'affaire. Il fallait trouver quelque expédient pour m'intimider et pour me réduire au silence. Il fut en conséquence décrété dans un conclave des chefs qu'une plainte serait déposée contre mon oncle et moi devant le tribunal de la justice de paix, qui était vendu aux antirentiers. On devait nous accuser de nous être montrés déguisés et armés. On voulait ainsi prévenir les plaintes que nous pourrions porter contre les véritables coupables. Opportune s'était assurée qu'il se tramait quelque chose de sérieux ; elle pensait que ce devait être pour cette nuit même, bien qu'elle ne sût pas précisément ou qu'elle ne voulût pas dire quelle était la nature de ce complot. Elle me donna toutefois à entendre que j'avais à redouter l'incendie.

Après m'avoir fait cette communication, Opportune remonta à cheval. Dès que je fus seul, je résolus de m'assurer d'abord des auxiliaires, et d'aller rendre visite à mes hôtes les Indiens.

CHAPITRE XXII.

Quand j'approchai de la maison, une sentinelle de la troupe se dressa devant moi, et me demanda ce que je voulais.

Je lui dis mon nom et que j'étais à la recherche de l'interprète Mille-Langues. Mon ami rouge ne m'eut pas plus tôt reconnu qu'il m'offrit une poignée de main à la manière américaine, et parut satisfait. Il ne me fit pas une question, il ne témoigna pas la moindre curiosité à l'égard de cette visite faite à une heure aussi inaccoutumée, et ne parut pas plus étonné que s'il avait été midi. Quelque chose de particulier m'amenait, il ne pouvait pas en douter; mais il ne sembla pas s'inquiéter de ce que pouvait être cette affaire. Il m'accompagna jusqu'à la maison et me montra l'endroit où je trouverais celui que je cherchais, qui ronflait en effet sur son lit de paille.

Je n'eus qu'à toucher du doigt Mille-Langues, qui s'éveilla et fut debout aussitôt. Il me reconnut sans hésiter, malgré l'obscurité de la chambre, me prit le bras pour m'indiquer de le suivre, et me conduisit en plein air. Après s'être éloigné assez pour qu'on ne pût nous entendre, il s'arrêta et entra vivement en matière comme un homme habitué à de telles interruptions.

— Est-ce qu'il y a quelque mouvement cette nuit? demanda l'habitant de la frontière avec le sang-froid d'un homme toujours prêt, faut-il appeler mes Peaux Rouges? ou n'y a-t-il seulement qu'un avertissement à donner?

— Vous allez en juger vous-même.

Je racontai alors à Mille-Langues la visite que je venais de recevoir, sans dire toutefois le nom d'Opportune et la nature de l'avertissement qui m'avait été donné. L'interprète accueillit sans peine la pensée d'avoir une lutte à soutenir contre les Indgiens, auxquels il gardait rancune non-seulement à cause de la petite affaire de la veille, mais surtout parce qu'ils avaient rendu les véritables sauvages ridicules ou méprisables par la lâche et grossière parodie qu'ils en avaient faite.

— L'activité est essentielle à l'homme de la prairie, et il est toujours bien aise de préparer les armes après un long intervalle de repos. Je vais dire au Chippwa que voilà d'entrer et de faire venir les Peaux Rouges, et vous pourrez donner vos ordres.

— Je voudrais vigilance plutôt que violence. Vos hommes peuvent se placer en vedettes près des principaux bâtiments, et il ne serait pas mauvais d'avoir de l'eau toute prête pour éteindre le feu avant qu'il se fût propagé.

— Vous serez obéi, colonel, car vous êtes mon Capitaine Général! mais je puis vous dire ce que je fis une fois dans nos prairies lorsque je surpris un gredin de Sioux qui attisait le feu allumé par lui dans une de mes cabanes. Je le jetai dans la flamme et lui laissai le soin de l'éteindre avec son sang.

— Nous ne devons avoir recours à la violence que si elle devient indispensable pour sauver les constructions. La loi ne nous autorise à user de nos armes qu'à la dernière extrémité. Je désire que vous fassiez des prisonniers, car ils nous serviront d'otages et intimideront les autres; je me repose sur vous pour avertir vos amis rouges.

L'interprète poussa une espèce de grognement, mais il ne répondit pas. La conversation n'alla pas plus loin, car à ce moment les Indiens se glissèrent silencieusement hors de la maison. Ils étaient armés, prêts à tout, et pleins de prudence. Mille-Langues leur eut bientôt dit ce dont il s'agissait. En cinq minutes, les Indiens étaient tous dispersés généralement deux par deux, et nous avaient laissés ensemble, l'interprète et moi, devant la maison déserte.

J'avais laissé dans ma chambre le fusil et le pistolet qui m'avaient été apportés par John. Je voulus rentrer doucement dans la maison, prendre des armes, éteindre mes lumières, et rejoindre mon compagnon, sans donner l'alarme à aucun des dormeurs.

Je réussis en effet à monter dans ma chambre, et à redescendre jusqu'à la porte; mais là je fus arrêté. Je fermais la petite poterne, comme nous appelions cette petite issue en plaisantant, lorsque je sentis une petite main se poser sur la mienne; je me retournai à l'instant. Miss Warren était à mes côtés; je lui exprimai ma surprise de la trouver encore debout.

— Je ne pourrais dormir après ce qui s'est passé ce soir, répondit-elle, sans connaître les motifs de tous ces mouvements. Je regardais à la fenêtre, je vous ai vu reconduire Opportune, puis ensuite gagner la vieille ferme qui sert d'asile aux Indiens. Dites-le-moi bien franchement, monsieur Littlepage, avons-nous quelque danger à redouter?

— Je serai sincère avec vous, Marie. Nous avons quelque raison de craindre un incendie.

— Un incendie!

— Oui. L'incendie est l'arme particulière des antirentiers et s'accorde bien avec leur déguisement. J'ai invité tous les hommes rouges à avoir l'œil au guet, et je ne pense pas qu'il puisse rien se passer de fâcheux cette nuit sans qu'on le découvre aussitôt. Demain nous pourrons nous adresser aux autorités pour obtenir protection.

— Je ne dormirai pas de cette nuit! s'écria Marie. Craignez-vous quelque chose pour cette maison?

— Qui peut savoir! Il n'est pas facile de mettre du dehors le feu à cette maison, et je ne puis pas croire que nous ayons des ennemis au dedans. Les domestiques sont anciens et éprouvés. Je ne crains donc rien de ce côté-là ; mais je redoute les gens du dehors. Je ne vous demanderai pas de vous retirer dans votre chambre, car je sais que vous ne pourriez vous endormir ; mais promenez-vous de fenêtre en fenêtre pendant une heure, ou jusqu'à ce que je vous rejoigne ; cette surveillance distraira votre esprit, et peut-être préviendra quelque crime. Un observateur invisible peut d'une fenêtre découvrir une tentative qui échapperait aux surveillants du dehors.

— Je le ferai, dit Marie avec vivacité, et si je découvre quelque chose, j'ouvrirai un côté des volets de ma chambre ; vous pourrez alors voir la lumière, vous viendrez aussitôt à la porte, et vous m'y trouverez prête à vous informer de ce que j'aurai vu.

Je rejoignis Mille-Langues, bien caché dans les ombres du portique, je lui expliquai tout en peu de mots, et nous partîmes, l'un au nord, l'autre au midi des constructions, pour nous assurer qu'aucun incendiaire n'était encore à l'ouvrage sur une des deux ailes.

Mille-Langues était enveloppé d'une ombre épaisse, et je ne pus l'apercevoir qu'en arrivant assez près de lui pour le toucher. Il était assis sur un banc, et paraissait parfaitement à son aise, comme un homme habitué aux embûches, à la vigilance et aux attaques nocturnes. Nous échangeâmes nos informations, nous nous assurâmes que tout allait bien ; puis je m'assis à son côté, et pour tromper le temps, j'entamai la conversation par le premier sujet qui me vint à l'esprit.

— C'était une scène bien intéressante que celle d'hier soir, remarquai-je, l'entrevue entre le vieux Sans-Traces et vos compagnons rouges ! J'avoue que je suis bien curieux de savoir quel pouvoir singulier peut avoir notre vieil ami sur ces tribus éloignées, pour que des chefs de renom viennent le voir de si loin.

— Ils ne viennent pas des prairies tout à fait pour cet objet, quoique, j'en suis convaincu, ils fussent prêts à le faire. Il y a dans la vie de Susquesus quelque chose de particulier et que j'ignore, et qui lui donne aux yeux des Peaux Rouges une position supérieure à celle du commun des guerriers ; j'espère l'apprendre avant d'avoir quitté ce pays.

Un moment de silence suivit ces paroles ; puis je mis le propos sur les prairies. J'esquissai telle que je la comprenais la vie que devait mener mon compagnon dans ces solitudes. Je pensais qu'il lui serait agréable d'entendre louer ses habitudes et les occupations qui faisaient sa joie.

— Je vous dirai ce qui en est, colonel, reprit l'interprète avec une émotion que je ne lui avais pas encore vue. Oui, je vous dirai ce qui en est. La vie de la prairie est délicieuse pour ceux qui aiment la liberté et la justice.

Je puis dire que l'interprète et moi nous restâmes assis une grande heure sous notre arbre, causant de tout ce qui se présentait à notre esprit; il y avait dans les opinions de mon compagnon beaucoup de vraie philosophie puisée dans la prairie, un sentiment vif de la justice naturelle mêlé à beaucoup de préjugés locaux.

Nous étions tout occupés de notre conversation, lorsque je vis s'ouvrir une partie du volet intérieur à la fenêtre de la chambre de Marie Warren; la lumière avait été approchée de la vitre de manière qu'on ne pût se tromper à ce signal. Il était évident que ma sentinelle de l'intérieur avait fait quelque importante découverte. Je ne pouvais hésiter à me conformer à un tel avis, et recommandant à Mille-Langues de continuer à veiller, je traversai la pelouse à la hâte. En deux minutes ma main était sur la serrure de la petite porte, deux secondes plus tard la porte était ouverte, et je me trouvais en face de Marie Warren. Par un geste de la main, elle me recommanda de me tenir sur mes gardes. Je fermai la porte en silence, et je lui demandai une explication.

— Ne parlez pas trop haut, murmura la jeune fille, inquiète, bien qu'elle conservât un sang-froid surprenant; je les ai découverts. Ils sont ici!

— Ici! Pas dans la maison, sûrement?

— Dans la maison même; dans la cuisine, où ils sont en train à cet instant d'allumer du feu sur le plancher. Venez doucement, il n'y a pas un moment à perdre.

La porte d'entrée s'ouvrait sur un rocher qui était bas, et quoique presque perpendiculaire, pouvait être escaladé par un homme agile. Il était possible d'en descendre en s'attachant aux rochers. C'est par là très-probablement que les incendiaires s'étaient introduits dans la maison, et la cuisine leur avait fourni tous les matériaux qui leur étaient nécessaires.

Le lecteur voudra bien croire qu'en recevant l'étonnante communication de Marie Warren je ne m'amusai pas à discuter avec elle.

Mon premier mouvement fut de désirer qu'elle courût vers le hêtre, et qu'elle avertît Mille-Langues de venir me rejoindre mais elle refusa de me quitter.

— Non, non, non. Vous ne devez pas aller seul à la cuisine, dit-elle avec empressement. Ils sont deux, et ces misérables paraissent capables de tout avec leurs figures noircies ; d'ailleurs ils sont armés. Non, non, non! venez, je vous accompagnerai.

Je n'hésitai pas plus longtemps, et je me portai en avant avec Marie à côté de moi. J'avais pris le fusil, et le pistolet à plusieurs coups était dans ma poche. Nous passâmes par la salle à manger et les offices, qui avaient servi de chemin à Marie elle-même pendant sa surveillance. Le feu allumé dans un coin de la cuisine, et qu'elle avait vu très-distinctement, devait bientôt gagner l'escalier, et de là s'étendre rapidement jusqu'à l'attique et aux matériaux de bois qui composaient en partie le toit. Heureusement tous les planchers étaient de briques, excepté celui de la salle des domestiques, au delà du passage étroit qui contenait l'escalier. Enfin, il s'était écoulé trois ou quatre minutes entre le moment où Marie avait été avertie du danger et celui où nous nous dirigions à la hâte vers la fenêtre située sous la porte d'entrée.

Une lumière éclatante qui brilla à la fenêtre opposée nous annonça les progrès faits par les incendiaires. Je priai Marie de rester où elle était, je franchis la porte, et descendis sur le pavé de la porte d'entrée. La petite fenêtre qui s'ouvrait sous l'arcade était trop élevée, mais il y avait aussi une rangée de fenêtres plus basses qui donnaient sur la cour. Je me glissai doucement vers l'une d'elles, et je pus voir distinctement tout ce qui se passait dans la chambre.

— Ils sont là! me dit Marie, qui, sans écouter ma prière, restait toujours près de moi. Deux hommes, avec des figures noircies, et le bois qu'ils ont allumé est tout embrasé.

Le feu, je pus le voir alors, ne justifiait pas les craintes que j'avais d'abord conçues. Les incendiaires avaient construit leur bûcher sur le plancher de briques qui supportait l'escalier. Il était formé d'une partie du bois ordinaire qu'ils avaient trouvé là, et qu'on avait apporté pour les besoins de la cuisine. Des charbons pris dans le foyer avaient servi à l'allumer. Le monceau de bois était considérable et brûlait à ce moment avec activité. Il ne fallait pas plus de dix ou quinze minutes pour que cette partie de la maison fût en flammes.

— Vous m'avez dit qu'ils avaient des mousquets, dis-je tout bas à Marie; les voyez-vous, maintenant?

— Non. Lorsque je les ai vus, chacun d'eux portait un mousquet d'une main et travaillait de l'autre.

J'aurais pu tirer sur ces scélérats sans difficulté et sans danger pour moi-même, mais j'ai une profonde aversion pour verser le sang humain. J'avais devant moi la perspective d'une lutte sérieuse à soutenir, et je compris la nécessité d'obtenir de l'assistance.

— Voulez-vous aller à la chambre de mon oncle, Marie, et lui dire de se lever immédiatement? puis vous irez ensuite à la porte qui est sur la façade, et vous crierez : — Mille-Langues, venez ici aussi promptement que possible. Il ne vous faudra pas plus de deux minutes pour faire tout cela, et pendant ce temps-là j'aurai l'œil sur ces gaillards.

— Je crains de vous laisser seul ici avec de telles gens, monsieur Littlepage, murmura Marie à mon oreille.

En insistant vivement, j'obtins enfin qu'elle se rendît à ma prière. La chère enfant vola plutôt qu'elle ne courut. Il ne s'était pas passé une minute quand je l'entendis appeler l'interprète. La nuit était si calme, que, si calme que fût cet appel, et si affairés que fussent les incendiaires, ils l'entendirent aussi, ou ils s'imaginèrent entendre quelque chose, et ils en furent alarmés. Ils se parlèrent entre eux, regardèrent attentivement pendant un instant leur infernale besogne, cherchèrent leurs armes placées dans un coin de la cuisine, et se préparèrent à partir.

La crise approchait. Je n'avais plus le temps de recevoir du secours avant que les deux misérables sortissent, et je devais ou engager la lutte avec eux, ou les laisser échapper. Ma première pensée fut de coucher à terre celui qui se présenterait le premier, et de me jeter sur le second avant qu'il pût préparer ses armes. Mais une réflexion rapide prévint à propos ce coup hasardeux. Les incendiaires se retirèrent, et je doutais que la loi m'autorisât à tuer un coupable qui faisait retraite. Je savais d'ailleurs que, dans une semblable affaire, un jury serait très-partial contre moi. Cependant il n'y avait pas de temps à perdre. On va voir le parti que je pris. J'entendis la porte s'ouvrir, et je me préparai à agir. Je ne savais pas si les incendiaires comptaient se retirer par le rocher ou ouvrir la grande porte, qui était munie d'une barre en dedans; mais j'étais prêt pour l'une ou l'autre alternative.

Je n'eus pas plus tôt entendu les pas d'un homme sur le pavé de la porte d'entrée, que je déchargeai mon fusil en l'air en signe d'alarme. Je mis la crosse en l'air, je m'élançai et je terrassai le premier des deux d'un coup vigoureux appliqué sur la tête. Le misérable tomba sur le pavé comme un bœuf sous la hache de l'abattoir. Je jetai alors mon fusil, et bondissant par-dessus son corps, je fondis sur son compagnon. Tout cela fut fait avec tant d'agilité que les bandits furent complètement pris à l'improviste. J'attaquai si soudainement le drôle qui se tenait encore debout, qu'il laissa tomber son fusil, et que nous nous prîmes corps à corps, attachés l'un à l'autre comme des ours qui veulent s'étouffer. J'étais jeune et agile, mais mon adversaire était plus fort que moi. Il avait aussi l'avantage d'être accoutumé à la lutte, et je fus bientôt à terre, entraînant mon ennemi sur moi. Heureusement je tombai sur le corps de l'autre incendiaire, qui commençait précisément à reprendre ses sens après le coup terrible qu'il avait reçu. Je n'avais plus d'autre chance que le secours que j'attendais. L'incendiaire avait saisi ma cravate et la tordait pour m'étrangler, lorsque je sentis un soulagement soudain. La lumière de l'incendie permit de voir ce qui se passait sous l'arcade. Marie revint juste à temps pour me secourir. Avec une résolution qui lui fit honneur, elle ramassa le fusil que j'avais jeté à terre, et passa le bout du canon entre les bras de mon antagoniste, qui m'étreignaient, et son dos, en élevant l'arme aussitôt comme un levier. Cet expédient me rendit la respiration pendant un instant, qui me suffit pour rassembler mes forces, saisir mon ennemi à la gorge, faire un effort désespéré, le jeter de côté, et me mettre en un clin d'œil sur pied. Tirant aussitôt mon pistolet de ma poche, j'ordonnai au misérable de se rendre s'il ne voulait subir les conséquences de sa résistance. La vue de cette arme m'assura la victoire. Le drôle à la figure noircie alla se cacher dans un coin, en me demandant d'un air piteux de ne pas tirer. Au même instant l'interprète parut sous la voûte, suivi d'une foule de Peaux-Rouges, qui avaient été dirigés vers la maison par le bruit de mon coup de fusil.

CHAPITRE XXIII.

J'ordonnai à Mille-Langues de mettre en sûreté les deux incendiaires, et je me précipitai dans la cuisine pour éteindre le feu. Il était grand temps, quoique Marie Warren m'y eût déjà précédé. Elle avait jeté quelques potées d'eau sur le foyer, qui commençait à s'éteindre, et elle était parvenue à amoindrir l'intensité des flammes. Je savais qu'il y avait dans la cuisine même un robinet qui fournissait de l'eau en abondance. J'y eus promptement recours, et en une demi-minute la flamme, complètement maîtrisée, fut remplacée par une vapeur épaisse qui nous plongea dans une obscurité profonde.

Le bruit de cette scène fit bientôt accourir sur le lieu qui en avait été le théâtre toutes les personnes de la maison. Les domestiques, hommes et femmes, descendaient par l'escalier sous lequel le feu avait été allumé, et maintenant l'on voyait la lumière des flambeaux qui brillaient dans toutes les directions autour de la maison.

Le feu était éteint, et la maison était sauvée. La vapeur et la fumée se furent bientôt dissipées, et à leur place apparurent dans la cuisine tous les hommes rouges. Feu-de-la-Prairie, Cœur-de-Pierre et Vol-d'Aigle examinaient les effets de l'incendie avec gravité et intérêt. Je cherchai des yeux Marie Warren; mais cette singulière enfant, après avoir montré une présence d'esprit et une décision qui auraient fait honneur à un jeune homme de son âge, s'était retirée timidement à l'écart et était allée se cacher au milieu des autres personnes de son sexe. Elle m'avait prêté son concours, dont on a pu apprécier l'utilité; son devoir était accompli; elle ne demandait plus qu'à se faire oublier.

Je divulguai cependant son secret quelques moments après.

Mille-Langues s'était assuré des coupables, et ils étaient aussi dans la cuisine avec les mains liées derrière le dos. Comme leurs visages étaient restés noirs, je ne pouvais reconnaître ni l'un ni l'autre. Le coquin qui avait été terrassé d'un coup de crosse paraissait encore étourdi, et j'ordonnai aux domestiques de le surveiller de près, dans le double but de lui faire reprendre plus complétement ses sens et de savoir qui il pouvait être.

Il ne fallut pas longtemps pour atteindre ces deux objets. La cuisinière fit manœuvrer son torchon avec tant de dextérité, que le More devint un homme blanc au premier tour de main, et fut bientôt aussi net qu'un enfant qu'on conduit à l'école; et quand il fut privé de son déguisement, nous vîmes apparaître la hideuse et lâche figure de Joshua Brigham, l'ouvrier de Miller, ou plutôt mon ouvrier, puisque c'était moi qui payais son salaire.

Je confesse qu'en découvrant Joshua Brigham, il me prit quelque envie de savoir quel était son compagnon. Hester, la cuisinière, fut chargée de débarbouiller le second marmot comme elle avait fait pour le premier. L'excellente mère de famille ne demanda pas mieux que de remplir cette tâche, et le premier coup de serviette qu'elle donna nous révéla ce fait étourdissant que j'avais pour la seconde fois capturé Seneca Newcome! On se rappellera que la dernière fois que j'avais vu ces deux hommes ensemble, je les avais laissés se disputant sur la grande route.

Cette découverte, je dois le reconnaître, me fut pénible. Il n'y avait jamais eu un seul membre de la tribu des Newcomes, depuis le grand-père, qui en était la souche à Ravensnest, jusqu'à Opportune, qui eût obtenu ni notre respect ni notre estime; cependant ils vivaient sur nos terres, et l'habitude avait fait naître une sorte d'affection pour eux. Il y avait eu aussi dans la famille une sorte de prétention à se distinguer des autres, qui les avait mis avec nous dans des relations plus fréquentes que la plupart des autres tenanciers. Seneca ne pouvait prétendre à passer pour un gentleman, dans le vrai sens du mot, mais il appartenait à une profession qui doit élever un homme au-dessus du commun. Opportune avait aussi reçu une *quasi*-éducation; d'ailleurs elle avait de bons sentiments, et il était impossible qu'elle eût prévu les desseins de son propre frère quand elle m'avait soumis les renseignements qu'on a lus plus haut. Opportune surtout avait plus de délicatesse que Seneca, précisément parce que ses relations se renfermaient dans un cercle plus étroit; et elle allait se livrer au désespoir quand elle apprendrait le résultat inattendu de ses propres démarches.

J'étais encore plein de toutes ces réflexions, lorsque je fus appelé par ma grand'mère.

Ma chère grand'mère savait que la maison était sauvée, mais elle avait un vague et bien naturel désir de me voir.

— L'état du pays est effrayant, dit-elle après que j'eus répondu à ses questions et que je lui eus appris les noms de nos prisonniers, et nous ne sommes plus ici en sûreté. Nous ne pouvons pas penser à garder ici ces enfants une heure plus tard que demain, c'est aujourd'hui que je devrais dire, car il est deux heures passées, à ce que je vois. C'est aujourd'hui dimanche. Il faudra surveiller avec soin cette nuit, et lundi matin votre oncle partira pour Satanstoë avec les trois jeunes filles.

— Je ne laisserai pas ma chère grand'maman toute seule, dit Patt, et je ne pense pas qu'il fût fort aimable de laisser Marie Warren derrière nous dans un pays comme celui-ci.

— Je ne puis quitter mon père, répondit Marie avec calme, mais avec fermeté. C'est son devoir de rester avec ses paroissiens, et surtout aujourd'hui, qu'il y en a tant d'égarés ; et c'est toujours mon devoir et mon bonheur de rester avec lui.

Ma grand'mère lui prit la main :

— Marie et moi nous resterons ensemble, dit-elle. Son père ne court aucun danger, car les antirentiers eux-mêmes respecteront un ministre de l'Évangile, et peuvent encore comprendre qu'il est de son devoir de les reprendre de leurs péchés ; quant aux autres jeunes personnes, c'est le nôtre, je crois d'insister pour qu'au moins les pupilles de votre oncle ne s'exposent pas plus longtemps à des dangers tels que ceux que nous avons courus cette nuit.

Les deux jeunes demoiselles cependant protestèrent de la façon la plus gracieuse de leur ferme résolution de ne pas quitter grand'maman, comme elles appelaient affectueusement la mère de leur tuteur. Elles parlaient encore, quand mon oncle Ro entra, après avoir fait un tour à la cuisine.

— Voilà une jolie affaire ! s'écria le vieux garçon : incendie, antirentisme, tentative de meurtre, et toutes sortes d'énormités qui se donnent la main au cœur même de la société la plus sage que la terre ait connue ! Voilà qui dépasse de beaucoup le refus de payement, Hugh ! Mais qu'allons-nous faire de Seneca Newcome et de son complice ?

— J'avais pensé, Monsieur, à en référer à votre prudence. Ils se sont rendus coupables d'incendie, j'imagine, et ils doivent subir les conséquences de leur action comme les criminels ordinaires.

— Les conséquences seront peu dangereuses, Hugh. Si vous aviez été pris dans la cuisine de Seneca Newcome en train de mettre le feu à sa maison, un châtiment impitoyable et digne d'un tel forfait aurait été votre lot, cela n'est pas douteux. Mais pour eux le cas est bien différent. Je parie cent livres avec vous qu'ils ne seront pas condamnés.

— Acquittés, Monsieur! mais ce serait impossible! Miss Warren et moi nous les avons vus préparer le feu, et les témoins de leur identité abondent ici.

— Il me semble alors que nous devons notre salut à Marie, d'après tout cela, s'écria ma bonne grand'mère; sans sa vigilance, Hugh probablement serait resté sur la pelouse, et il n'aurait pas été temps, quand il se serait aperçu du danger, de sauver ni la maison ni nous.

— Et ce n'est pas tout, ajouta l'oncle Ro : certainement si ces misérables avaient surpris Hugh au lieu d'être surpris par lui, nous aurions à déplorer sa perte.

Je vis frissonner à la fois Patt et Marie, qui se tenaient l'une et l'autre embrassées; mais la dernière paraissait si attristée, que je crus devoir intervenir dans l'entretien pour mettre un terme à son embarras.

— Je ne crois pas qu'il soit possible aux incendiaires, dis-je en me tournant vers mon oncle, d'échapper au châtiment, quand je pense aux témoignages qui les accableront; et je suis étonné de vous voir élever un doute sur l'issue du procès.

— Vous pensez et vous raisonnez comme un jeune homme, Hugh. Souvenez-vous de ce que je dis, Hugh Littlepage : avant qu'il soit un mois d'ici on fera des événements de cette nuit un argument en faveur de l'antirentisme. On a bien agi de cette manière quand il s'est agi de meurtre.

— Les tenures à bail poussent les hommes à commettre le meurtre, a-t-on dit, il faut les abolir. Les tenures à bail poussent les hommes à allumer des incendies, dira-t-on maintenant, et qui peut vouloir conserver des lois provoquant l'incendie? Mais il est tard, et il faut songer à trouver une place pour nos prisonniers pendant cette nuit... Que signifie cette lumière? La maison n'est pas en feu pourtant!

En effet, bien que les volets fussent fermés et les rideaux tirés dans la chambre de ma grand'mère, une lueur inexplicable y avait pénétré, nous jetant dans une alarme vive et soudaine. J'ouvris la porte, et je trouvai les couloirs éclairés, quoiqu'au dedans tout parût tranquille et en sûreté. On entendait cependant une vague clameur dans la cour et tout à coup le terrible cri de guerre des sauvages s'éleva dans l'atmosphère calme de la nuit. Il me sembla que les cris venaient du dehors ; et me précipitant vers la petite porte, je fus en un instant sur la pelouse, où le mystère s'expliqua pour moi. Une vaste grange, remplie de foin de la récolte précédente, était en feu. De gigantesques langues de flamme ondoyaient, en se divisant dans l'air, à une hauteur de plus de cent pieds.

Cette grange s'élevait dans la plaine au-dessous du rocher, à un demi-mille au moins du Nest. L'incendie produisait une flamme brillante d'où jaillissait naturellement une lumière intense. La perte ne pouvait dépasser pour moi quelques centaines de dollars, et ce n'était pas une affaire de grande importance.

Il était trop tard pour penser à sauver la grange et les denrées dont elle était remplie ; Miller, d'ailleurs, accompagné de ses gens, était déjà descendu vers ce point pour préserver les clôtures et tout ce qui pouvait être atteint par les étincelles. Nous n'avions donc qu'à rester spectateurs de cette scène, digne d'être admirée et d'être décrite.

La lumière de cette grange enflammée s'étendait au loin, comme une mauvaise action dans un monde pervers ; car malgré l'autorité respectable de Shakspeare, ce sont nos mauvaises actions qui produisent les flammes les plus brillantes, et qui projettent le plus loin leurs rayons sur cette terre dépravée où nous vivons.

Ce qu'il y avait de plus remarquable, au milieu de ce remarquable spectacle, c'étaient les véritables et les faux hommes rouges, les Indiens et les Indgiens, tous en mouvement dans la prairie, et que nous voyions tous très-distinctement du sommet des rochers où nous étions placés, les dames se tenaient aux fenêtres de leur chambre, quoiqu'il ne leur fût pas si aisé de se voir les uns les autres.

Aussitôt que Cœur-de-Pierre et ses compagnons s'aperçurent que les faux Indiens prenaient la fuite, et qu'ils n'auraient pas pour égayer leur matinée l'escarmouche sur laquelle, sans aucun doute, chacun d'eux avait compté, ils poussèrent des hurlements et des cris tels que ces prairies n'en avaient plus entendu pendant les quatre-vingts dernières années. Ces cris terribles eurent pour effet de hâter la retraite de l'ennemi, comme nous le vîmes fort clairement des rochers sur lesquels nous étions placés. Mais les guerriers des prairies, bien convaincus qu'il ne leur restait rien à faire et dédaignant d'inutiles parades, se retirèrent lentement de la prairie et regagnèrent les rochers par des moyens à eux connus.

Cette démonstration militaire de la part de nos frères rouges devait produire d'utiles résultats. Elle prouvait aux Indgiens qu'on ne les perdait pas de vue, et elle rassurait les habitants du Nest. Ma grand'-mère voulut encore nous voir un instant, mon oncle et moi, puis elle consentit à se retirer. On organisa alors une surveillance, afin de pouvoir renvoyer tous les gens de la maison dans leurs lits. Mille-Langues se chargea de la garde, quoique la pensée d'une nouvelle attaque cette nuit lui parût ridicule.

— Pour les Peaux-Rouges, dit-il, il leur est indifférent, dans cette saison, de dormir sous les arbres ou de dormir sous un toit; et pour s'éveiller au premier bruit, les chats n'approchent pas d'eux. Non, non, colonel, laissez-moi faire; et je vous ferai passer la nuit aussi tranquillement que si nous étions dans les prairies, et que si nous vivions sous leur bonne et juste loi.

J'étais sur le point de gagner enfin mon lit pour la première fois de cette nuit, lorsque mon oncle Ro remarqua qu'il pourrait être convenable de voir au moins un de nos prisonniers. Des ordres avaient été donnés pour qu'on déliât ce misérable, et qu'on le plaçât dans une petite chambre vide, qui n'avait d'autre issue praticable que la porte. Nous nous rendîmes dans cette pièce, et comme de raison les sentinelles nous laissèrent passer sans nous faire de questions. Seneca Newcome tressaillit en me voyant, et j'avoue que je fus moi-même embarrassé de lui adresser la parole, car je n'aurais pas voulu par un seul mot paraître triompher ou sembler faire des concessions. Mon oncle, cependant, n'avait pas les mêmes scrupules, probablement parce qu'il connaissait mieux son homme; il vint donc tout d'un coup au fait.

— L'esprit de désordre doit avoir acquis une grande influence dans le pays, Seneca Newcome, pour que des hommes instruits comme vous se jettent ainsi tête baissée dans le mouvement, dit gravement M. Littlepage; qu'a fait jamais mon neveu qui ait pu vous pousser à vous introduire ainsi dans sa maison comme un incendiaire, comme un larron de nuit?

— Ne m'interrogez pas, monsieur Littlepage, répondit insolemment l'homme de loi, car je ne répondrai rien.

— Et cette misérable créature égarée qui a été votre complice, ajouta-t-il en se tournant vers Josh Brigham, qui le regardait avec arrogance, et vous qui mangez maintenant même le pain de Hugh Littlepage, qu'a-t-il fait pour que vous veniez ainsi, en rampant dans les ténèbres, le brûler dans sa maison, comme une chenille au printemps?

— Il a eu la ferme assez longtemps, murmura le drôle; il est temps que les pauvres gens aient quelque chance.

Mon oncle haussa les épaules, puis nous gagnâmes enfin nos lits. Comme nos ordres avaient pourvu à la tranquillité de la maison, chacun rattrapa le temps perdu, et le Nest fut aussi paisible que dans les heureux jours où la loi régnait dans la république.

CHAPITRE XXIV.

Le jour suivant était un dimanche. Lorsque la famille se trouva réunie dans la salle à manger, nous éprouvions tous un calme singulier. Quant à ma grand'mère, je connaissais son courage et sa vieille expérience, et je n'étais pas fort surpris de la trouver si tranquille et si raisonnable; mais ses quatre jeunes compagnes semblaient aussi partager avec elle cette froide raison et cette tranquillité. Patt riait et s'abandonnait à sa vivacité naturelle, comme s'il ne s'était rien passé d'extraordinaire, tandis que les autres pupilles de mon oncle conservaient une retenue de femmes bien élevées, qui ne trahissait pas la moindre appréhension. Marie Warren cependant me surprit par ses allures et sa conduite. Elle s'assit à table à sa place ordinaire, et paraissait la plus gracieuse, la plus timide, la plus femme des quatre; je pouvais à peine m'imaginer que la fille du recteur, si réservée, si modeste, si charmante, si prompte à rougir, était la même que cette jeune fille active, décidée, au jugement droit, qui m'avait si bien secondé la nuit passée, au sang-froid et à la discrétion de laquelle nous devions tous, sans aucun doute, de reposer encore sous notre toit, et quelques-unes devaient la vie.

Le déjeuner fut silencieux; il n'y eut guère de conversation qu'entre ma grand'mère et mon oncle, et elle eut principalement pour objet nos deux prisonniers.

Nous étions encore à déjeuner quand les sons de la cloche de Saint-Andrew remplirent l'air de leurs vibrations mélancoliques, et nous avertirent de nous préparer à entendre les offices du jour. Il y avait un peu plus d'un mille pour se rendre à l'église, et les jeunes demoiselles exprimèrent le désir de faire la route à pied. Ma grand'mère, accompagnée de son fils, monta donc seule en voiture, tandis que la jeunesse réunie se mit en marche une demi-heure avant que la cloche sonnât pour la seconde fois. Quand je pensais à l'état du pays, aux événements de la nuit passée, et que je pensais ensuite à ma propre indifférence dans cette promenade et à la tranquillité de mes charmantes compagnes, j'étais confondu d'étonnement, et je ne pus m'empêcher d'en faire part aux demoiselles.

— Rappelez-vous que c'est dimanche, Hugh, me répondit Patt, et nous n'avons jamais eu d'alerte ce jour-là; le peuple de ce côté-ci est trop religieux pour profaner le jour du repos par la violence et l'emploi des armes.

En effet, ces mêmes hommes qui se portaient aux derniers excès pour satisfaire leur convoitise parurent tous à l'église, et entendirent l'office avec les mêmes signes de dévotion que s'ils n'avaient eu rien à se reprocher. Pourtant je pus découvrir sur les physionomies de beaucoup de vieux tenanciers de la famille une expression bien différente de celle que j'avais vue autrefois, un regard froid, dans lequel on ne pouvait plus lire cette ancienne bienveillance qui avait si longtemps existé entre nous.

— Maintenant je vais revoir le dais qui surmonte notre banc, m'écriai-je quand nous approchâmes de l'église; je l'avais profondément oublié quand Jack Dunning, l'ami de mon oncle, lui a écrit qu'il faut l'abattre.

— Et je suis bien de son avis, répondit Martha.

— Et que dites-vous de cela, miss Warren? demandai-je en me tournant vers ma compagne, car je ne sais par quelle attraction secrète je marchais à côté d'elle; dites-vous : Vive le dais! ou à bas le dais!

— A bas le dais! répondit Marie avec résolution; je partage l'avis de mistress Litlepage, que les églises ne doivent conserver que le moins de traces possibles de nos distinctions mondaines.

— Et votre père, miss Warren, l'avez-vous jamais entendu parler de mon malheureux dais?

— Mon père, répondit Marie après avoir hésité un instant, est aussi de l'avis de mettre les dais dehors, et naturellement il ne fait aucune exception pour le vôtre.

— Véritablement, vous ne sauriez imaginer, Hugh, reprit Patt à son tour, combien on a parlé de cette laide décoration dans ces derniers temps.

— Je n'en doute pas, ma chère. Tous ces bavardages sont des attaques indirectes contre les baux. On impute à nous autres pauvres propriétaires tous les méfaits que l'on peut imaginer pour rendre notre cause impopulaire, et accroître ainsi les chances de nous voler avec impunité. Mon dais restera aussi longtemps que l'antirentisme existera à Ravensnest; à moins qu'on n'emploie la violence pour le renverser. Lorsque les habitants se seront réconciliés avec le sens commun et commenceront à saisir la différence qu'il y a entre *le mien* et *le tien*, la cuisinière pourra quand il lui plaira en faire du bois pour son four.

Quand nous fûmes arrivés à la barrière qui communiquait du chemin de traverse que nous avions pris à la grande route en face de l'église, nous interrompîmes notre conversation, peu convenable dans ce lieu et dans ce moment. La congrégation de Saint-Andrew était peu nombreuse, comme presque toutes celles de la campagne qui appartiennent à la même secte, qui sont vues avec défiance et quelquefois avec aversion, surtout par les descendants des puritains. Toutefois, malgré la défaveur qui pesait sur la communion, je trouvai que M. Warren était un prédicateur populaire. Un peuple plein de préjugés et imbu des habitudes de province était naturellement disposé à considérer avec répugnance tout ce qui n'était conforme ni à ses opinions ni à ses coutumes; et de ce fait seul que M. Warren appartenait à une église qui reconnaissait les évêques, on concluait, à force de subtilités, que sa secte favorisait l'aristocratie et les classes privilégiées. Néanmoins, malgré ces objections, la popularité de notre ministre imposait le respect à tous les gens d'alentour, et, ce qui peut paraître étrange, le courage avec lequel, seul dans tout le clergé de la contrée, il avait osé gourmander l'esprit de convoitise qui se propageait, n'était pas la moindre cause du respect qu'il inspirait. Cette conduite loyale avait provoqué des menaces et des lettres anonymes, la ressource ordinaire de la bassesse et de la lâcheté; mais elle avait en même temps accru son influence, et arraché la déférence secrète de beaucoup de gens qui auraient été heureux de lui montrer des sentiments bien différents si cela avait été en leur pouvoir.

Ma grand'mère et mon oncle avaient déjà pris place dans leur banc lorsque nous autres piétons nous entrâmes dans le temple. Marie Warren se dirigea d'un autre côté, et alla s'asseoir, accompagnée de ma sœur, dans le banc réservé au recteur, tandis que les deux autres demoiselles montèrent au sanctuaire, et se mirent à leurs places accoutumées. Je suivis, et pour la première fois de ma vie je me trouvai assis sous ce dais objet de tant de rancunes, investi en quelque sorte de tous les droits de la propriété. Le lecteur doit savoir que toute la différence que l'on pût remarquer entre ce malheureux banc et tous ceux qui remplissaient l'église consistait simplement en ce qu'il était plus vaste et plus commode, avantages qu'avec un peu d'argent tous les autres paroissiens auraient pu obtenir comme nous, et qu'il était surmonté d'une sorte de toit lourd, grossier, disgracieux. C'est ce toit qu'on ne pouvait tolérer; c'était de tous les objets qu'on pouvait rencontrer à Ravensnest celui qui blessait le plus les regards.

Je ne m'arrêterai pas à rapporter tous les bruits impertinents et ridicules qui avaient été répandus sur les motifs qui m'avaient engagé à me montrer déguisé dans le hameau le jour précédent, ou sur tous les événements qui avaient suivi; mais il en est un si caractéristique et si intimement lié avec notre sujet, que je ne puis l'omettre. On disait tout bas que j'avais mis moi-même le feu à ma propre ferme la seconde nuit après mon arrivée, afin de rejeter l'odieux d'un pareil acte sur ces « vertueux et laborieux paysans » qui tenaient sur pied un corps armé pour me chasser de mon bien. Or, remarquons-le bien, quand on n'a pas eu l'occasion de s'en assurer par soi-même, on ne peut pas se faire une idée de tout ce qu'il y a de puissant et de formidable dans les *on dit* américains. En aucun pays du monde, ces bruits colportés de bouche en bouche n'exercent une influence aussi capitale et aussi dangereuse. Il y en a peu qui osent leur résister; il y en a moins encore qui pensent à mettre en question leur exactitude.

J'étais donc là, comme je l'ai appris depuis, « le point de mire de tous les curieux. » Quand je pus regarder de plus près l'assemblée, je me convainquis que la plus grande partie de ceux qui la composaient n'appartenaient pas à la paroisse de Saint-Andrew. La curiosité ou quelque autre sentiment malveillant avait triplé ce jour-là le nombre des auditeurs de M. Warren, ou plutôt le nombre de mes surveillants.

Le service divin ne fut pas interrompu, si ce n'est par la maladresse de quelques assistants étrangers aux détails de la cérémonie. Le respect que l'on accorde toujours à la célébration des rites sacrés maintint tout le monde dans l'ordre; et entouré comme je l'étais de toute la malveillance que la cupidité pouvait avoir inspirée pour un homme qui, après tout, n'y avait fourni aucun prétexte, je n'eus à essuyer aucune violence et même aucune insulte.

Je ne crois pas que la ferveur eût été ce jour-là bien ardente dans l'église de Saint-Andrew à Ravensnest. La moitié au moins de l'assemblée marmottait d'un air distrait la liturgie, et tous ceux qui avaient perdu la page du livre que l'on récitait, ou qui ne s'étaient pas mis en peine de la trouver, semblaient penser qu'il leur suffisait, pour s'acquitter pleinement des devoirs du culte à nous autres semi-papistes, de tenir les regards fixés sur moi et sur le dais qui couvrait mon banc. Je ne pourrais dire combien il y avait devant moi de ces pharisiens rigoureux observateurs de la loi, qui me croyaient capable d'avoir brûlé ma propre ferme pour en rejeter la honte sur les « vertueux, honnêtes et laborieux » tenanciers qui ajoutaient foi à toutes les histoires ridicules qui tendaient à amoindrir mon titre de propriété, qui se laissaient envelopper dans cette trame que la cupidité avait si habilement tissue, et dont elle couvrait tout le pays : je ne sais, dis-je, combien ils étaient, mais les événements qui ont suivi m'ont donné lieu de penser que leur nombre n'était pas petit.

Je m'arrêtai dans la sacristie pour dire un mot à M. Warren après que l'assemblée se fut séparée; car il n'avait pas passé la nuit avec nous au Nest, bien que sa fille y fût restée. Nous nous entretînmes un instant des événements de la matinée, de nos captures de la nuit, dont il n'avait entendu parler que vaguement; puis je lui dis :

— Votre congrégation était plus nombreuse que de coutume ce matin, Monsieur, mais en même temps elle ne m'a pas paru aussi recueillie qu'elle aurait pu l'être.

— Cela tient à votre retour, monsieur Littlepage, et aux événements des deux derniers jours. Un moment j'ai craint qu'il n'y eût quelque projet mystérieux, et que la sainteté du jour et du lieu ne fût profanée par quelque odieuse scène de violence. Grâce à Dieu, tout a bien été, et je crois qu'il n'y a rien à redouter de cette affluence.

— Quoi! vous avez donc pensé que Saint-Andrew courait quelque risque aujourd'hui!

M. Warren rougit un peu et hésita un moment avant de répondre.

— Vous connaissez sans aucun doute, jeune homme, dit-il, la nature des sentiments qui sont répandus maintenant dans le pays. Pour en venir à ses fins, l'antirentisme se fait des auxiliaires de tout ce qu'il peut trouver, et entre autres choses il dirige maintenant ses attaques contre votre banc. J'ai pensé, je l'avoue, que peut-être on avait formé le complot de se porter à quelque violence contre cet objet.

— Laissez-les faire, Monsieur : ce banc sera changé ; mais je me fonderai pour cela, quand il sera temps, sur des principes généraux et justes, et je ne céderai pas à l'envie, à la colère et à la cupidité. Il vaudrait mieux laisser ce banc en place pendant encore un demi-siècle, que de faire une concession à ces gens-là.

Je partis en disant ces mots, et je me hâtai de rejoindre les demoiselles dans les champs.

CHAPITRE XXV.

Tel fut mon empressement à quitter l'église, que je m'éloignai sans me détourner d'aucun côté. Je vis la svelte et gracieuse Marie, qui, mêlée à l'aimable troupe, ralentissait son pas et semblait attendre que je l'eusse rejointe. Je traversai la route, je franchis la barrière, et j'entrai dans la prairie, où j'atteignis les demoiselles.

— Que signifie toute cette foule, Hugh? me demanda ma sœur en me montrant la route avec la canne de son ombrelle.

— De la foule! je n'ai pas vu de foule. Tout le monde a quitté le temple avant moi, et j'ai vu l'assistance s'écouler paisiblement. Ah!

Il est vrai, on dirait une foule là-bas sur la grande route. Je crois que c'est un meeting organisé! Oui, voici le président assis sur la balustrade en haut de la clôture. Voici sans doute le secrétaire, le gaillard qui tient un morceau de papier à la main. Tout cela est bien américain; toutes les règles sont observées. On machine quelque odieux projet, j'en réponds, et l'on veut lui donner l'apparence d'une manifestation de l'opinion publique. Tenez, voici un gaillard qui parle en gesticulant de la belle manière.

Nous nous arrêtâmes un moment, et nous observâmes le rassemblement, qui en effet avait tous les caractères d'un meeting public. Les jeunes filles m'apprirent qu'elles l'avaient vu à la même place et dans le même état depuis qu'elles avaient quitté le temple. Ce spectacle était véritablement curieux. La journée était belle, le temps ne nous pressait pas; nous nous mîmes en conséquence à marcher d'un pas très-lent dans la campagne. Nous nous arrêtions même de temps en temps pour regarder derrière nous, et pour suivre la scène qui se jouait sur la grande route.

Nous pouvions avoir parcouru de cette façon la moitié de la distance qui séparait l'église du Nest, lorsqu'en nous retournant nous nous aperçûmes que la foule était dispersée. Quelques-uns s'éloignaient dans l'indispensable voiture à un cheval; d'autres étaient en selle, d'autres enfin marchaient à pied. Il y avait cependant trois hommes qui s'avançaient dans notre direction comme s'ils avaient eu l'intention de nous atteindre. Ils avaient déjà franchi la barrière et s'étaient engagés dans le sentier qui venait à la maison. Dans cette circonstance, je résolus immédiatement de m'arrêter et de les attendre. Je fouillai d'abord dans ma poche, pour m'assurer que je n'avais pas oublié mon pistolet à plusieurs coups. Il devient de plus en plus une arme essentielle, maintenant qu'on ne se contente plus dans les combats privés de combattre « vergue à vergue, » mais que, selon les règles, on lâche des bordées de bâbord et de tribord. » Je fis connaître aux jeunes personnes quelle était ma résolution.

— Comme ces hommes viennent évidemment à ma rencontre, leur dis-je, il est peut-être convenable à vous de continuer votre course vers la maison tandis que je vais les attendre.

— Vous avez raison, répondit Patt. Ils n'ont probablement rien à vous dire qui puisse nous intéresser, et vous nous aurez bientôt rattrapées. Rappelez-vous, Hugh, que le dimanche nous dînons à deux heures, et que l'office du soir commence à quatre dans ce mois-ci.

— Non, non, dit Marie Warren avec vivacité, nous ne devons ni ne pouvons quitter M. Littlepage. Ces hommes peuvent se porter sur lui à quelque violence.

Je fus délicieusement ému de ce simple et naturel témoignage d'affection et de l'air de décision qui l'accompagna. Marie elle-même rougit en y réfléchissant, mais elle n'en persista pas moins dans son opinion.

— Quoi! et quel service pourrions-nous rendre à Hugh, chère, en admettant même que vous ayez raison? répondit Patt. Il vaudrait bien mieux courir en hâte à la maison, et lui envoyer des hommes qui pourraient l'assister dans cette circonstance, que de rester ici dans l'impossibilité d'agir et de lui être utiles.

Miss Coldbrooke et miss Marston, qui étaient déjà à quelque distance en avant de nous, comme si elles avaient voulu mettre cet avis à profit, s'éloignèrent presque en courant. Elles avaient sans aucun doute l'intention d'exécuter le projet de ma sœur; mais Marie Warren tint bon, et Patt ne voulut pas abandonner son amie.

— Il est bien vrai que nous ne saurions être capables de venir en aide à M. Littlepage si on voulait employer contre lui la violence, observa la première; mais la violence est peut-être ce que nous avons le moins à craindre. Si nous laissons seul votre frère, ils seront trois contre un, et comme ces vilaines gens ne se soucient guère de la vérité, il vaut mieux que nous restions ici afin d'*entendre* tout ce qui se dira, et de pouvoir en témoigner si ceux qui vont arriver jugent à propos de te défigurer, comme il ne leur arrive que trop souvent.

Patt et moi nous fûmes frappés de la sagesse de cette idée, et ma sœur s'approcha de la barrière sur laquelle je me tenais en ce moment avec une contenance aussi résolue que celle de Marie Warren. Au même instant les trois hommes s'approchèrent. J'en connaissais deux de nom, quoique je les eusse à peine vus; mais le troisième m'était complètement inconnu. Les deux premiers s'appelaient Bunce et Mowatt; ils étaient tous deux du nombre de mes tenanciers, et, comme je l'avais déjà appris, de chauds antirentiers. Le troisième était un démagogue en voyage, qui avait été un des principaux meneurs dans l'affaire du meeting, et qui de ses deux compagnons était parvenu à se faire des instruments faciles. Tous les trois ils montèrent sur la barrière d'un air important, et la majesté de leur démarche n'aurait pas été plus imposante s'ils avaient porté le titre d'ambassadeurs extraordinaires de l'empereur de la Chine.

— Monsieur Littlepage, dit M. Bunce d'un ton merveilleusement digne, il y a eu ce matin un meeting du peuple dans lequel ont été adoptées ces résolutions. Nous avons été formés en comité pour vous en remettre une copie, et notre devoir est maintenant accompli puisque nous vous remettons ce papier.

— A moins, je présume, Monsieur, que je ne juge pas convenable de l'accepter, répondis-je.

— Je pense qu'il n'y a personne dans un pays libre qui refusât de recevoir la notification de résolutions votées dans un meeting de ses concitoyens.

— Cela dépend des circonstances, et en particulier du caractère de ces résolutions. La liberté de ce pays est précisément ce qui donne à chacun autant de droit de vous déclarer qu'il ne tient aucun compte de vos résolutions que vous en avez eu vous-même de les adopter.

— Mais vous n'avez pas jeté les yeux sur ces résolutions, Monsieur, et vous ne pouvez, avant de l'avoir fait, vous former une opinion à leur égard.

— Vous avez raison ; mais j'ai pu voir ceux qui me les apportent ; j'ai vu leur façon d'agir, et il ne me plaît pas qu'on s'arroge le pouvoir de me dire que chacun peut m'envoyer des résolutions sans se préoccuper de savoir s'il me convient ou non de les recevoir.

En entendant cette déclaration, le comité sembla pétrifié. La pensée qu'un seul homme pouvait hésiter à se soumettre à un joug qui lui était imposé par une centaine d'autres paraissait si nouvelle et si inconcevable à des hommes qui attribuaient tous les pouvoirs aux majorités, qu'ils ne savaient comment prendre ce que je venais de dire. Leur premier mouvement fut de repousser l'injure ; mais un moment de réflexion leur fit comprendre probablement qu'une telle conduite les servirait mal.

— Dois-je conclure de vos paroles, monsieur Littlepage, que vous refusez de recevoir les résolutions d'un meeting public ?

— Oui, et d'une demi-douzaine de meetings publics si vous voulez, si ces résolutions sont offensantes pour moi et me sont présentées d'une manière offensante.

— Je vais donc dire au peuple que vous refusez même de lire ses résolutions, squire Littlepage?

— Vous pouvez leur dire ce qui vous plaira.

— Je vais donc dire au peuple de Ravensnest que vous avez pour lui le plus profond mépris?

— Je ne vous autorise pas à rien dire de ma part au peuple de Ravensnest, car je ne sais pas si le peuple de Ravensnest vous a donné aucune mission. Si vous me priez respectueusement de lire le papier que vous tenez à la main, du ton dont on sollicite une faveur, et non comme on réclame un droit, je pourrai vous satisfaire; mais je conteste l'autorité que vous voulez vous arroger de me contraindre à me soumettre à vos résolutions.

— Monsieur Hugh Littlepage junior, me dit Dunce d'un ton solennel et avec autant de gravité que s'il m'avait présenté, en exécution de la loi, des conclusions qui eussent dû être rédigées en phrases mûrement pesées, je vous demande maintenant de la façon la plus respectueuse si vous voulez consentir à recevoir ce papier? Il contient certaines résolutions adoptées à l'unanimité par le peuple de Ravensnest, et qui sont pour vous du plus haut intérêt. Je suis chargé de vous demander respectueusement si vous voulez accepter une copie desdites résolutions.

Là-dessus je coupai court, et j'interrompis l'orateur en recevant le papier qu'il m'offrait, et les trois dignes ambassadeurs parurent un peu désappointés de ma résolution. Je plaçai leur copie dans ma poche, je saluai gravement le comité, et me retirai. Dès que je fus à l'abri des regards, je tirai vivement le papier de ma poche, et les jeunes filles, avec une curiosité égale à la mienne, s'approchèrent de moi pour mieux entendre.

— Voyons donc, dit Patt, ces importantes résolutions. Peut-être quand nous les connaîtrons nous paraîtront-elles convenables.

Je me mis donc à lire à haute voix :

« A un meeting des citoyens de Ravensnest, spontanément réunis, le 22 juin 1845, sur la grande route, après avoir assisté au service divin dans la maison d'assemblée épiscopale, conformément aux usages de l'Eglise établie d'Angleterre, Onesiphorus Hayden, esquire, a été appelé au fauteuil, et Pulaski Todd, esquire, a été nommé secrétaire.

Après une exposition éloquente et lumineuse de l'objet du meeting, et une esquisse saisissante de l'aristocratie et des droits de l'homme par Démosthène Howlett et John Smith, esquires, les résolutions suivantes, expression de l'opinion publique, ont été adoptées à l'unanimité :

» Résolu que si les hommes sont égaux aux yeux de la loi, ils le sont encore bien davantage aux yeux de Dieu...

» Résolu que les maisons d'assemblée sont des édifices construits pour un but d'utilité publique, et qu'on ne doit y rien admettre qui soit opposé au sentiment public, ou dont il puisse se blesser avec raison.

» Résolu que, dans notre opinion, le siège qui est assez bon pour un homme est assez bon pour un autre homme ; que nous ne connaissons pas de différence entre les familles et les races, et que les bancs doivent être réglés d'après les principes d'égalité comme les lois.

» Résolu que les dais sont des distinctions royales tout à fait déplacées dans des républiques et plus que partout ailleurs dans des maisons d'assemblée républicaines.

» Résolu que la religion doit s'accommoder aux institutions du pays où elle est en vigueur, qu'un gouvernement de forme républicaine a droit d'exiger une religion de forme républicaine, et que nous ne pouvons considérer les siéges privilégiés dans la maison de Dieu comme étant d'accord avec les principes de liberté.

» Résolu qu'en plaçant un dais au-dessus de son banc dans la maison d'assemblée de Saint-Andrew de Ravensnest, le général Cornelius Littlepage était d'accord avec l'esprit du temps passé plutôt qu'avec l'esprit du temps présent, et que nous considérons le maintien de ce dais comme aristocratique, comme indiquant une prétention à la supériorité, qui est contraire à la nature du gouvernement, menaçante pour la liberté, et d'un exemple dangereux.

» Résolu que nous voyons un rapport évident entre les têtes couronnées, les titres de noblesse, les bancs surmontés de dais, les distinctions personnelles, les tenures à bail, les PROPRIÉTAIRES TERRIENS, les corvées, les poules grasses, les baux de trois générations et les FERMAGES.

» Résolu que nous sommes d'avis que quand les propriétaires de fermes veulent les détruire pour quelque cause que ce soit, il est une manière de les faire disparaître moins alarmante pour le voisinage que l'incendie, et qui a pour résultat de donner lieu à mille bruits fâcheux et à mille accusations dépourvues de vérité.

» Résolu qu'il sera dressé procès-verbal de ces résolutions, et qu'une copie en sera délivrée à un certain Hugh Littlepage, citoyen de Ravensnest, dans le comté de Washington, et que Peter Dunce, esquire, John Mowatt, esquire, et Hezekiah Trott, esquire, formeront un comité à l'effet de délibérer sur ce qu'il reste à faire.

» Ensuite de quoi le meeting a été ajourné *sine die*. Onesiphorus Hayden, président ; Pulaski Todd, secrétaire. »

— Tiens ! m'écriai-je, voilà autant de poudre qu'il en faudrait pour un autre Waterloo.

— Que signifie la dernière résolution, monsieur Littlepage, demanda Marie avec anxiété, celle qui concerne la ferme ?

— Je devine. Il y a là un sens caché et très-offensant. Les misérables cherchent probablement à insinuer que c'est moi qui ai mis le feu à ma grange... Mais nous approchons de la maison ; ne parlons plus de cela, pour ne pas inquiéter ma grand'mère.

Nous trouvâmes tout fort calme au Nest ; et l'on n'avait pas entendu parler des hommes rouges. Pour eux, le dimanche est un jour comme un autre, si ce n'est que lorsqu'ils sont parmi nous ils en respectent dans une certaine limite le repos consacré, par déférence pour nos habitudes. John nous ouvrit la porte, où nous arrivions peu de temps après ma grand'mère et mon oncle ; il nous avertit donc que tout était tranquille dans les fermes des environs, autant qu'il pouvait l'avoir appris.

— Votre honoré père, monsieur Hugh, me dit-il, n'aurait jamais voulu croire que sa propre habitation serait envahie par des hommes de l'endroit, s'introduisant par escalade comme des voleurs de nuit, semblables à autant d'oiseaux de Newgate... Non. Voyez, monsieur Hugh, ce squire Newcome, comme ils l'appellent, est un homme de loi, et a souvent dîné ici au Nest ; je lui ai servi sa soupe, son poisson, son vin cinquante fois, comme à un gentleman, et à sa sœur aussi, miss Opportune, et ils viennent mettre le feu à la maison ! à minuit !

— Vous êtes injuste envers miss Opportune, John ; car, pour elle, elle n'a pris aucune part à tout cela.

— Soit, Monsieur ; personne n'y comprend plus rien aujourd'hui.

Je déclare que je n'y vois plus, ou que c'est la jeune demoiselle elle-même qui vient là-bas.

— La jeune demoiselle! Oh! Vous ne voulez pas dire Opportune Newcome, probablement?

— Si, Monsieur, et c'est bien elle; j'en suis sûr. Si ce n'est pas là miss Opportune, le prisonnier que les sauvages ont conduit dans le cellier de la vieille ferme n'est pas Seneca Newcome.

John avait raison : Opportune était là dans le sentier, précisément à la place où je l'avais vue pour la première fois disparaître la nuit précédente, c'est-à-dire à la sortie du ravin. On ne voyait que sa tête et la partie supérieure de son corps. La jeune fille ne s'était montrée qu'autant qu'il le fallait pour attirer mon attention, et aussitôt après y avoir réussi, elle avait descendu de quelques pas pour échapper à tous les regards. Je recommandai à John de ne rien dire de ce qui venait de se passer, et je me dirigeai vers le ravin, certain d'y être attendu, et beaucoup moins certain que cette visite n'était pas de mauvais augure.

La distance était courte, et je la découvris bientôt. Opportune s'était placée près d'un des sièges rustiques disposés là pour servir de halte pendant les chaleurs de l'été, tout près de la route, et dans un fourré. Elle m'appela à voix basse, et en un instant je m'écartai du sentier et je fus auprès d'elle. L'émotion gagna la pauvre fille, qui se laissa glisser sur le banc.

— Oh! monsieur Hugh, s'écria-t-elle en me regardant avec un abandon et un trouble qui ne lui étaient pas habituels, Sen! mon pauvre frère Sen! qu'ai-je fait? qu'ai-je fait?

— Voulez-vous répondre à une ou deux questions, miss Opportune, avec franchise, et aussi avec l'assurance que je ne ferai aucun usage de ces réponses qui puisse porter préjudice à vous ou aux autres? C'est là une chose sérieuse et qui doit être traitée avec une entière franchise.

— Je vous répondrai, à vous, sur quelque sujet que ce soit et quelque question que vous m'adressiez, quoique je puisse avoir à en rougir. Mais, ajouta-t-elle, pourquoi serions-nous aujourd'hui l'un pour l'autre *monsieur* Hugh et *miss* Opportune, quand pendant si longtemps nous avons été Hugh et Op? Appelez-moi Op encore, et je pourrai encore espérer que l'honneur de ma famille et le bonheur du pauvre Sen sont encore, après tout, dans les mains d'un véritable ami.

— Personne ne peut le désirer plus que moi, ma chère Op, et je serai heureux d'être encore pour vous Hugh tout court. Mais vous savez tout ce qui s'est passé.

— Je le sais, oui; ces terribles nouvelles sont venues jusqu'à nous, et ma mère n'a pas voulu me laisser un moment de repos que je ne sois accourue ici de nouveau pour vous voir.

— De nouveau! Votre mère connaissait donc votre visite de la nuit dernière?

— Oui, oui, elle a su tout cela, et c'est elle qui m'a conseillé tout cela.

— C'est une mère prudente et qui pense à tout, répondis-je en me mordant la lèvre, et je saurai désormais toute la reconnaissance que je lui dois. Pour vous, Opportune, je vous dois la conservation de ma maison et peut-être la vie de tous ceux qui me sont le plus chers.

— Eh bien! c'est quelque chose; il n'y a pas de peine qui n'ait son soulagement. Mais vous devez savoir, Hugh, que je n'aurais jamais supposé Sen lui-même assez faible pour venir personnellement mettre à exécution un tel projet! Je comprenais assez que dans les temps d'agitations antirentistes il n'y a d'autres lois que le fer et le feu; mais en général Sen est prudent et sur ses gardes. Je me serais arraché la langue plutôt que de jeter mon propre frère dans un si terrible abîme. Non, non, n'ayez pas une assez mauvaise opinion de moi pour supposer que je sois venue trahir Sen.

— Il me suffit de savoir toute la peine que vous avez prise pour m'avertir du danger. Je sais que vous êtes pour moi une amie, et je n'ai pas besoin d'avoir aucune autre opinion sur votre compte.

— Que dirai-je à ma mère, Hugh? Vous rendrez la liberté à Sen, je n'en doute pas.

Je pensai pour la première fois à ce que sa position avait de pénible; mais je sentis une vive répugnance à laisser les incendiaires impunis.

— Les faits doivent être connus bientôt dans toute la ville, observai-je.

— Il n'en faut pas douter. Ils sont déjà connus de presque tout le monde. Les nouvelles courent vite à Ravensnest, il faut l'avouer.

— Hélas! encore si elles étaient vraies! Mais votre frère peut à peine penser à rester dans le pays après de tels évènements!

— Seigneur! que dites-vous? S'il échappe aux poursuites, qui pensera à l'inquiéter pour cela! Songez donc que mettre le feu à une maison en temps d'agitation antirentiste ne paraît pas moitié si grave au public que de commettre un simple délit. Vous n'avez pas été assez longtemps parmi nous pour savoir cela.

— Mais la loi ne sera pas aussi complaisante que le public; elle pardonnera difficilement à des incendiaires, et votre frère serait obligé de quitter le pays.

— Qu'importe! Combien de gens qui s'éloignent et qui ne restent pas longtemps dehors! Cela vaut toujours mieux que d'aller travailler dans la nouvelle prison. Je n'ai pas la moindre crainte que Seu soit pendu, car nous ne sommes pas dans un temps où l'on pend; mais c'est *assez* désagréable pour une famille d'avoir un de ses membres dans la prison de l'État. Quant à une réclusion de longue durée, vous pouvez voir aussi bien que moi ce qu'il en est. Il y a eu des meurtres pour l'antirentisme; essayez de les punir, et vous verrez le beau tapage que feront les sénateurs et les représentants. La parole fait tout, et si le public veut qu'une chose soit honorable, il n'a qu'à la déclarer telle pour qu'elle le soit aussitôt.

Telles étaient les notions de miss Opportune Newcome en fait de morale moderne.

La conversation que j'eus avec Opportune n'eut d'autre résultat que celui-ci : la jeune personne me quitta très-rassurée sur la réputation des Newcome, quoique j'eusse pris grand soin de ne pas me mettre à sa discrétion, et de ne pas m'engager à la moindre concession; j'invitai la sœur à venir sans mystère au Nest le soir même, et je lui fis comprendre que c'était pour elle un moyen d'atteindre le but qu'elle nourrissait, en ce qui touchait Seneca, remarquons-le bien, et non ce qui me touchait moi-même; et enfin nous nous séparâmes aussi bons amis que nous l'avions jamais été, et en conservant exactement la même opinion et les mêmes projets l'un à l'égard de l'autre. Quels étaient ces projets, la modestie ne me permet pas de les rappeler.

CHAPITRE XXVI.

Mon entrevue avec Opportune Newcome resta un secret entre ceux qui en avaient eu d'abord connaissance. Les membres habituels de la congrégation de Saint-Andrew assistèrent seuls à l'office du soir, car toute la curiosité de la multitude semblait avoir été épuisée par la visite du matin. Le reste de la journée se passa comme de coutume; et après avoir passé agréablement la soirée et les premières heures de la nuit dans la compagnie des jeunes personnes, je gagnai de bonne heure mon lit, et dormis profondément jusqu'au matin. Mon oncle Ro voyait comme moi les choses assez philosophiquement.

Je fus éveillé le lendemain matin par la présence de John, qui venait d'ouvrir les volets.

— Je vous déclare, monsieur Hugh, me dit-il, que je ne sais plus ce qui arrivera bientôt à Ravensnest, maintenant que le mauvais esprit a tourné toutes les têtes.

— Bah! bah! John! ce que vous appelez le mauvais esprit n'est que l'esprit des institutions, et on doit l'honorer au lieu de le haïr.

— Eh bien! Monsieur, je ne comprends pas un mot de ce qu'ils appellent institutions. Mais, monsieur Hugh, voudriez-vous et pourriez-vous croire que le peuple a commis un parricide la nuit dernière?...

— Je n'en suis pas surpris du tout, car pour mon compte il me paraissait déterminé au *fratricide;* il est vrai que cette terre américaine, c'est leur mère.

— Je savais bien, monsieur Hugh, que vous seriez indigné de cette nouvelle, et je suis venu ici exprès pour vous l'apprendre.

— Je vous suis infiniment obligé de cette attention, mon brave garçon, et je vous saurai encore plus de gré si vous voulez me la faire connaître.

— Oui, Monsieur, bien volontiers, et bien malgré moi en même temps. Mais il n'y a plus à cacher le fait; il a disparu, monsieur Hugh.

— Qu'est-ce qui a disparu, John?

— Le banc, Monsieur, ou plutôt ce magnifique dais qui le surmontait et ressemblait si bien au siége du lord-maire à Guildhall. J'ai admiré et honoré ce dais comme l'objet le plus élégant du pays supérieur.

— Ainsi, ils en sont venus à leurs fins, et ils l'ont jeté bas. C'est probablement l'appui qu'ils ont trouvé dans ce meeting, qu'ils appellent l'expression de l'opinion publique, qui les a encouragés à le jeter bas.

— Ils ont eu cette audace, Monsieur! C'est un joli coup qu'ils ont fait là! Il est chez Miller, sur la cabane aux porcs.

Ce n'était pas là une fin bien héroïque à la carrière de ce coupable baldaquin. John me laissa achever tout seul ma toilette.

Je descendis bientôt, et je trouvai les quatre demoiselles sous le portique, respirant l'air embaumé de la plus délicieuse matinée d'été que jamais la bonne nature nous eût accordée. Elles avaient appris la déplorable destinée du dais, et elles en étaient diversement affectées, suivant la diversité de leur humeur. Henrietta Coldbrooke riait aux éclats et d'une façon qui ne me plaisait guère, car ces jeunes personnes si disposées à rire n'ont pas une idée sérieuse dans la tête. J'accorde beaucoup à la jeunesse et à une disposition naturelle à la gaieté; mais rire de ce bel exploit pendant une grande demi-heure, c'était trop. La manière dont Anne Marston considéra la chose me convint davantage : elle se contenta de sourire assez pour montrer qu'elle comprenait l'absurdité de ces misérables. Patt était indignée de l'outrage, et elle ne se gênait pas pour en dire son avis. Mais la manière dont Marie Warren considéra cette affaire fut celle que je trouvai le plus convenable : c'était, il est vrai, l'impression que commençaient à produire sur moi toutes ses idées et toutes ses opinions. Elle ne manifesta ni légèreté ni ressentiment. Une ou deux fois elle sourit comme involontairement aux remarques plaisantes d'Henrietta, assez pour laisser voir qu'elle en comprenait le sel. Elle fit ensuite quelques réflexions pleines de justesse sur la situation du pays; personne ne parut se soucier du baldaquin.

— Ah! grand'mère, avez-vous appris ce que ces misérables Indiens, comme de vrais sauvages qu'ils sont, ont fait du baldaquin? s'écria Patt, qui déjà une heure auparavant était allée trouver notre vénérable mère au lit pour l'embrasser. Ils l'ont jeté bas et placé sur la cabane des porcs.

— Je sais tout cela, répondit ma grand'mère, et surtout je suis bien d'avis que Hugh aurait eu tort de céder à la menace, et il vaut mieux, après tout, que ce baldaquin ne reste pas là plus longtemps. Mais il est temps maintenant de déjeuner. Voilà déjà une minute ou deux que John s'évertue à saluer là-bas à la porte.

— Avez-vous entendu dire, demanda mon oncle Ro à ma grand'-mère, que nous devons recevoir aujourd'hui au Nest la visite du vieux Sus et de Jaaf en habit de gala ? Il paraît que les hommes rouges se disposent à partir ; ils doivent à cette occasion fumer le calumet et tenir un grand conseil, et Sans-Traces pense qu'il sera plus honorable de l'assembler devant la maison de ses amis les Visages Pâles que devant sa hutte.

— Comment avez-vous appris cela, Roger ?

— Je suis allé au wigwam ce matin, et c'est l'Onondago lui-même qui me l'a dit, en même temps que l'interprète que j'ai rencontré auprès de lui. A ce propos, Hugh, il faut que nous décidions promptement ce que nous ferons des prisonniers, ou on lancera contre nous un *writ d'habeas corpus* pour nous demander compte de leur détention.

— Est-il possible, oncle Ro, demanda froidement Henrietta Coldbrooke, de sauver un gentilhomme de la potence en l'épousant ?

— Voilà une question si étrange, qu'en ma qualité de tuteur, je suis bien aise de savoir ce qu'elle signifie.

— Dites, dites tout de suite, Henrietta, s'écria l'autre pupille en pressant sa compagne de parler.

— Eh bien ! je vous épargnerai un peu de honte, et vais vous servir d'interprète. Miss Coldbrooke a eu l'honneur de recevoir hier cette lettre de M. Seneca Newcome, et comme c'est une affaire de famille, je pense que c'est à un conseil de famille qu'il faut en référer.

— Oh ! dit Henrietta en rougissant, ce n'est pas bien. Il ne me semble pas convenable de permettre que cette lettre soit connue de tout le monde.

— Sans doute, la répugnance que vous témoignez pour qu'on en prenne lecture ne s'étend pas jusqu'à moi, Henrietta, dit mon oncle.

— Certainement non, Monsieur, ni à ma chère madame Littlepage, ni à Martha ; mais j'avoue que je ne vois pas l'intérêt que peut trouver

M. Hugh à tout cela. La voilà, prenez-la, et vous la lirez quand il vous plaira.

Mon oncle voulut la lire sur-le-champ. Pendant cette lecture il fronçait les sourcils, et se mordait les lèvres comme une personne impatiente et contrariée. Puis il se mit à rire et jeta la lettre sur la table, d'où aucun de nous ne se permit de la relever. Comme Henrietta, pendant tout ce temps, était rouge jusqu'aux yeux, et, tout en affectant de rire, semblait au fond assez fâchée, notre curiosité était excitée au dernier point et facile à voir. Ma grand'mère, en conséquence, essaya d'intervenir.

— Est-ce que cette lettre ne peut pas être lue à haute voix, pour que nous en profitions tous? demanda-t-elle.

— Il n'y a véritablement pas de raison pour en faire un mystère, répondit mon oncle Ro avec malice. Plus elle sera connue, plus on rira aux dépens du drôle, qui le mérite bien.

— Cela serait-il juste, oncle Ro! s'écria vivement miss Coldbrooke. Serait-ce traiter un gentleman comme il.....?

— Peuh! Ce ne serait pas traiter un gentleman du tout. Le gaillard est maintenant tenu en prison sous accusation d'incendie.

Henrietta n'ajouta plus rien; ma grand'mère prit la lettre et la lut pour toute la compagnie. Je ne transcrirai pas ici les effusions de Seneca, qui étaient plus adroites que philosophiques. Elles se terminaient par l'offre généreuse de sa main à l'héritière de huit mille dollars de revenu. Notez que cette proposition était faite un jour ou deux avant qu'il fût pris sur le fait, et au moment même où il était le plus profondément engagé dans les menées antirentistes.

Un éclat de rire général accueillit cette offre magnifique.

— Il y a des gens, en vérité, parmi nous, qui ne semblent pas se faire la moindre idée des convenances. Comment imaginer un instant qu'une jeune personne riche, distinguée, ira épouser un tel homme, et cela presque sans le connaître? Henrietta ne lui a pas parlé dix fois dans sa vie.

— Pas cinq fois, Monsieur, et à chacune de ces entrevues nous ne nous sommes dit que quelques mots.

— Et avez-vous répondu à cette lettre, ma chère enfant? demanda ma grand'mère. Cette réponse ne doit pas être oubliée. Dans ce cas, il est vrai, il était plus convenable qu'elle vînt de votre tuteur.

— J'ai répondu moi-même, Madame, car je n'ai pas voulu qu'on se moquât de moi dans cette circonstance, et j'ai décliné l'honneur que M. Seneca me voulait faire.

— Eh bien ! il faut dire la vérité, interrompit Patt finement. J'ai fait exactement la même chose il n'y a pas plus de trois semaines.

— Et moi, pas plus tard que la semaine dernière, ajouta Anne Maraton avec gravité.

Je n'avais jamais vu, que je sache, mon oncle Ro si stupéfait. Tandis que tout le monde autour de lui riait à gorge déployée, il paraissait grave, pour ne pas dire sombre. Puis tout à coup il se tourna vers moi.

— Il faut le laisser pendre, Hugh, me dit-il. Il vivrait mille ans, qu'il n'acquerrait jamais le sens commun.

— En y pensant plus mûrement, Monsieur, vous en aurez une meilleure opinion. Le drôle a seulement une noble audace.

— Tout cela n'est pas aussi important que vous l'imaginez, monsieur Littlepage, s'écria Mario. C'est après tout conforme aux principes de l'antirentisme : dans un cas on veut avoir à bon marché de bonnes fermes, et dans l'autre de bonnes femmes.

— Que la loi ait son cours, et qu'on le pende, reprit mon oncle. Je pourrais pardonner la tentative d'incendie, mais cela est impardonnable. Des gens de cette espèce mettent tout *sens dessus dessous*, et je ne m'étonne pas que le pays soit infecté d'antirentisme.

— Une personne si dévouée aux dames ne doit pas souffrir le traitement dont vous parlez. Il faut laisser aller Seneca, dit ma grand'mère.

Toutes les jeunes filles se joignirent à ma grand'mère, et pendant quelques minutes nous n'entendîmes que des plaintes et des sollicitations pour que Seneca ne fût pas livré aux sévérités de la loi.

— Tout cela est fort bon, Mesdames ; c'est très-humain, très-digne de votre sexe compatissant, et tout à fait dans votre rôle, répondit mon oncle ; mais dès lors il y a un délit qui consiste à négliger de poursuivre la félonie, et les conséquences ne sont pas des plus douces. Ensuite, il faut considérer les effets d'une telle indulgence sur la société en général. Voilà d'abord un drôle qui cherche à allumer l'incendie dans le cœur de quatre jeunes demoiselles, pas moins. Il échoue, et pour se consoler il met le feu dans la cuisine de mon neveu. Savez-vous que je suis presque aussi disposé à le punir pour le premier de ces crimes que pour l'autre?

— Il y a une grande agitation parmi les Peaux-Rouges, Madame, dit John, qui se tenait à la porte de la salle à manger. Peut-être que ces dames, M. Littlepage et M. Hugh seraient bien aises de voir ce qui va se passer. Le vieux Susquesus est là en route; Yop le suit en grognant comme si tout cela ne l'amusait pas du tout.

— A-t-on pris toutes les dispositions pour recevoir convenablement nos hôtes ce matin, Roger?

— Oui, Madame. Au moins j'ai donné des ordres pour qu'on apportât des bancs, pour qu'on les plaçât sous les arbres, et pour qu'on tînt prête une provision de tabac. Fumer, c'est, je pense, la plus grande affaire du conseil; et nous serons prêts à commencer aussitôt qu'ils arriveront.

— Oui, Monsieur, tout est prêt, reprit John. Miller a envoyé une charrette chercher les bancs, et nous nous sommes pourvus d'autant de tabac qu'ils en pourront employer. Les domestiques espèrent, Madame, qu'ils pourront obtenir la permission d'assister à la cérémonie, les hommes civilisés n'ont pas souvent l'occasion de voir des sauvages.

Ma grand'mère accorda l'autorisation que John lui demandait, et tout le monde se prépara à gagner la pelouse pour y être témoin de l'entrevue de départ qui devait avoir lieu entre Sans-Traces et ses visiteurs.

— Vous avez été bien discrète, miss Warren, murmurai-je aux oreilles de la jeune fille pendant que je l'aidais à mettre son châle, en ne trahissant pas le secret du sentiment le plus profond sans doute qu'ait jamais éprouvé Seneca.

— J'avoue que ces lettres m'ont surprise, dit miss Marie d'un air rêveur et avec un regard embarrassé. Personne ne pourrait avoir bonne opinion de M. Newcome; mais il n'avait vraiment que faire de compléter ainsi son portrait et de se montrer sous un jour aussi défavorable.

Je ne répondis pas : mais ce peu de mots, qui parurent échapper comme involontairement à Marie, me prouvèrent que Seneca avait cherché sérieusement à se faire aimer d'elle sans se laisser arrêter par sa pauvreté.

CHAPITRE XXVII.

Le lecteur se rappellera que, comme homme, Susquesus avait toujours été infiniment supérieur au noir. L'intelligence de Jaaf avait subi cet engourdissement qui paraît si généralement avoir paralysé l'âme de la race africaine, autant que nous pouvons en juger par ce qui se passe au milieu de nous, tandis que celle de son compagnon avait toujours conservé cette élévation qu'une liberté sans frein, quoique sauvage, entretient dans une âme élevée abandonnée à ses impulsions naturelles.

Tels étaient les caractères bien tranchés des deux hommes extraordinaires à la rencontre desquels nous marchions en ce moment. Pendant que nous gagnions la pelouse, ils se dirigeaient lentement vers le portique en traversant la double rangée d'arbres qui entouraient la maison et y répandaient leurs délicieux parfums. L'Indien marchait devant, comme son caractère et son rang lui en donnaient le droit. Jaaf n'avait jamais présumé du privilége de ses années et de l'indulgence que nous lui témoignions au point d'oublier sa condition. Esclave il était né, esclave il avait vécu, et esclave il voulait mourir, et cela malgré l'acte d'émancipation qui lui avait donné la liberté bien avant qu'il eût atteint sa centième année. Lorsque mon père, m'a-t-on dit, annonça à Jaaf qu'il était affranchi, lui et sa nombreuse postérité, qu'il pouvait aller où il voudrait et faire ce qui lui plairait, le vieux noir fut tout attristé.

— Què bien ça fait moi, maît'e Malbone! murmura-t-il. Pou'quoi pas laissé chose t'anquilles? Nègre est nègre, et gentleman blanc est gentleman. Moi rien attend'e maintenant que malheu' et pauvreté sur race et moi! Nous toujou's nègres à gentleman, gentleman pou'quoi pas laissé nous nègres à eux aussi longtemps que nous voulai'? Vieux Sus tini libe'té toute la vie à li, què bien ça fait li! Li rien que pauv'e sauvage rouge, malgré tout, et li jamais divini aut' chose. Si li pouvoi' êt'e sauvage à gentleman, moi dis li, li êt'e quèque chose; mais non, li t'op fié pou' ça! Guieu! aussi li seulement sauvage à li.

L'Onondago était en grand costume, plus magnifique encore qu'au jour de la première visite des Indiens. La peinture, à laquelle il avait en recours, donnait un nouveau feu à ses yeux, dont l'âge avait certainement affaibli l'éclat, bien qu'il ne l'eût pas éteint tout à fait. Toute farouche et sauvage que soit cette parure, il était évident qu'elle voilait les ravages du temps. Le rouge est la couleur favorite des Peaux-Rouges. Il ne faut pas plus s'en étonner que de voir nos dames remplacer par des cosmétiques les lis et les roses qui leur manquent. Le but de l'Onondago était de se donner un aspect terrible. Il voulait dans ce moment se présenter à ses hôtes sous l'extérieur d'un guerrier. Il est inutile de parler des médailles, du wampum, des plumes, des couvertures, des mocassins ornés de pointes de porc-épic, peints d'une demi-douzaine de nuances, et du tomahawk reluisant comme de l'argent.

Jaaf n'avait non plus rien négligé pour relever l'éclat d'une fête destinée à honorer son ami. Il ne cessa pas de grogner pendant toute cette journée; mais il ne fut certainement pas celui qui s'intéressa le moins à la réputation de Susquesus et aux respects qu'on lui rendait.

Le costume de Yop Littlepage, comme l'appelaient familièrement tous ceux qui savaient quelque chose de sa vie et qui connaissaient son grand âge, appartenait à ce qu'on peut appeler la vieille école des nègres. Sa veste était écarlate, avec des boutons en nacre de perle, aussi larges qu'un demi-dollar. Ses culottes étaient bleu de ciel. Le gilet était vert, ses bas à raies bleues et blanches, et il n'y a rien autre chose à dire de ses jambes, si ce n'est qu'elles étaient placées beaucoup plus près qu'il n'est habituel du centre du pied, dont le talon était par conséquent presque moitié aussi long que la partie antérieure. Ses souliers étaient certainement un des détails les plus remarquables de son équipement. A voir leur longueur, leur largeur et leurs proportions, un naturaliste aurait eu le droit de penser qu'ils n'avaient pas été destinés à chausser un pied humain. Mais c'était sur son chapeau que resplendissaient, dans la pensée de Jaaf, les véritables gloires de sa toilette et de sa personne. Ce mémorable chapeau avait fait partie, au temps de la guerre, de l'uniforme de mon grand-père, le général Cornélius Littlepage. Il était tout galonné, et les cheveux laineux du nègre étaient aussi blancs que la neige qui couvre les montagnes. Ce genre de toilette a été depuis longtemps abandonné par les noirs, aussi bien que par les blancs. Mais, malgré sa parure incongrue, Yop Littlepage faisait une figure très-respectable dans cette occasion solennelle. Son grand âge et celui de l'Onondago étaient ce qui jurait le plus avec tant de magnificence.

Malgré les murmures du nègre, l'Indien marchait devant lui toutes les fois qu'ils faisaient le moindre mouvement. Il l'avait précédé dans la forêt, dans les chasses et les *sentiers de guerre* d'autrefois ; il l'avait précédé dans leurs dernières expéditions au travers des montagnes ; il le précédait toujours lorsqu'ils se rendaient ensemble au hameau pour assister aux revues de la milice, et à d'autres événements considérables de cette espèce ; il était continuellement le premier quand ils rendaient au Nest leur visite quotidienne, et maintenant il marchait un peu en avant, lentement, avec calme, les lèvres serrées, faisant rouler ses yeux dans leurs orbites, comme s'il eût été aux aguets. Sa physionomie était sérieuse et singulièrement noble si l'on réfléchit au nombre de ses années. Jaaf suivait du même pas ; mais son aspect et sa démarche étaient bien différents. Sa face conservait à peine quelque chose d'humain. La couleur même de sa peau, autrefois si luisante et si noire, s'était changée en un gris sale et terne, tandis que ses lèvres formaient peut-être la partie la plus proéminente de son visage.

Comme les deux vieillards s'avançaient de notre côté, et que les hommes des prairies ne s'étaient pas encore montrés, nous allâmes tous à la rencontre des premiers. Toutes les personnes de notre compagnie donnèrent une poignée de main à Susquesus, et lui souhaitèrent le bonjour. Il connaissait Patt, et répondit à son salut par un signe de tête plein de grâce. Il connaissait Marie Warren, et garda quelque temps dans la sienne la main de la fille du ministre, en fixant sur elle un regard profond. Mon oncle et moi nous fûmes aussi reconnus, et il me considéra longtemps aussi avec gravité. Les deux autres demoiselles furent accueillies avec courtoisie ; mais il sembla être assez indifférent pour elles. Une chaise avait été placée sur la pelouse pour Susquesus, il y prit place. Quant à Jaaf, il aborda lentement la compagnie, leva son beau chapeau à trois cornes, mais refusa avec respect le siége qui lui fut également offert. Bien qu'il eût été le dernier auquel on eût donné la bienvenue, il se trouva que ce fut le premier auquel ma grand'mère adressa la parole.

— C'est un événement agréable, Jaaf, de vous voir une fois de plus, vous et votre vieil ami, sur la pelouse de la vieille maison.

— Oh ! maison pas tant vieille ap'ès tout, miss Duss, répondit le nègre avec son grognement habituel, moi me rappelé li assez bien. Li bâtie seulement là l'aut' jour même.

— Il y a soixante ans; vous appelez cela l'autre jour, vous; j'étais jeune moi-même alors; j'étais une nouvelle mariée, heureuse, et aimée bien au-delà de mes mérites. Hélas! combien les temps sont changés!

— Vieux Sus, lì bien changé aussi; pas longtemps à vivre, moi pense.

— Et vous, mon ami, continua ma grand'mère en se tournant vers Susquesus, qui resta immobile pendant tout le temps qu'elle parlait à Jaaf, et les souvenirs que vous conservez de moi peuvent remonter presque à mon enfance, à ce temps où je vivais pour la première fois dans les bois, où j'étais la compagne de mon cher vieil oncle, de l'excellent Porteur de Chaîne.

— Pourquoi Susquesus oublierait-il le petit roitelet? Entendre sa chanson maintenant dans son oreille. Il n'y a pas de changement du tout dans le petit roitelet aux yeux de Susquesus.

— Cela est au moins digne d'un chef onondago. Mais, mon noble ami, le temps imprime sa trace même sur les arbres de la forêt, et nous ne pouvons pas espérer de lui échapper toujours.

— Non. Jeune arbre, écorce unie; vieil arbre, écorce raboteuse. Jamais oublier Porteur de Chaîne. Il a même âge que Susquesus, même un peu plus vieux. Brave guerrier, homme bon. Connaître lui quand jeune chasseur. Lui là quand *cela* arrivé.

— Lorsque *cela* est arrivé! Quoi donc, Susquesus? J'ai longtemps désiré de savoir ce qui vous a éloigné de votre peuple, et pourquoi vous, qui êtes resté homme rouge de cœur et d'habitudes jusqu'à présent, vous avez longtemps vécu parmi nous, Visages Pâles, séparé de votre tribu. Je comprends que vous nous aimiez, et que vous désiriez passer dans notre famille le reste de vos jours; car je sais toutes les épreuves que nous avons traversées ensemble, et je connais votre liaison avec mon beau-père et aussi avec le sien. Mais la raison qui vous a fait abandonner votre propre nation si jeune encore, et qui vous a fait vivre près d'un siècle sans la rejoindre, voilà ce que je voudrais savoir, avant que l'ange de la mort appelle l'un de nous deux dans un monde meilleur.

Pendant que ma grand'mère, pour la première fois de sa vie, abordait ce sujet délicat, les yeux de l'Onondago, comme elle me l'a raconté depuis, ne la quittaient pas un instant. Il parut, je crois, surpris son regard se remplit de mélancolie, et penchant sa tête sur sa poitrine, il se tint longtemps immobile, méditant sur le passé. La question de ma grand'mère avait évidemment remué dans l'âme du vieillard le plus sensible des souvenirs qui s'y étaient fixés, et cette allusion avait replacé devant son esprit les vives images d'événements depuis longtemps accomplis, et qu'il ne pouvait pas contempler de nouveau sans tristesse. Je pense qu'il resta ainsi la tête baissée et le regard attaché sur la terre pendant plus d'une minute.

— Porteur de Chaîne ne jamais dire pourquoi? demanda tout à coup Sans-Traces relevant son visage pour regarder ma grand'mère; le vieux chef aussi, lui avait jamais parlé de cela, eh?

— Jamais. J'ai entendu mon oncle et mon beau-père dire souvent qu'ils savaient pourquoi vous aviez fui votre tribu pendant tant d'années, et que la raison qui vous y avait déterminé vous faisait honneur. Mais ni l'un ni l'autre ne m'en a jamais appris davantage. On dit ici que ces hommes qui sont venus de si loin pour nous voir, connaissent aussi votre secret, et que l'estime qu'il leur a donnée pour vous est un des motifs de leur démarche.

Susquesus écoutait avec la plus profonde attention; cependant ses yeux seuls dans toute sa personne trahissaient quelque émotion. Tout le reste, immobile comme une statue, paraissait privé de sensibilité. Mais ses yeux sans repos, au regard affilé et pénétrant, semblaient nous mettre directement en communication avec son âme, et prouvaient que l'esprit chez lui était beaucoup plus jeune que la prison périssable dans laquelle il était retenu. Il ne nous fit encore aucune révélation, et notre curiosité, qui devenait de plus en plus vive, fut complètement déçue : il s'écoula même quelque temps avant que l'Indien reprit la parole, et lorsqu'il ouvrit la bouche ce fut seulement pour dire :

— Bon! Porteur de Chaîne sage chef. Général sage aussi. Bon dans le camp, bon dans le feu du conseil. Savoir quand il faut parler, savoir ce qu'il faut dire.

Je ne saurais dire jusqu'où ma grand'mère aurait été disposée à poursuivre ce sujet, car à ce moment même nous vîmes les Peaux Rouges qui sortaient de leurs quartiers. Ils se disposaient à rendre à Sans-Traces leur dernière visite avant d'entreprendre le long voyage qui devait les conduire aux Prairies. Ma grand'mère en voyant la troupe se retira en arrière, et mon oncle conduisait Susquesus au pied de l'arbre près duquel avaient été placés les bancs destinés à nos hôtes, et le portail la chaise derrière eux. Tout le monde suivait, jusqu'aux domestiques qui avaient pu se soustraire aux soins du ménage.

L'Indien et le nègre étaient tous deux assis, et des chaises ayant été apportées de la maison pour les membres de la famille, nous nous assîmes non loin de là, à une distance suffisante toutefois pour ne pas paraître importuns.

Les Indiens arrivèrent dans leur ordre de marche accoutumé, c'est-à-dire à la file. Mille-Langues les conduisait, suivi par Feu-de-la-Prairie. Cœur-de-Pierre et Vol-d'Aigle venaient ensuite. Le reste de la troupe venait après dans un ordre parfait, mais dont nous ne connaissions pas les raisons. A notre grande surprise cependant, ils amenaient avec eux les deux prisonniers liés avec une industrie tout à fait sauvage, et dans l'impuissance presque absolue de pouvoir s'échapper.

Les Peaux Rouges prirent leur place exactement comme ils l'avaient fait dans leur première visite; ils apportaient à cette entrevue le même intérêt qu'à celle qui l'avait précédée, et bien qu'ils eussent passé un jour ou deux tout près de celui qu'ils avaient si ardemment cherché, ni leur curiosité ni leur vénération ne semblaient être affaiblies.

L'arrivée des visiteurs fut suivie du silence accoutumé. Puis, Vol-d'Aigle fit partir le feu d'un caillou, présenta la flamme au tabac, et aspira la fumée dans une pipe curieusement sculptée, taillée dans une pierre molle de l'intérieur du pays, jusqu'à ce qu'il l'eût allumée de telle manière qu'elle ne courût plus le danger de s'éteindre. Cela fait, il se leva et s'avança avec les témoignages du plus profond respect, et présenta la pipe à Susquesus, qui la prit, la fuma pendant quelques secondes, et la rendit à celui de qui il la tenait. Ce fut le signal d'allumer les pipes. On en offrit une à mon oncle et à moi, et nous nous contentâmes de tirer une ou deux bouffées de tabac. On n'oublia même ni John ni les autres domestiques mâles. Feu-de-la-Prairie adressa un compliment à Jaaf. Le nègre avait remarqué tout ce qui s'était passé, et semblait fort blessé de la lésinerie de cette étiquette, qui obligeait de rendre si vite les pipes. Il ne prit aucun soin de cacher son opinion à cet égard, comme l'on put s'en convaincre à l'observation maussade qu'il se permit quand une pipe lui fut offerte.

— Pas besoin vous attend'e là même, murmura le vieux Jaaf; quand moi fini, moi donné pipe à vous : pas crainte, maît'e Corny, ou maît'e Malbone, ou maît'e Hugh... Ah! ché moi jamais save qui vivant ni qui mort, moi si vieux maintenant! Mais moi pas pensé si moi vieux. Moi pouvoi' fumé enco'e, et moi pas aimé mode indienne de donné choses à gens. Ça donné et puis reti'é tout de suite. Nègue est Nègue, Indien est Indien, et Nègue meilleu'. Guieu! combien moi vol' d'années, combien moi vol'! Ah! viv'e si longtemps, ça fatigant! Pas attend'e l'Indien, quand moi avoi' fumé, moi rend'e pipe à vous. Ça pas bon rend'e vieux Jaaf en colère, il terrible.

Quoique Feu-de-la-Prairie n'eût pas compris probablement la moitié du discours du nègre, il devina que le vieillard voulait finir la pipe avant de la quitter.

Cette fumerie ne dura pas longtemps; elle fut suivie d'un moment de silence, puis Feu-de-la-Prairie se leva et parla.

— Père, dit-il en commençant, nous sommes sur le point de vous quitter; nos femmes et nos enfants dans les Prairies désirent nous revoir; il est temps pour nous de partir. Ils regardent du côté du grand lac salé pour voir si nous ne venons pas. Nous regardons du côté des grands lacs d'eau douce où ils nous attendent. Ici le soleil se lève, là il se couche; la distance est grande, et beaucoup de tribus étrangères de Visages Pâles errent tout le long du sentier. Notre voyage a été un voyage de paix; nous n'avons pas chassé, nous n'avons pas pris de scalpes, mais nous avons vu notre Grand-Père l'Oncle Sam, et nous avons vu notre Grand-Père Susquesus; nous nous en irons contents vers le soleil couchant. Nos femmes et nos enfants désirent nous voir, mais ils nous auraient dit de reprendre notre route et de revenir pour contempler notre père, si nous avions oublié de le faire. Pourquoi mon père a-t-il eu tant d'hivers? C'est la volonté du Manitou. Le Grand-Esprit a besoin de les conserver ici un peu plus longtemps encore; il est comme les pierres entassées l'une sur l'autre, pour indiquer aux chasseurs le sentier le plus beau. Tous les hommes rouges qui le voient pensent à ce qui est juste. Non, le Grand-Esprit ne peut pas retirer encore mon père de ce monde, les hommes rouges oublieraient ce qui est juste; il est les pierres entassées l'une sur l'autre.

Ici Feu-de-la-Prairie cessa de parler, et reprit sa place au milieu d'un murmure d'approbation. Il avait exprimé le sentiment de tous.

et il en était récompensé comme d'habitude. Susquesus avait entendu et compris toutes ses paroles, et je pus m'apercevoir qu'il en était ému, bien qu'il laissât moins encore qu'à la première entrevue percer ses sentiments. Puis la nouveauté de ce spectacle contribuait sans aucun doute à rendre ses impressions plus vives. Un silence suivit ce premier discours, et nous attendions avec impatience que Vol-d'Aigle, l'orateur renommé, se levât, lorsque la dignité solennelle de cette scène fut interrompue par un incident singulier et quelque peu comique. Mille-Langues, en effet, nous avait fait espérer que Vol-d'Aigle se ferait entendre; mais ce fut à sa place un guerrier beaucoup plus jeune qui se leva et qui parla. Ses auditeurs lui prêtèrent une attention qui prouvait tout le respect qu'ils lui portaient. On nous dit que le nom du jeune guerrier était Pied-de-Biche, et qu'il le devait à la rapidité extraordinaire de sa course. A notre grande surprise cependant, il se tourna du côté de Jaaf; car la courtoisie indienne exigeait que quelques paroles fussent adressées au constant ami et compagnon éprouvé de Sans-Traces. Le lecteur doit comprendre que cet hommage rendu au nègre nous amusa beaucoup, quoique nous fussions un peu inquiets de la réponse qu'il provoquerait. Pied-de-Biche tint à peu près ce langage :

Le Grand-Esprit voit toutes choses, il fait toutes choses. A ses yeux la couleur n'est rien : il a créé des enfants rouges qu'il aime ; mais il a créé aussi des enfants aux visages pâles qu'il aime. Il ne s'est pas arrêté là. Non, il a dit : Je veux voir des guerriers et des hommes avec des faces plus sombres que la peau de l'ours; je veux avoir des guerriers qui épouvanteront leurs ennemis par leur aspect. Il a créé les hommes noirs. Mon père est noir ; sa peau n'est ni rouge comme la peau de Susquesus, ni blanche comme la peau du jeune chef de Ravensnest; elle est maintenant grise : les soleils de tant d'étés ont brillé sur elle ! Mais elle avait autrefois la couleur du corbeau. Alors elle devait être belle à voir. Mon père noir est bien vieux ; on m'a dit qu'il est encore plus vieux que le Loyal Onondago : sans doute, le Manitou est bien content de lui, puisqu'il ne l'a pas appelé plus tôt; il l'a laissé dans son wigwam, afin que tous les hommes noirs puissent voir celui qui est aimé de leur Grand-Esprit. Voici la tradition que nous ont enseignée nos pères. Les hommes pâles viennent du soleil levant, et ils étaient nés avant que ses rayons brûlassent leur peau. Les hommes noirs naquirent sous l'ardeur d'un soleil de midi et leurs faces furent noircies, parce qu'ils levèrent la tête pour admirer cette source de la chaleur qui mûrissait leurs fruits. Les hommes rouges naquirent sous le soleil couchant, et leurs faces se teignirent des couleurs qui brillent le soir au firmament. L'homme rouge est né ici, l'homme blanc est né au-delà du Lac Salé; l'homme rouge vient d'une contrée particulière, où le soleil est toujours suspendu sur sa tête. Qu'importe! Nous sommes frères. Lèvres-Épaisses (c'était le nom, comme nous l'avons appris depuis, que les étrangers donnaient à Jaaf) est l'ami de Susquesus; ils ont vécu dans le même wigwam, depuis tant d'hivers, que le produit de leur chasse a le même goût; ils s'aiment l'un l'autre. Tous ceux que Susquesus aime et honore, tous les Indiens les aiment et les honorent aussi. Je n'ai rien de plus à dire.

Le pauvre Jaaf n'aurait pas compris une syllabe de tout ce discours si Mille-Langues, après l'avoir averti que Pied-de-Biche s'adressait à lui, ne lui eût traduit mot à mot ces paroles. Encore cette précaution n'eût-elle pas suffi à éveiller l'attention du nègre, si Patt ne s'était approchée de lui et ne l'avait averti, d'une voix qu'il aimait à entendre, de prêter l'oreille à ce qu'on lui disait, et de tâcher, quand Pied-de-Biche aurait repris sa place, de lui répondre quelques mots.

Jaaf était si accoutumé à obéir à ma sœur qu'elle réussit parfaitement à le rendre attentif, et il nous étonna par l'intelligence qu'il déploya dans sa réponse fort caractéristique, comme on va le voir, et à laquelle il ne manqua pas de donner le tour qui lui avait été recommandé. Avant de commencer son discours, le nègre choqua l'une contre l'autre ses gencives édentées, comme ferait un sanglier dans l'embarras; mais « jeune maît'esse » lui avait dit qu'il *fallait* répondre, et il répondit. Il est probable aussi que le vieux bonhomme conservait quelque vague souvenir de scènes semblables, car dans sa jeunesse il avait assisté à divers conseils tenus par les différentes tribus de New-York.

— Eh bien! commença Jaaf d'un ton bref et brutal, nègue devoi' di'e quéque chose moi pense'; nègue pas grand parleu', car moi pas Indien; nègue avoi' trop de choses à faire pour parle' toujou's. Ça que vous dites d'où vini nègue, ça pas vrai; li vini d'Afrique il y a longtemps, moi savoi'. Guieu! combien moi vieux! Quéquefois moi pense' pauv'e noir jamais pouvoi' couche' li et repose' li; ça semble moi tout le monde repose' li excepté vieux Sus et moi. Mais très-fort enco're, moi divini tous les jou'a plus fort et plus fort, et pourtant moi bien fatigué; oui, mais Sus li divini' tous les jours de plus en plus faible. Li pas pouvoi' alle' bien maintenant, pauv'e Sus! Ah! chacun devoi' mouri' un jou'. Vieux, vieux, vieux maît'e et maît'esse, li d'abord morts; ap'ès ça, maît'e Corny li parti! Bien vieux aussi, oui. Ap'ès ça vini tour à maît'e Mordaunt et à maît'e Malbonne, et maintenant avoi' maît'e Hugh. Eh bien, li tous à peu près mêmes pou' moi; moi aime' tous mêmes, li tous aime' moi. Ap'ès ça, miss Duss li compte' pou' quèque chose, mais li viv'e encore : un jour li mouri' aussi, mais pas semble' prête. Ah ché! combien moi divini' vieux! ah! diables d'Indgiens rivini ici, et nous devoi' balaye' li aujou'd'hui même. Prend'e réflexion à vous, Sus, prend'e rifle à vous, garçons, et pense' vieux Jaaf tini à côté à vous.

En effet, les Indgiens s'avançaient; mais je dois réserver pour le commencement d'un autre chapitre le récit de ce qui suivit.

CHAPITRE XXVIII.

Il était singulier qu'un homme aussi vieux que le nègre, et dont la vue était aussi affaiblie, fût le premier parmi nous à découvrir l'approche d'un corps considérable d'Indgiens, qui ne comptait pas moins de deux cents hommes. Il faut l'attribuer probablement à ce que lui seul ne regardait rien, tandis que tous les regards étaient fixés sur lui. Cependant les Indgiens venaient en force, et cette fois paraissaient sans crainte. Les Américains de race blanche abordent les hommes rouges avec confiance lorsqu'ils sont préparés au combat, et le résultat a prouvé que quand ils ont acquis quelque expérience de cette guerre, ils sont ordinairement des ennemis très-redoutables; mais une douzaine d'Indiens vigoureux du genre de ceux qui étaient au milieu de nous suffisait pour jeter l'épouvante dans le comté le plus populeux. Tel avait été le cas lorsque Cœur-de-Pierre avait pénétré si inopinément dans la forêt à la tête de ses compagnons. Mais la panique s'était calmée aussitôt qu'on avait connu la vérité sur le véritable objet de la visite des Peaux-Rouges. Le courage était revenu aux vertueux tenanciers, et le premier résultat de ce réveil héroïque avait été la tentative d'incendie de ma maison et de ma ferme. L'habitude si générale en Amérique de se soumettre aux observances ultérieures de la religion les avait empêchés de rien tenter le dimanche; mais dans la nuit, comme on l'a vu, ils avaient détruit le baldaquin source de tant de colères, et cet exploit magnanime les avait tellement rassurés, que leurs meneurs avaient eu toutes les peines du monde à empêcher les plus braves de la troupe de compléter leur victoire par un *coup de main* contre la vieille ferme et sa garnison. Mais on craignait le gouvernement central, sous la protection duquel étaient les Indiens, et c'est à l'Oncle Sam que ces derniers durent de n'être pas égorgés dans leur sommeil.

Lorsque Jaaf aperçut les Indiens, ils s'avançaient sur une longue ligne et d'un pas lent par la grande route, nous laissant ainsi le temps de changer de position si nous le jugions nécessaire. Mon oncle pensa qu'il n'était pas prudent à nous de rester sur la pelouse exposés à l'agression d'une troupe si supérieure en nombre, et il prit ses mesures en conséquence. En premier lieu, les femmes, maîtresses ou domestiques, furent invitées à se retirer dans la maison. Les filles de service, conduites par John, reçurent l'ordre de fermer tous les volets du rez-de-chaussée, et de rester tranquilles dans l'intérieur. Cela fait, et toutes les portes extérieures barricadées, il devenait hasardeux d'assiéger notre forteresse. On ne se le fit pas dire deux fois; aussi ces précautions furent bientôt prises, et la maison fut mise pour quelque temps en sûreté.

Pendant ce temps, on engagea Susquesus et Jaaf à se transporter de la place qu'ils occupaient sous le portique, et les deux vieillards étaient commodément assis dans leurs chaises avant qu'un seul des hommes rouges fît le moindre mouvement. Ils restèrent sur leurs bancs immobiles comme autant de statues, si ce n'est Cœur-de-Pierre, qui semblait explorer du regard le fourré qui bordait la ravine voisine et qui formait, comme nous l'avons déjà indiqué, un couvert d'une assez grande étendue.

— Désirez-vous que les Peaux Rouges entrent dans la maison, colonel? demanda froidement l'interprète; si vous le désirez, il est temps de parler, ou ils seront bientôt éparpillés comme une volée de pigeons dans ce fourré. S'ils bougent il y aura un combat, c'est certain, car il n'y a pas à plaisanter ni à faire des grimaces avec ces drôles-là. Ainsi il vaut mieux parler tout de suite.

Il n'y avait pas à différer de répondre à cet avis, et mon oncle Ro pria les chefs indiens de suivre le Loyal Onondago, juste à temps pour prévenir un conflit. Quand la troupe arriva sous le portique, je remarquai que Cœur-de-Pierre lança sur la maison un regard rapide et scrutateur, où il était facile de comprendre qu'il cherchait à se rendre compte de sa force défensive. Le mouvement, toutefois, fut exécuté avec une assurance parfaite ; et ce qui nous surprit le plus, ce fut que pas un des chefs ne parut faire la moindre attention aux ennemis qui s'avançaient. Sans doute il faut attribuer cette conduite à la force de leur caractère, et aussi au désir qu'ils avaient de conserver une attitude calme et digne en présence de Susquesus.

Nos dispositions étaient prises lorsque les Indgiens parurent sur la pelouse. John nous informa que tous les hommes ou les jeunes garçons qui avaient pu être rassemblés, comme jardiniers, laboureurs, garçons d'écurie, au nombre de cinq ou six, se tenaient armés dans le petit passage, où l'on avait aussi tenu des fusils prêts pour nous-mêmes. En un mot, grâce aux préparatifs ordonnés par ma grand'-mère, et aidés des hommes de la prairie, nous étions en état de faire une résistance beaucoup plus énergique que je ne l'aurais espéré.

Notre ordre de bataille était bien simple. Les dames étaient assises près de la grande porte, afin qu'en cas de nécessité elles pussent être mises les premières à l'abri du danger ; Susquesus et Jaaf un peu de côté, mais fort près de ce groupe. Les hommes de l'Ouest occupaient l'extrémité opposée du portique, où on avait apporté leurs bancs. Mille-Langues se tenait entre les deux rassemblements, prêt à servir d'interprète à l'un et à l'autre, tandis que mon oncle, moi, John, et deux ou trois autres domestiques, prîmes position derrière nos vieux amis. Seneca et son complice étaient au milieu des chefs.

Comme les Indgiens débouchaient sur la pelouse, nous entendîmes le pas d'un cheval, et tous les yeux se tournèrent vers le point d'où partait ce bruit. C'était du flanc de la ravine, et il me sembla tout d'abord que du fond de la vallée quelqu'un se dirigeait vers nous. Il en était en effet ainsi, car bientôt Opportune monta au galop le sentier, et fut pleinement en vue : quand elle fut arrivée sous le grand chêne, elle s'arrêta, sauta d'un bond à terre, attacha son cheval à une branche de l'arbre, et se dirigea rapidement vers la maison. Ma sœur Patt s'avança jusqu'aux degrés du portique pour recevoir cet hôte inattendu, et je la suivis pour faire ma révérence. Mais Opportune salua à la hâte, et sans prendre le temps de faire des cérémonies. Elle regarda autour d'elle, s'assura de la position véritable de son frère, et prenant mon bras, elle me conduisit sans façon dans la bibliothèque. Car il faut rendre justice à cette jeune femme : elle était douée d'une rare énergie lorsque les circonstances le rendaient nécessaire. La seule diversion qu'elle fit à la préoccupation qui l'absorbait en ce moment fut de s'arrêter un instant en passant devant ma grand'mère pour lui faire ses compliments.

— Au nom du ciel, que prétendez-vous faire de Sen? demanda la pétulante jeune fille en me regardant dans les yeux avec une expression moitié hostile moitié tendre. Vous êtes suspendu sur un abîme, monsieur Hugh ; je ne sais si vous vous en doutez.

— De quel danger voulez-vous parler, ma chère Opportune?

— Ne voyez-vous pas les Indgiens?

— Parfaitement ; et probablement ils volent aussi mes Indiens.

— Oh! ils ne s'en soucient guère maintenant. On a pu les craindre un moment quand on a pensé qu'ils étaient engagés par vous pour scalper le monde ; mais on sait tout maintenant, et s'il y a un seul scalpe de pris, ce sera sur leurs têtes. Ecoutez : tout le pays est soulevé ; le bruit court dans les environs que vous avez amené avec vous des prairies une bande de sauvages altérés de sang ; qu'ils doivent égorger les femmes et les enfants, et chasser les tenanciers ; que vous voulez reprendre vos fermes avant que les têtes sur lesquelles reposent les baux soient épuisées. Il y en a qui disent que vous avez donné à ces sauvages une liste de toutes les têtes au profit desquelles sont souscrits vos baux ; qu'ils doivent vous débarrasser d'abord de tous ces gens-là afin que vous ayez autant que possible la loi de votre côté. Vous êtes sur un abîme, monsieur Hugh, vous êtes sur un abîme, n'en doutez pas !

— Opportune, répondis-je en riant, je vous suis infiniment obligé pour le soin que vous prenez de mes intérêts, et j'avoue volontiers que dans la nuit de samedi vous m'avez rendu un grand service. Mais je crois que maintenant vous exagérez le danger, et que vous rembrunissez trop le tableau.

— Non; pas le moins du monde. Je proteste que vous êtes sur un abîme, et je suis accourue jusqu'ici en amie pour vous dévoiler tout le danger tandis qu'il est temps encore.

— D'y échapper. C'est ainsi, je suppose, que vous l'entendez. Mais comment ces bruits sinistres de projets sanguinaires peuvent-ils se répandre, puisque, comme vous l'avouez vous-même, le but des Indiens de l'Ouest est connu, et que la crainte qu'ils ont d'abord éveillée est évanouie maintenant? Il y a là contradiction.

— Mon Dieu! vous savez ce qui en est dans les temps d'antirentisme. Lorsqu'on a besoin d'exciter les populations, on ne regarde pas les faits de si près, mais on parle et on agit suivant les convenances du moment.

— C'est vrai; je comprends cela, et je n'ai pas de peine à vous croire. Mais n'êtes-vous venue ici ce matin que pour me faire connaître le danger qui me menace de ce côté?

— Je crois que je suis toujours trop disposée à galoper du côté du Nest; Mais, Hugh, monsieur Littlepage, — car pour moi vous êtes Hugh, et non pas cet aristocrate orgueilleux, méchant, ce propriétaire au cœur dur que le monde se figure en prononçant votre nom, — mais je ne vous aurais jamais dit ce que je vous ai révélé cette nuit si j'avais pu croire que mes paroles jetteraient Sen dans un si grand embarras.

— Je comprends parfaitement les difficultés de votre situation vis-à-vis de votre frère, Opportune, et je tiendrai compte dans la conclusion de cette affaire du service amical que vous m'avez rendu.

— Si vous pensez ainsi, pourquoi ne souffrez-vous pas que les Indgiens le retirent des mains de vos vrais sauvages? reprit Opportune d'une voix caressante. Je vous promets, au nom de Sen, qu'il s'éloignera, et restera absent pendant quelques mois, si vous l'exigez; il pourra revenir quand toute agitation sera oubliée.

— La délivrance de votre frère est-elle donc l'objet qui a amené les Indgiens?

— En partie. Ils sont décidés à l'avoir; il a tous leurs secrets, et ils craindront pour leur vie tant qu'il sera entre vos mains. S'il avait peur, et s'il révélait seulement le quart de ce qu'il sait, on n'aurait pas la paix dans le comté avant un an d'ici.

Avant d'avoir le temps de répondre, mon oncle, voyant que les Indgiens approchaient toujours, m'appela à haute voix. Je fus obligé de quitter Opportune, qui ne jugea pas prudent de se montrer au milieu de nous, bien qu'il n'y eût lieu ni de s'étonner ni de lui en vouloir d'une démarche qu'elle tentait en faveur de son frère.

Lorsque j'arrivai sous le portique, les Indgiens s'étaient avancés jusqu'à l'arbre sous lequel nous nous étions placés d'abord; ils s'y étaient arrêtés, et paraissaient être en conférence. Derrière eux, M. Warren venait en hâte nous rejoindre. Sans s'embarrasser de ces gens qu'il savait bien lui être hostiles, il ne pensait qu'à atteindre la maison avant que l'accès en fût interdit.

Cette circonstance donna lieu à un épisode touchant, et que je ne puis m'empêcher de rapporter, quoique je coure ainsi le risque d'interrompre le récit d'événements qui seraient ici mieux à leur place.

M. Warren ne traversa pas la foule des émeutiers, mais il fit un petit *détour* pour éviter une rencontre inutile. Il avait franchi environ la moitié du chemin qui séparait l'arbre du portique, quand les Indiens poussèrent un cri discordant. Plusieurs d'entre eux se précipitèrent à sa poursuite, comme s'ils avaient hâte de l'atteindre et probablement de l'arrêter. A ce moment nous nous levâmes tous involontairement, poussés par un sentiment unanime de sympathie pour le recteur; Marie s'élança comme un trait du péristyle, elle fut si promptement à côté de son père et dans ses bras, qu'elle semblait avoir volé. Elle s'était attachée à lui et paraissait chercher à hâter ses pas; mais M. Warren adopta une conduite beaucoup plus sage. Fort de la pensée qu'il n'avait fait que son devoir, il s'arrêta et fit face à ceux qui le poursuivaient. Le courage de Marie Warren avait imposé à ces hommes criminels; le maintien calme et digne du ministre acheva de le sauver. Les meneurs des Indiens s'arrêtèrent, conférèrent ensemble, et tous ceux qui s'étaient détachés de la troupe retournèrent vers leurs compagnons sous l'arbre, laissant M. Warren et sa fille libres de nous rejoindre sans craindre d'outrage, et sans avoir l'air de fuir.

M. Warren monta les degrés du portique, sans qu'on pût découvrir dans sa contenance aucun trouble. Pénétré du sentiment de ses devoirs, il ne connaissait pas la crainte.

Devant cette scène singulière, les hommes de la prairie parurent seuls rester froids. Les domestiques et les ouvriers eux-mêmes avaient laissé voir l'attendrissement que faisait naître en eux l'action courageuse de Marie Warren; les femmes avaient poussé un cri unanime; pas un Indien ne bougea. A peine y en eut-il un qui détacha ses regards de Susquesus, quoiqu'ils ne pussent manquer de deviner à notre agitation qu'il se passait quelque chose d'important. L'insensibilité des chefs sembla même s'étendre jusqu'à l'interprète, qui allumait tranquillement sa pipe au moment même où se passait ce touchant épisode, et j'ajoute que nos clameurs et la confusion qui se produisait un instant parmi nous n'interrompirent pas cette grave occupation.

Nous n'eûmes toutefois qu'un bien court instant de répit, et les Indiens recommencèrent à avancer. Il devint bientôt évident que leur intention n'était pas de rester simples spectateurs de ce qui se passait sous le portique, mais qu'ils avaient résolu de devenir acteurs à leur tour de manière ou d'autre. Ils se formèrent sur une ligne, dans un ordre qui rappelait beaucoup mieux la milice de notre grande république que les guerriers de l'Ouest, et se mirent en marche en battant des pieds contre la terre avec la pensée sans doute de jeter la terreur dans nos âmes. Tout se passa de notre côté comme nous l'avions ordonné. Les dames, dirigées par ma grand'mère, conservèrent leurs siéges près de la porte; les hommes qui appartenaient à la maison étaient debout, mais ils continuèrent à rester en place, et pas un Indien ne bougea. Quant à Susquesus, il avait trop vécu pour se laisser surprendre et pour s'inquiéter de toutes ces agitations du bas peuple; et les hommes des prairies semblaient régler leur conduite sur la sienne; tant qu'il resta immobile, ils parurent vouloir rester immobiles comme lui.

La distance entre l'arbre et le portique ne dépassait pas une centaine de pas; il fallait, par conséquent, peu de temps pour la franchir. Cependant, je remarquai que, contrairement aux lois de l'attraction, plus la colonne des Indiens s'approcha du but vers lequel elle tendait, plus sa marche se ralentit, plus ses mouvements devinrent hésitants. Elle se déforma en même temps, et se plia en courbe allongée bien que les battements de pieds des hommes qui la composaient devinssent de plus en plus lourds, comme si ces guerriers voulaient par ce vacarme réveiller leur propre courage. Lorsqu'ils furent à cinquante pieds des degrés, ils s'arrêtèrent tout court et se contentèrent de frapper des pieds, dans l'espoir de nous épouvanter et de nous mettre en fuite. Je pensai que c'était le moment favorable pour faire ce qui avait été résolu entre mon oncle et moi. C'était à moi en effet, comme propriétaire du domaine envahi par ces misérables, d'agir en cette circonstance. Je m'avançai de quelques pas devant le portique, je fis signe qu'on m'écoutât, le bruit des pieds cessa tout à coup, et je pus parler au milieu d'un profond silence.

— Vous me connaissez tous, si je ne me trompe, dis-je avec calme et certainement avec fermeté, et vous savez en conséquence que je suis le propriétaire de cette maison et de ces campagnes. En ma qualité de propriétaire, je vous ordonne à tous de quitter cette place, et d'aller sur la grande route, ou sur la propriété de quelque autre personne. Quiconque restera après cet avis sera considéré comme violateur d'une propriété privée, et, comme tel, coupable d'un délit doublement grave aux yeux de la loi.

Je prononçai ces paroles d'une voix assez haute pour être entendu de tous ceux qui étaient présents ; mais je ne puis pas dire qu'elles aient été écoutées avec beaucoup d'obéissance. Les paquets de calicot se tournèrent les uns vers les autres, et il sembla se manifester chez eux quelque agitation ; mais les meneurs calmèrent les inquiétudes de ce peuple souverain, qui était là, dans la main de quelques intrigants. Les Indgiens décidèrent donc qu'ils ne feraient d'autre réponse à ma sommation de vider les lieux qu'un hurlement de mépris. Je dis qu'ils décidèrent, il serait plus juste de dire leurs chefs décidèrent à leur place. Quoi qu'il en soit, le cri fut poussé avec ensemble, et produisit, après tout, un bon effet. Les Indgiens furent par ce moyen convaincus qu'ils avaient fait une éclatante démonstration du mépris qu'ils faisaient de mon autorité, et ils s'imaginèrent qu'ils avaient pour le moment remporté une victoire suffisante. Toutefois, la manifestation ne prit pas fin aussi vite ; quelques clameurs et un court dialogue suivirent encore. Ce dernier mérite d'être rapporté.

— *Roi* Littlepage, s'écria une voix du milieu de la foule, qu'est devenu votre trône ? La maison d'assemblée de Saint-Andrew a perdu son trône monarchique !

— Ses porcs ont passé aristocrates dernièrement. Bientôt ils voudront être propriétaires.

— Hugh Littlepage, soyez homme. Mettez-vous au niveau de vos concitoyens, et ne vous imaginez pas valoir mieux que les autres. Vous êtes fait de chair et de sang, après tout.

— Pourquoi ne m'invitez-vous pas à dîner chez vous aussi bien que le prêtre Warren ? Je puis manger autant et aussi bien que n'importe qui dans le pays.

— Oui, et boire aussi, Hugh Littlepage. Ainsi, préparez vos meilleurs vins pour le jour où vous l'inviterez.

Tout cela passait pour de l'esprit parmi les Indgiens et parmi leurs compagnons, car on m'a assuré depuis que près de la moitié de cette bande était composée des tenanciers de Ravensnest. Je fis tout mon possible pour rester calme, et j'y réussis assez bien. La raison n'avait rien à faire avec de tels gens. Ils voyaient la supériorité de leur nombre et de leur force physique, ils savaient qu'ils n'avaient rien à craindre de l'action des lois, et que leur crime resterait impuni; ils en profitaient pour fouler aux pieds mes droits les plus incontestables.

Cependant je ne voulais pas qu'on parût m'avoir intimidé sur le pas même de ma porte, et je me décidai à dire encore quelques mots avant de retourner à ma place. Des hommes de l'espèce de ceux que j'avais devant moi ne peuvent jamais comprendre que le silence est inspiré par le mépris qu'on fait d'eux, et je pensai qu'il valait mieux faire une réponse quelconque aux provocations que j'ai rapportées et à vingt autres du même genre. Je réclamai le silence, et je l'obtins de nouveau.

— Je vous ai ordonné de quitter ma pelouse, m'écriai-je, et en restant, vous vous rendez coupable d'un délit prévu par la loi. Je ne demande pas autre chose que l'égalité de droit et l'égalité de protection entre moi et mes concitoyens; mais de même je ne puis comprendre qu'aucun de vous élève la prétention de partager avec moi mon bien.

— Vous êtes un aristocrate, s'écria un des Indgiens; autrement, vous ne nous empêcheriez pas d'avoir autant de terre que vous. Vous êtes un maître, et tous les maîtres sont des aristocrates, et nous les haïssons tous.

— Un aristocrate, dites-vous! répondis-je aux émeutiers. La naissance, la fortune, la susceptibilité la plus exclusive dans le choix de ses amis, ne suffisent pas à faire un aristocrate; c'est le pouvoir politique qui le caractérise. Dans ce pays, il n'y a pas d'aristocrates, parce qu'il n'y a pas de pouvoir politique réservé au petit nombre. Je me trompe : il y a parmi vous une aristocratie bâtarde, que vous ne voyez pas parce qu'elle ne se compose pas de gentlemen. La classe privilégiée, chez vous, c'est celle des démagogues et des journalistes; voilà vos aristocrates, eux et pas d'autres. Quant à vos aristocrates propriétaires terriens, écoutez cette anecdote très-véritable, et vous verrez qu'ils sont loin de mériter le nom d'aristocrates. Notez bien que ce que je vais vous dire est l'exacte vérité, et cela vaut la peine d'être connu. Partout on crie à l'aristocratie. Il y a dans cet état un riche propriétaire. Au moment même où il était mis dans l'impuissance de recueillir ses revenus par votre résistance et par la faiblesse de ceux qui sont chargés de faire exécuter la loi, le shérif fit envahir sa maison et fit vendre tout ce qu'elle contenait, afin d'exécuter un aristocrate. Voilà ce que c'est que l'aristocratie américaine telle qu'elle est administrée parmi nous.

Je ne m'étais pas trompé sur l'effet de ce récit, qui, du reste, n'était que la vérité fort adoucie. En quelque lieu que je l'eusse fait, il eût confondu même le démagogue le plus braillard, et il eût fait revivre dans son esprit quelques-uns de ces principes de justice éternelle dont Dieu y a déposé le germe.

CHAPITRE XXIX.

Un profond silence succéda à mon récit, qui, comme je viens de le dire, avait produit un certain effet. Les paquets de calicot se dirent entre eux quelques paroles à voix basse pendant une minute ou deux, puis ils se tinrent tranquilles, et parurent avoir abandonné au moins pour le moment tout projet de nous inquiéter. Je pensai que c'était le moment de retourner à ma place, et je me décidai à laisser aller les choses. Ce silence et cette tranquillité nouvelle reportèrent notre attention vers les Indiens et vers l'objet de leur visite. Chacun se livra tout entier à cette nouvelle scène, comme si aucun événement ne nous avait interrompus. Mille-Langues, pour que le calme se maintînt, invita les Indgiens, d'un ton d'autorité, à ne pas interrompre les chefs.

— Tant que vous resterez tranquilles, ajouta-t-il, mes guerriers ne vous feront aucun mal. Mais si un seul parmi vous a jamais habité les Prairies, il doit connaître assez le caractère de l'homme rouge ; que quand il ne plaisante pas, il ne plaisante pas. Des hommes qui ont entrepris un voyage de trois mille milles ne se détournent pas pour des bagatelles, et cela vous prouve que c'est quelque chose de sérieux qui a amené ici ces chefs.

Cette allocution produisit son effet, et toute la bande garda sa position, et observa avec tranquillité et même avec intérêt ce qui allait se passer, sauf une interruption dont il sera parlé en son temps. Mille-Langues, qui s'était placé vers le centre du portique pour nous traduire les paroles des Indiens, avertit les chefs qu'ils pouvaient maintenant poursuivre en paix leur conférence. Après un certain moment de silence, le jeune guerrier qui s'était d'abord adressé à Jaaf se leva de nouveau, et avec un raffinement de politesse que l'on chercherait en vain chez la plupart des corps délibérants des peuples civilisés, fit observer que le nègre n'avait pas fini son discours et pouvait avoir encore quelques pensées à communiquer à son auditoire. Tout ceci fut dit simplement, mais clairement, et fut expliqué au nègre par Mille-Langues, qui l'assura que pas un des chefs ne consentirait à dire un mot avant que la personne qui était « sur ses jambes » eût trouvé l'occasion d'achever son allocution. Cette extrême réserve caractérise bien la conduite de ces hommes que nous appelons sauvages, de ces hommes qui ont leurs coutumes farouches et même cruelles sans aucun doute, mais qui possèdent au milieu de tout cela des qualités excellentes qui paraissent être fort rares dans les états civilisés.

Ce fut avec la plus grande peine que nous parvînmes à persuader au vieux Jaaf de se lever de nouveau. C'était en effet un grognon de première force, mais ce n'était rien moins qu'un orateur. Ce fut encore ma chère Patt qui fut chargée de cette négociation, et elle obtint enfin qu'il terminerait son discours.

— Qu'est ça vouloi' drôles-là dans paquets calicot, même comme squaw? murmura Jaaf aussitôt qu'il fut sur ses jambes, regardant avec attention les Indgiens placés sur quatre rangs près du portique. Matt'e Hodge, qué ça signifie?

— Ce sont des antirentiers, répondit froidement mon oncle, des gens qui veulent devenir propriétaires des fermes de votre maître Hugh, et le débarrasser désormais du soin de recevoir ses fermages. Ils couvrent leurs visages sans doute pour cacher leur honte.

La réponse de mon oncle irrita beaucoup les Indgiens, qui semblèrent avoir de la peine à se contenir. Nous lui reprochâmes l'imprudence qu'il avait commise d'employer l'ironie dans une semblable circonstance; mais, après tout, je ne suis pas sûr que cette apostrophe n'ait pas produit un bon résultat. Soit prudence, soit crainte ou tout autre motif, la colère de la bande s'apaisa, et ils ne jugèrent pas à propos d'interrompre. Pour Jaaf, il est probable qu'il ne comprit pas exactement le sens des paroles de mon oncle, mais il en comprit au moins une partie.

Il était temps alors pour les Indiens d'aborder le principal objet de leur visite à Ravensnest, et Feu-de-la-Prairie se leva lentement pour parler.

— Père, dit-il d'une voix solennelle et avec des gestes énergiques et expressifs, mais rares et graves, les esprits de vos enfants sont grossiers; ils ont voyagé dans un sentier long et couvert d'épines avec des mocassins usés, et les pieds écorchés par les ronces, mais leurs esprits étaient légers. Ils espéraient contempler la face du Loyal Onondago lorsqu'ils atteindraient l'extrémité du sentier. Ils ont atteint l'extrémité du sentier, et ils ont vu celui qu'ils voulaient voir. Son aspect a répondu à leur attente. Il est comme un chêne que l'éclair peut embraser, que la neige peut couvrir de mousse, mais que mille tempêtes et cent hivers ne peuvent dépouiller de ses feuilles. Il ressemble au plus vieux chêne de la forêt; il est très-grand; il est agréable à voir. Lorsque nous le voyons, nous voyons un chef qui a connu les pères de nos pères et les pères de leurs pères. Il y a bien longtemps de cela. Il est une tradition vivante, et connaît toutes choses. Il n'y a qu'une chose en lui qui ne devrait pas être. Il était né homme rouge, mais il a vécu si longtemps avec les Visages Pâles, que lorsqu'il ira retrouver les Terres de Chasses Bienheureuses nous craignons que les bons Esprits ne le prennent pour un Visage Pâle, et ne lui indiquent le faux sentier. Si un tel malheur arrivait, les hommes rouges perdraient pour toujours le Loyal Onondago. Cela ne peut pas être. Mon père ne veut pas que cela soit. Il aura une pensée meilleure. Il retournera au milieu de ses enfants, et laissera sa sagesse et ses conseils parmi les hommes de sa propre couleur. Voilà ce que je lui demande.

Un silence long et religieux succéda à ce discours, qui fut débité avec noblesse et avec énergie. Je pus voir que Susquesus était touché de cette requête et de l'hommage rendu à son caractère. Il ne voyait pas sans émotion que des tribus hôtes des Prairies, et dont il n'avait jamais entendu parler, pas même dans les traditions de sa jeunesse, venaient de si loin pour rendre justice à la noblesse de sa vie, et pour le prier de revenir au milieu d'eux et d'y mourir. Il devait savoir, il est vrai, que les débris des vieilles tribus de New-York avaient pour la plupart dirigé leurs pas vers ces régions lointaines; néanmoins il ne pouvait apprendre sans un secret plaisir qu'elles avaient réussi par leurs récits à produire en sa faveur une impression aussi profonde. Bien des hommes de son âge seraient restés insensibles à des émotions de ce genre. Cela eût été vrai, par exemple, dans une certaine limite pour Jaaf, mais cela n'était pas vrai pour l'Onondago. Il l'avait déjà dit dans la première entrevue, son imagination se reportait tous les jours davantage vers les scènes de sa jeunesse, et les premières impressions de sa vie devenaient plus vives que celles de son âge mûr.

Maintenant que les chefs avaient si clairement indiqué le grave objet de leur visite, il ne restait plus à l'Onondago qu'à faire connaître comment il accueillait cette communication. Le profond silence qui se fit autour de lui devait convaincre le vieil Indien de l'anxiété avec laquelle sa réponse était attendue. Les Indiens mêmes y prenaient part, car ils semblaient aussi émus que nous. Je puis dire que Feu-de-la-Prairie avait déjà depuis plus de trois minutes repris sa place, lorsque Susquesus se leva au milieu du plus profond silence.

— Mes enfants, répondit l'Onondago d'une voix profonde que l'âge faisait trembloter autant qu'il le fallait pour augmenter l'impression de ses paroles, mais assez distinctement pour être entendue de toutes les personnes présentes, mes enfants, quand nous sommes jeunes, nous ne savons pas ce qui doit arriver. Tout semble jeune aussi autour de nous. C'est quand nous devenons vieux que tout devient vieux avec nous. La jeunesse est pleine d'espérances ; mais l'âge est plein d'yeux, il voit les choses comme elles sont. J'ai vécu seul dans mon wigwam depuis que le Grand-Esprit a appelé ma mère par son nom, et qu'elle s'est rendue dans les Terres de Chasse Bienheureuses pour faire cuire le gibier de mon père, qui avait été appelé le premier. Mon père était un grand guerrier. Vous ne l'avez pas connu. Il a été tué par les Delawares, il y a de cela plus de cent hivers.

Je vous ai dit la vérité. Lorsque ma mère s'en fut allée pour faire cuire la venaison de son mari, je restai seul dans mon wigwam. Oui, j'ai vécu seul ; une jeune squaw devait entrer dans mon wigwam et y rester près de moi, elle n'y vint jamais. Elle désirait d'y entrer, mais elle n'y entra pas. Un autre guerrier avait sa promesse, et il était juste qu'elle tînt sa parole. Son esprit hésitait d'abord ; mais elle vécut assez pour comprendre qu'il est bon d'être juste. Jamais une squaw n'a vécu dans aucun de mes wigwams. Je n'ai jamais pensé à devenir père; mais voyez! combien le Grand-Esprit en a décidé autrement! Maintenant je suis le père de tous les hommes rouges! Tout guerrier indien est mon fils. Vous êtes tous mes enfants. Je vous reconnaîtrai lorsque nous nous rencontrerons sur les heureux sentiers de chasse, par delà ceux que vous fréquentez aujourd'hui. Vous m'appellerez père, et je vous appellerai fils.

Cela suffira. Vous me demandez de vous accompagner sur le long sentier, et de laisser mes os sur les Prairies. J'ai entendu parler de ces terres de chasse. Nos anciennes traditions nous en ont entretenus. Mes fils, le voyage que vous m'invitez à faire est trop long pour la vieillesse. J'ai vécu si longtemps parmi les Visages Pâles, que la moitié de mon cœur est devenue blanche, bien que l'autre moitié soit restée rouge. Une moitié est remplie des traditions de mes pères, l'autre moitié est remplie de la sagesse de l'étranger. Je ne puis pas couper mon cœur en deux morceaux : il faut ou qu'il s'en aille tout entier avec vous, ou qu'il reste ici tout entier. Le corps doit rester avec le cœur, et tous doivent demeurer où ils ont vécu si longtemps. Je vous remercie, mes enfants; mais ce que vous désirez est impossible.

Ici Susquesus se tut, et il reprit son siège de l'air d'un homme qui ne pouvait parvenir à exprimer ses sentiments. Feu-de-la-Prairie attendit respectueusement pour lui laisser le temps de continuer son allocution; mais s'apercevant que le vieillard restait assis, il se leva lui-même pour demander à l'Onondago de nouvelles explications.

— Mon père a parlé sagement, dit-il, et ses enfants ont écouté; ils n'en ont pas assez entendu, ils désirent en entendre davantage. Si mon père est fatigué de se tenir debout, il peut rester assis.

Susquesus se prépara à répliquer.

— Voyez ici : voyez ces hommes, ces Visages Pâles dans des sacs de calicot. Pourquoi courent-ils le pays? pourquoi déshonorent-ils l'homme rouge en s'appelant Indgiens? Je vais vous le dire.

Il se fit alors un mouvement parmi les vertueux tenanciers; mais le vif désir d'entendre les paroles du vieillard les empêcha d'interrompre au moment. On peut croire que nous écoutions de toutes nos oreilles pour connaître l'opinion du Loyal Onondago sur l'antirentisme.

— Ces hommes ne sont pas des guerriers, continua Susquesus. Ils cachent leurs faces et ils portent des fusils; mais ils n'effrayent que les femmes et les enfants. Quand ils prennent un scalpe, c'est qu'ils se mettent cent contre un ennemi. Ils ne sont pas braves. Pourquoi donc viennent-ils? Que veulent-ils? Ils veulent la terre de ce jeune chef.

Susquesus cessa de parler, et les yeux de tous les chefs se tournèrent immédiatement et pour la première fois de la matinée sur les Indigènes. Une légère agitation parcourut la bande, mais personne ne quitta sa place; et au milieu de cette sourde émotion Vol-d'Aigle se leva lentement, et il commença son discours. Sa voix était haute, ferme, et son débit plein d'animation.

« Mes frères, dit Vol-d'Aigle en s'adressant aux Indigènes et aux autres auditeurs plutôt qu'à ses compatriotes, vous avez entendu ces paroles de la vieillesse; ce sont les paroles de la sagesse, ce sont les paroles de la vertu. Le Loyal Onondago ne peut mentir; il ne l'a jamais pu. Le Grand-Esprit a fait de lui un Indien juste, et il est ce que le Grand-Esprit l'a fait. Mes frères, je veux vous dire son histoire, il sera bon pour vous de l'entendre. Nous avons appris votre histoire d'abord de l'interprète, maintenant de Susquesus : c'est une vilaine histoire. Le récit qu'on nous en a fait nous a remplis de tristesse. Il faut faire ce qui est juste; il ne faut pas faire ce qui n'est pas juste. Il y a de mauvais hommes rouges et de bons hommes rouges; il y a de bons Visages Pâles et de mauvais Visages Pâles. Les bons hommes rouges et les bons Visages Pâles font ce qui est juste; les mauvais font ce qui est injuste. Il en est de même pour les deux races. Le Grand-Esprit de l'Indien et le Grand-Esprit de l'homme blanc sont semblables; les mauvais esprits le sont également. Il n'y a en cela aucune différence.

» Mes frères, le Loyal Onondago n'a jamais couru au milieu des buissons pour y cacher sa honte; il n'a jamais eu besoin de cela. Il ne s'est jamais dit à lui-même qu'il était méchant, il n'a pa voilé sa face dans un sac de calicot; il ne peut pas se peindre lui-même comme un Visage Pâle.

» Mes frères, écoutez; je veux vous raconter une histoire. Il y a longtemps de cela; tout ici était différent de ce qu'il est aujourd'hui.

Les clairières étaient petites, et les bois étaient vastes. Alors les hommes rouges étaient très-nombreux et les Visages Pâles étaient rares. Maintenant c'est bien différent; vous savez ce qu'il en est aujourd'hui.

» Mes frères, je vous parle de choses qui se sont passées il y a cent hivers; nous n'étions pas nés alors. Alors Susquesus était jeune; il était fort, il était leste; il pouvait atteindre le daim à la course, il pouvait vaincre l'ours à la lutte. Il était chef parce que ses pères avaient été chefs avant lui. Les Onondagos le connaissaient et l'aimaient. Il ne s'ouvrait pas un sentier de guerre sans qu'il fût le premier à y entrer. Aucun autre guerrier ne pouvait compter autant de scalpes que lui. Aucun jeune chef n'avait autant d'auditeurs au feu du conseil. Les Onondagos étaient orgueilleux d'avoir à leur tête un si grand chef, et un chef si jeune. Ils espéraient qu'il vivrait longtemps, et qu'ils pourraient le voir et s'en faire gloire pendant cinquante hivers encore.

» Mes frères, Susquesus depuis ce temps a vécu deux fois cinquante hivers; mais il n'a pas vécu au milieu de son peuple. Non; il a été un étranger pour les Onondagos pendant tout ce temps. Les guerriers qu'il connaissait sont morts. Les wigwams dans lesquels il était entré sont tombés à terre avec le temps. Les pierres des tombeaux se sont réduites en poussière, et les fils des fils de ses compagnons portent avec peine le poids de leurs années. Susquesus est là; vous le voyez; il nous voit. Il peut marcher, il parle, il voit; il est une tradition vivante! Pourquoi en est-il ainsi? Le Grand-Esprit ne l'a pas appelé à lui. Il est un Indien juste, et il est bon qu'il soit conservé dans ce monde, pour que tous les hommes rouges sachent combien il est aimé. Aussi longtemps qu'il restera parmi nous, aucun homme rouge ne doit avoir besoin d'un sac de calicot.

» Mes frères, les jours de la jeunesse de Susquesus, de Sans-Traces, furent heureux. Lorsqu'il avait vu vingt hivers, son renom s'étendait dans toutes les tribus voisines. Les entailles de scalpes étaient en grand nombre. Lorsqu'il avait vu trente hivers, aucun chef des Onondagos n'avait conquis plus de gloire et plus de puissance. Il ne prit pas une squaw dans son wigwam. La mort vient au moment où on l'attend le moins. Ainsi en est-il du mariage. A la fin, mon père devint semblable à un autre homme. Il voulut avoir une squaw; voici comme cela arriva.

» Mes frères, les hommes rouges ont des lois aussi bien que les Visages Pâles. S'il y a une différence, c'est qu'ils observent ces lois. Une loi des hommes rouges abandonne à chaque guerrier les prisonniers qu'il a faits. S'il prend un guerrier, il est à lui : s'il prend une squaw, elle est à lui ; cela est juste. Il peut prendre le scalpe du guerrier; il peut prendre la squaw dans son wigwam, s'il est vide. Un guerrier nommé Poule-d'Eau ramena captive une fille des Delawares ; on l'appelait Ouithwith, et elle était plus belle que le colibri. Poule-d'Eau tenait ses oreilles ouvertes, et il apprit à quel point elle était belle. Il veilla longtemps pour la prendre, et il la prit. Elle était à lui, et il pensa à l'amener dans son wigwam quand il serait vide. Trois lunes se passèrent avant qu'il le pût faire. Pendant ce temps, Susquesus vit Ouithwith, et Ouithwith vit Susquesus. Leurs regards ne se détournèrent jamais l'un de l'autre. Il était le plus noble renne des bois aux yeux de la jeune squaw. Elle était aux yeux du guerrier aussi belle que le faon tacheté. Il désirait de l'appeler dans son wigwam ; elle désirait d'y venir.

» Mes frères, Susquesus était un grand chef. Poule-d'Eau n'était qu'un guerrier. L'un avait pouvoir et autorité, l'autre n'avait ni autorité ni pouvoir. Mais il y a parmi les hommes rouges une autorité au-dessus de celle du chef : c'est la loi de l'homme rouge. Ouithwith appartenait à Poule-d'Eau, et elle n'appartenait pas à Susquesus. Un grand conseil fut tenu, et les avis se partagèrent. Quelques-uns prétendaient qu'un chef aussi utile, un guerrrier aussi renommé que Susquesus devait être l'époux de Ouithwith. D'autres soutinrent que son époux devait être Poule-d'Eau, car c'était lui qui l'avait enlevée aux Delawares. De grandes contestations s'élevèrent sur cet objet, et les Six Nations tout entières y prirent part. Beaucoup de guerriers étaient pour la loi ; mais beaucoup étaient pour Susquesus. Ils l'aimaient, et ils pensaient que nul ne pouvait être un meilleur époux que lui pour la fille delaware. Pendant six lunes la querelle s'échauffa, et un nuage noir s'amassa sur le sentier qui conduisait parmi les tribus. Les guerriers qui avaient pris des scalpes ensemble se regardaient les uns les autres comme la panthère regarde le daim. Quelques-uns étaient prêts à déterrer la hache pour défendre la loi, d'autres pour soutenir celui qui faisait l'orgueil des Onondagos, et le colibri des Delawarres. Les squaws prirent parti pour Susquesus. Dans tout le pays elles se rassemblaient pour parler ensemble, et même elles allèrent jusqu'à menacer d'allumer un feu du conseil et de fumer à l'entour comme des guerriers et des chefs.

» Frères, les choses ne pouvaient pas durer ainsi une lune de plus. Il fallait que Ouithwith allât dans le wigwam de Poule-d'Eau ou dans celui de Susquesus. Les squaws disaient qu'elle devait aller dans le wigwam de Susquesus, et elles se réunirent ensemble, et elles la conduisirent jusqu'à la porte du chef. En s'avançant dans le sentier, Ouithwith baissait les yeux et regardait la terre, et son cœur battait comme un faon bondissant qui joue au soleil. Elle n'alla pas jusqu'à la porte. Poule-d'Eau était là et le lui défendait. Il était venu seul. Ses amis étaient en petit nombre, tandis que les têtes et les bras des amis de Susquesus étaient aussi nombreux que les fruits dans le buisson.

» Mes frères, cet ordre de Poule-d'Eau était comme un mur de rocher devant la porte du wigwam de Sans-Traces. Ouithwith ne put pas y entrer. Les yeux de Susquesus disaient : Non, tandis que son cœur disait : Oui. Il offrit à Poule-d'Eau son fusil, sa poudre, toutes ses peaux, son wigwam. Mais Poule-d'Eau préféra sa prisonnière et répondit : Non. « Prenez mon scalpe, dit-il; vous êtes le plus fort, et vous pouvez le faire; mais ne prenez pas ma prisonnière. »

» Mes frères, Susquesus alors se leva au milieu de la tribu, et ouvrit son cœur. « Poule-d'Eau a raison, dit-il, elle est à lui d'après nos lois, et ce que les lois de l'homme rouge ordonnent, l'homme rouge doit le faire. Lorsque le guerrier va subir la torture, et qu'il demande à retourner pour quelque temps chez lui et à voir ses amis, ne doit-il pas revenir au jour et à l'heure convenus? Et moi, Susquesus, le premier chef des Onondagos, serai-je plus fort que la loi? Non. Je devrais cacher pour jamais ma face dans les buissons s'il en était ainsi. Cela ne doit pas être, cela ne sera pas. Prenez-la, Poule-d'Eau. Elle est à vous. Traitez-la avec douceur, car elle est aussi faible que le roitelet quand il quitte pour la première fois son nid. Il faut que j'aille dans les forêts pendant quelque temps. Lorsque mon cœur se sera apaisé, Susquesus reviendra.

» Frères, le silence qui se fit dans cette tribu pendant que Susquesus prit son fusil, sa poire à poudre, ses meilleurs mocassins et son tomahawk, ressemblait à celui qui règne dans l'obscurité. Les hommes le virent partir, mais aucun n'osa le suivre. Il ne laissa rien après lui. Pendant longtemps Poule-d'Eau vécut avec Ouithwith dans son wigwam, et elle lui donna des enfants. Le chef s'en alla, mais la loi resta. Allez-vous-en, vous, hommes des Visages Pâles, qui cachez votre honte dans des sacs de calicot, et faites la même chose. Suivez l'exemple d'un Indien, soyez vertueux comme le Loyal Onondago! »

Au moment où ce simple récit tirait à sa fin, je n'eus pas de peine à découvrir les signes d'un grand embarras parmi les chefs des sacs de calicot. La comparaison mordante que faisait l'orateur entre eux et les Indiens, entre leur conduite et l'esprit de justice des sauvages, leur paraissait intolérable; elle était offensante pour leur vanité, et pouvait nuire au succès de leur entreprise. Un murmure courut dans l'assemblée, suivi presque aussitôt d'un hurlement. Les Indgiens firent sonner leurs fusils, comptant beaucoup sur l'intimidation pour en venir à leurs fins. Mais quelques-uns d'entre eux, peu nombreux à la vérité, semblaient animés d'intentions plus hostiles. Les Indiens s'étaient mis en défense, et je ne doute pas que le sang n'eût coulé bientôt, si le shérif du comté n'était apparu soudain sur le portique, appuyé sur le bras de Jack Dunning.

CHAPITRE XXX.

Les Indgiens savaient que le magistrat dont je viens d'annoncer l'arrivée était un des rares fonctionnaires disposés à faire leur devoir. Au moment où l'agitation commença et où les dames s'enfuirent, je pris Seneca et son complice par le bras, et je les conduisis dans la bibliothèque pour ne pas les laisser exposés au danger.

La réputation d'intégrité que s'était acquise, comme je l'ai dit, le magistrat, et la pensée qu'il ne serait pas venu sans être appuyé par une force supérieure au milieu d'une telle scène, engagèrent les Indgiens à reculer de quelques pas, et firent cesser, au moins pour le moment, le danger d'une collision. L'apparition inattendue de Dunning, l'agent détesté, ne fut pas non plus sans effet, car ceux qui connaissaient la situation avaient peine à penser qu'il eût osé se montrer à Ravensnest sans pouvoir compter sur du secours. Voici la simple explication de son arrivée inespérée.

Peu rassuré sur les procédés que nous avions adoptés pour visiter

Ravensnest, ce fidèle ami, après deux ou trois jours, se décida à nous suivre. Quand il atteignit le comté, il entendit parler de l'incendie de la grange et de la tentative faite contre la maison, et, sans perdre un moment, il se mit à la recherche du shérif. Comme le but de Dunning était d'arracher les dames de la caverne du lion, il n'attendit pas la sommation du *posse comitatus*; mais, embauchant une douzaine de gaillards résolus, il les arma et les fit partir en corps pour le Nest. Lorsqu'il fut à un mille ou deux de la maison, le bruit parvint jusqu'à cette troupe que nous étions assiégés, et il devint urgent d'avoir recours à quelque habile manœuvre pour introduire du renfort dans la garnison. Dunning était familier avec tous les êtres de notre résidence, car il avait passé souvent un mois au Nest avec mon oncle et mon père, et il connaissait exactement la place du rocher, de la cour, et tous les détours particuliers de la place. Depuis quelques années un escalier avait été construit vis-à-vis des rochers, à l'aide desquels on pouvait atteindre les sentiers qui serpentaient dans les prairies. Dunning décida qu'on tenterait de monter par ce côté; il espérait se faire entendre par quelqu'un de l'intérieur s'il trouvait la porte fermée. Tout réussit selon ses vœux : la cuisinière, seule dans toute la maison, étant à son poste dans l'autre aile, le vit aussitôt qu'il se présenta en haut des degrés. Elle n'hésita pas à le faire entrer, et il pénétra ainsi dans les bâtiments accompagné de toute sa troupe.

Je ferai aussi bien de dire tout de suite qu'Opportune, qui, grâce à sa position, avait vu l'entrée de Dunning et de son corps d'armée, ne se fut pas plus tôt trouvée seule avec les prisonniers, qu'elle les détacha et leur indiqua le moyen de fuir par le même chemin; c'est au moins ce que j'ai supposé, car jamais la sœur de Seneca n'a été questionnée à ce sujet. Celui-ci disparut avec son complice, et depuis ce temps on n'a plus vu ni l'un ni l'autre dans notre canton. Grâce à leur fuite, personne n'a jamais porté contre l'un ni contre l'autre aucune accusation d'incendie.

Lorsque je regagnai le portique, après avoir poussé Seneca dans la bibliothèque, les Indgiens s'étaient reculés de vingt ou trente pas et leur bande était dans une évidente confusion. Les Indiens, au contraire, calmes et froids, la main sur leurs armes, étaient sur leurs gardes et prêts à s'élancer comme des panthères. Le shérif somma alors les premiers de se disperser comme violateurs de la loi, et les avertit des pénalités qu'ils encouraient d'une voix assez claire et assez distincte pour être parfaitement comprise. Il y eut chez les Indgiens un moment d'indécision. Ils étaient venus dans la ferme intention de m'imposer à moi et à mon oncle le châtiment du goudron, et avec l'espoir de nous amener par la crainte à quelque compromis. Puis tout à coup le corps entier de ces vertueux citoyens se retira en hâte, observant d'abord un certain ordre qui se changea bientôt en une débandade générale. La vérité est que les hommes de Dunning s'étaient montrés aux fenêtres des chambres de la maison, agitant leurs mousquets et leurs fusils devant eux. Cette démonstration avait comme toujours donné aux vertueux tenanciers une vélocité incomparable.

Aussitôt que nous fûmes délivrés de toute appréhension au sujet des Indgiens, nous pûmes reporter notre attention sur les fils de la Prairie. Les guerriers regardèrent fuir avec un silencieux mépris ces hommes qui déshonoraient leurs mœurs et, plus que tout, leur courage; et Feu-de-la-Prairie, qui savait un peu l'anglais, s'écria avec solennité :

— Pauvres Indgiens! pauvre tribu! leur propre cri les fait fuir! Il ne daigna pas ajouter une syllabe de plus.

Le vieux Sus était resté tranquille observateur de toute cette scène. Aussitôt que l'ordre se fut rétabli sous le portique, il se leva de nouveau pour parler à ses hôtes.

— Mes enfants, dit-il avec dignité, vous entendez ma voix pour la dernière fois. L'oiseau des bois lui-même ne peut pas chanter toujours. L'aile même de l'aigle se fatigue avec le temps. Bientôt je cesserai de parler. Quand j'arriverai dans les Terres de Chasse Bienheureuses des Onondagos, je parlerai de votre visite aux guerriers que j'y rencontrerai. Vos pères sauront que leurs fils aiment encore la justice; que les Visages Pâles signent des papiers et qu'ils s'en rient après les avoir signés. La promesse de l'homme rouge est sa loi s'il est fait prisonnier, et si les vainqueurs veulent le torturer, ils sont trop généreux pour le faire sans lui avoir laissé le temps de regagner sa tribu et de dire adieu à ses amis. Lorsque le moment prescrit est arrivé, il revient vers ses ennemis. S'il promet des peaux, il les apporte, bien qu'aucune loi ne puisse le poursuivre dans les forêts pour l'y contraindre. Sa promesse l'y accompagne ; sa promesse est plus forte que des chaînes, elle suffit pour le ramener.

Mes enfants, n'oubliez jamais ceci. Vous n'êtes pas des Visages Pâles pour dire une chose et en faire une autre ; ce que vous dites, vous le faites. Lorsque vous portez une loi, vous la respectez. Cela est bien. L'homme rouge ne convoite pas le wigwam d'un autre. S'il a besoin d'un wigwam, il en bâtit lui-même un ; il n'en est pas ainsi, chez les Visages Pâles, l'homme qui n'a pas de wigwam fait tous ses efforts pour s'emparer de celui de son voisin.

Mes enfants, l'homme rouge est son propre maître, il va et vient où il lui plaît ; si les jeunes guerriers foulent le sentier de la guerre, il peut le fouler aussi. Il peut aller sur le sentier de la guerre, il peut aller à la chasse, ou il peut rester dans son wigwam. Tout ce qu'il a à faire est de tenir sa promesse, de ne pas voler, et de ne pas aller dans le wigwam d'un autre homme rouge sans y être convié. Il est son propre maître ; il ne se vante pas de l'être, il l'est en effet. Comment en est-il chez les Visages Pâles? Quand le soleil se lève, ils disent qu'ils sont libres ; quand le soleil est au-dessus de leurs têtes, ils disent qu'ils sont libres ; quand le soleil se couche derrière les montagnes, ils disent qu'ils sont libres ; ils ne se fatiguent jamais de dire qu'ils sont leurs propres maîtres, ils en parlent plus souvent encore qu'ils ne lisent leurs Bibles. J'ai vécu près de cent hivers auprès d'eux, et je sais ce qu'ils sont. Voilà ce qu'ils font, et puis ils prennent le wigwam d'un autre. Ils parlent de liberté, et puis ils vous disent : Vous aurez cette ferme, vous n'aurez pas celle-là. Ils parlent de liberté, et s'appellent l'un l'autre pour se couvrir de sacs de calicot, et se mettent cinquante pour couvrir un homme de goudron et de plumes. Ils parlent de liberté, et veulent tout avoir selon leur caprice.

Mes enfants, ces Visages Pâles devraient retourner avec vous aux Prairies pour y apprendre à faire ce qui est bien. Je ne m'étonne pas qu'ils cachent leurs faces dans des sacs ; ils se sentent honteux, ils doivent se sentir honteux.

Mes enfants, voici la dernière fois que vous entendez ma voix. La langue d'un vieillard ne peut pas se mouvoir toujours. Voici le conseil que je vous donne : Faites ce qui est bien. Le Grand-Esprit vous enseignera ce qui est bien : que cela soit fait. Ce que mon fils a dit de moi est vrai.

Susquesus reprit sa place, et en même temps chacun des hommes rouges s'avança, et lui prit la main. Les Indiens font peu de démonstrations, mais leurs actions parlent pour eux. Pas une syllabe ne fut prononcée par un seul de ces rudes guerriers quand ils prirent congé de Susquesus; Chaque homme avait spontanément payé son tribut à un guerrier dont la justice et la noble abnégation étaient célèbres dans ses traditions, et ce devoir accompli, il poursuivait son chemin, satisfait, sinon tout à fait heureux. Chaque Indien serra aussi la main de tous ceux qui étaient sous le portique, et ils nous exprimèrent à nous en particulier leur gratitude pour l'hospitalité dont ils avaient été l'objet. Mon oncle avait partagé entre eux le reste de ses bijoux, et ils nous quittèrent pleins des sentiments les plus affectueux. Il n'y eut encore rien d'apprêté dans leur départ. Il fut simple comme leur arrivée. Ils étaient venus pour voir le Loyal Onondago; ils avaient accompli leur mission, et ils étaient prêts à partir. Ils s'éloignèrent : je vis leur file suivre les sinuosités de la route, et cette visite singulière nous apparut alors comme un songe plutôt que comme une réalité. Leur marche se poursuivit sans être interrompue, et une demi-heure après qu'ils avaient quitté le portique, nous les vîmes se dérouler en gravissant la montagne que nous leur avions vu descendre quand nous les rencontrâmes pour la première fois.

Mon oncle resta dans le comté où il est encore. Notre petite colonie avait reçu un nouveau renfort; et d'un autre côté, depuis la visite que nous avaient rendue les Indgiens, la politique des antirentiers s'était considérablement modifiée. Ces deux circonstances nous donnèrent une sécurité qui autrement nous eût manqué. Le renfort nous vint de quelques jeunes gens qui avaient quitté les eaux et devinrent les hôtes du Nest. C'étaient tous de vieilles connaissances à moi, quelques-uns camarades de pension, et tous aussi grands admirateurs des jeunes personnes. Chacune des pupilles de mon oncle, Coldbrooke et Marston, a parmi eux un prétendant dont elle accueille la poursuite, comme nous nous en sommes récemment aperçus; et cette découverte me permet de m'abandonner sans crainte d'obstacle au penchant que m'inspire Marie Warren. J'ai trouvé dans Patt une alliée précieuse, car elle aime la chère jeune fille presque autant que moi-même, et m'a été fort utile dans toute cette affaire.

Je suis conditionnellement autorisé à conserver des espérances, quoique le consentement de M. Warren n'ait pas encore été demandé. En vérité, je suis à me demander si le bon recteur a le moindre soupçon de tout ce qui se complote. Quant à mon oncle Ro, il sait tout, quoique je ne lui aie jamais soufflé mot de tout cela ; il est satisfait du choix de ses deux pupilles, et cette circonstance a un peu adouci l'amertume de son désappointement.

Mon oncle n'est pas intéressé le moins du monde, et la pauvreté de Maria Warren n'exerce aucune influence sur son esprit.

Nous étions un matin dans la bibliothèque, une semaine environ après l'époque où les Indgiens avaient été repoussés avec ignominie par les Indiens, car c'était véritablement pour ce motif que les premiers avaient disparu définitivement du pays. Nous étions donc dans la bibliothèque, ma grand'mère, mon oncle, Patt et moi, babillant de choses et d'autres, lorsque mon oncle s'écria tout à coup :

— A propos, Hugh, j'ai des nouvelles importantes à vous communiquer, des nouvelles qui vous intéressent. Il y va pour vous de cinquante mille dollars ?

— Il ne s'agit plus d'antirentisme, j'espère, Roger ? dit ma grand'mère avec anxiété.

— Hugh n'a plus rien à craindre de ce côté-là. Quant à ses baux à venir, s'il veut suivre mon avis, il n'en accordera aucun d'une durée de plus cinq années, et alors les tenanciers ne manqueront pas d'adresser à la législature des pétitions bruyantes, pour qu'on leur donne le droit de faire leurs propres marchés. Les plus chauds partisans de la liberté commenceront à voir que c'est une bien pauvre espèce de liberté que celle qui ne permet pas à un riche propriétaire de donner ses fermes à bail pour une longue période, ou à un pauvre paysan de faire le meilleur marché possible. Non, non, la perte à laquelle je fais allusion est beaucoup plus probable.

— C'est une perte considérable pour moi, répondis-je, peu troublé du reste de cette nouvelle, et je serais bien embarrassé pour trouver tout de suite cinquante mille dollars. Néanmoins j'avoue que, malgré ce que vous me dites, je ne m'en inquiète guère. Je n'ai point de dettes, et tous les biens que je possède sont bien à moi.

— Tout cela est bel et bon, maître Hugh ; mais vous oubliez que vous êtes l'héritier naturel de mon domaine. Patt sait bien qu'elle est destinée à en avoir sa part quand elle se mariera ; or, je me dispose maintenant à constituer à une autre jeune personne une dot précisément égale à cette somme.

— Roger ! s'écria ma grand'mère, certainement vous ne pensez pas à ce que vous dites ! une dot égale, semblable ?

— Ni plus ni moins, ma chère mère. J'ai conçu un caprice pour une jeune personne, et comme je ne peux pas l'épouser moi-même, je suis décidé à en faire un beau parti pour quelque autre, autant au moins qu'on peut y réussir avec de l'argent.

— Mais pourquoi ne l'épousez-vous pas vous-même? demandai-je; tous les jours on voit se marier des hommes plus âgés que vous.

— Oh! des veufs, je vous l'accorde; mais il n'en est pas ainsi des célibataires Quand on a passé quarante ans, on ne se décide pas facilement à ce sacrifice. Non, Jack Dunning se trouve ici à merveille, aussi je l'ai déjà mis à l'ouvrage pour qu'il stipule en faveur de la jeune fille une constitution dotale, sur laquelle son futur mari n'aura aucun droit, quel que soit le mari que le hasard lui destine.

— Est-ce Marie Warren? s'écria ma sœur d'un air ravi.

Mon oncle sourit, et fit tous ses efforts pour garder son sérieux; mais je n'ose pas dire que la tentative fut couronnée d'un bien grand succès.

— C'est... c'est... c'est Marie Warren, et l'oncle Ro veut lui faire une fortune, ajouta Patt bondissant sur le parquet comme un jeune daim; et elle se précipitait dans les bras de son tuteur, l'embrassait et le couvrait de caresses, comme l'aurait fait un petit enfant. Oui, c'est Marie Warren, et l'oncle Hodge est un vieux gentleman adorable; non, un adorable jeune gentleman, et s'il avait seulement trente ans de moins, sa propre héritière voudrait devenir sa femme. Bon, cher, généreux, sensible oncle Ro! c'est bien de lui, après une telle déception; car, je le sais bien, Hugh, son cœur vous destinait à Henrietta.

— Mais que j'épouse ou que je n'épouse pas Henrietta, qu'y a-t-il là de commun avec une dot de cinquante mille dollars pour Marie Warren?

— Oh! vous savez bien comment tout cela s'arrange, dit Patt en rougissant de l'allusion qu'elle faisait au mariage même quand il s'agissait d'une autre; Marie Warren ne restera pas toujours Marie Warren.

— Que deviendra-t-elle donc? demanda l'oncle Ro vivement.

Patt ne répondit rien. Elle ne voulait pas paraître compromettre son amie; elle donna un petit coup sur la joue de son oncle, comme une espiègle qu'elle était rougit, un peu plus, me regarda finement, puis détourna les yeux comme si elle eût trahi un secret, retourna gravement à son siège comme si elle quittait la conversation la plus sérieuse.

— Mais, avez-vous parlé sérieusement, Roger, demanda ma grand'mère avec plus d'intérêt que je ne l'aurais cru, cette dot n'est-elle pas un conte en l'air?

— La chose est aussi vraie que l'Evangile, ma chère mère.

— Et Martha a-t-elle raison ; cette jeune personne si favorisée est-elle réellement Marie Warren?

— Par extraordinaire, Patt a raison.

— Marie Warren connaît-elle votre intention, ou avez-vous consulté son père à cet égard?

— Tous les deux en sont informés. Nous avons traité ce sujet ensemble hier soir, et M. Warren *consent*.

— A quoi? m'écriai-je en bondissant, car l'affectation avec laquelle ce dernier mot avait été prononcé était trop significative pour passer inaperçue.

— A recevoir pour gendre Hugh-Roger Littlepage, qui est mon nom, notez-le bien, et qui plus est, la jeune demoiselle y donne son consentement.

— Ce Hugh-Roger Littlepage, s'écria Patt en jetant ses bras autour de mon cou, et non cet autre Hugh-Roger Littlepage, ajouta-t-elle en montrant mon oncle. N'ajoutez que cela, bien cher, bien cher oncle, et je vous embrasserai pendant une heure.

— Pardonnez-moi, mon enfant, c'est tout ce que je puis raisonnablement demander. Je crois cependant que vous avez raison, car je ne me rappelle pas que ce Roger Littlepage — et il posait avec un sérieux comique sa main sur sa poitrine — ait rien à voir dans cette affaire qu'à donner son argent. Je ne contesterai donc rien de ce que vous dites.

Nous en étions là quand la porte de la bibliothèque s'ouvrit doucement, et Marie Warren apparut. Dès qu'elle eut vu ceux qui y étaient réunis, elle aurait voulu se retirer ; mais ma grand'mère l'invita gracieusement à entrer.

— Je craignais de troubler une réunion de famille, Madame, répondit timidement Marie.

Patt s'élança, passa son bras autour de la taille de Marie, l'entraîna dans la chambre et ferma la porte sur elle. Tout cela fut fait avec une affectation préméditée, et qui avait pour objet d'attirer l'attention. Tout le monde sourit, excepté Marie, qui paraissait être à moitié heureuse et à moitié effrayée.

— C'est maintenant une réunion de famille, s'écria Patt en baisant sa future sœur, et on n'y admettra plus personne, à moins que ce bon M. Warren ne vienne y réclamer sa place. L'oncle Ro nous a tout dit, nous savons tout.

Marie cacha son visage dans le sein de Patt; mais ma chère grand'-mère l'obligea bientôt à se montrer, et lui donna un baiser. Mon oncle bientôt en fit autant, et Patt vint ensuite. Après quoi toute la compagnie, excepté Marie et moi, sortit doucement de la chambre, et oui... et alors ce fut mon tour.

Nous n'étions pas encore mariés, mais le jour était fixé. Il en est de même pour les deux pupilles. Patt elle-même rougit, et grand'-mère sourit quelquefois, lorsque l'on prononce le nom des deux gentlemen, qui parcourent maintenant l'Egypte. C'est là, m'a-t-on dit, d'après les dernières lettres, qu'est aujourd'hui le jeune Beekman. Les trois mariages doivent avoir lieu dans l'église de Saint-Andrew, et c'est M. Warren qui a promis d'officier.

Je dois dire au lecteur deux choses qui, sans doute, vont bien le surprendre. Mon mariage avec la fille d'un pauvre ministre a produit un grand scandale parmi les antirentiers, qui se plaignent si bruyamment de l'aristocratie. Leur objection, c'est qu'il n'y a pas égalité entre les époux. Ils ne connaissent que l'égalité de la fortune, mais ils sont incapables de comprendre cette égalité que la position sociale, les relations, l'éducation, la communauté d'habitudes, d'opinions, et, si on veut, de préjugés, établissent entre les hommes. Je les laisse murmurer, car je sais qu'ils trouveront toujours à redire à ce que je fais, jusqu'à ce qu'ils m'aient enlevé ma terre, ou jusqu'à ce qu'ils soient convaincus que ce n'est pas en leur pouvoir. Quant à Opportune, on m'a assuré qu'elle menace de m'intenter une action en violation de promesse, et je ne serais pas étonné du tout si elle mettait sa menace à exécution. Il n'est pas rare de voir des gens qui ont convoité un certain objet avec ardeur, et qui y ont mis en quelque sorte leur âme tout entière, croire à la réalité de circonstances favorables à leurs vues, et qui n'existent que dans leur imagination, et Opportune peut se figurer que j'ai entendu ce qui n'était qu'un bourdonnement dans son oreille.

Jaaf radote. Il marmotte, quand il en trouve l'occasion, ses opinions sur les évènements passés et sur l'état du pays. Il regarde un antirentier comme un voleur, et il ne se gêne pas pour le dire. Quelquefois il barbouille sur ce sujet des réflexions qui ne manquent pas de justesse. Le vieux Susquesus vit encore ; mais il est pour tous les antirentiers un objet de profonde haine.

Le système indigien s'est évanoui, au moins pour un temps ; mais l'esprit qui l'a inspiré lui survit. Le loyal Onondago reste insensible au mauvais vouloir dont il est l'objet, et probablement la plupart de ceux qui se déclarent ses ennemis ne savent guère la raison de leur aversion. Elle est simple pourtant : c'est qu'il a respecté la loi qu'il avait contribué à faire, et a mieux aimé souffrir que de commettre une injustice.

. . . .

Ici se termine le manuscrit de M. Hugh-Roger Littlepage junior. Des scrupules de délicatesse ont probablement empêché ce gentleman de rapporter des évènements aussi récents que ceux qui se sont produits depuis. Il nous reste, en conséquence, à ajouter quelques mots.

Jaaf est mort il y a peu de temps, bougonnant à ses derniers moments contre les Peaux Rouges, et parlant de ses jeunes maîtres et de ses jeunes maîtresses tant qu'il lui est resté un souffle. Quant à ses descendants, on ne l'a pas entendu prononcer leurs noms dans le cours de ses quarante dernières années.

Susquesus vit encore ; mais les antirentiers sont tous morts. L'opinion publique les a tués.

Concluons. Littlepage et Marie Warren ont été mariés à l'église de Saint-Andrew il y a peu de jours. Nous avons rencontré le jeune gentilhomme faisant ses visites de noce il n'y a pas plus tard qu'hier, et il nous a assuré qu'ayant le bonheur de posséder une telle compagne, il est sur le point de transporter son domicile dans une autre partie de l'Union, et qu'il a choisi Washington, pour être mieux à portée de voir si les lois des Etats-Unis l'emportent sur les caprices de la législature de New-York.

FIN.

www.ingramcontent.com/pod-product-compliance
Lightning Source LLC
Chambersburg PA
CBHW071911160426
43198CB00011B/1259